平成29年改訂
小学校教育課程実践講座

社 会

北 俊夫 編著

ぎょうせい

はじめに

　平成29年3月に，新学習指導要領が告示された。学習指導要領が改訂されると，関心のある教科に目が向き，どこが変わったかを把握しようとする。こうしたことは，新学習指導要領を理解するために必要なことだ。ただ，全面改訂と言いつつも全てが改められたわけではない。これまでと比べて変わっていないところも多い。学習指導要領の不易の部分にこそ，その教科の本質があると言ってもよい。

　学習指導要領改訂の過程では，「教科等を束ねる総則の意義が極めて重要になる」とか「総則は学習指導要領の要である」などと，総則のもつ役割が強調された。これまでも総則は各教科等を統括する役割があったが，今回ほど重視されたことはなかった。社会科の学習指導要領を熟知することは必要だが，それだけでは十分でない。必要かつ十分な社会科授業を展開するためには，総則の趣旨を踏まえることがこれまで以上に重要になる。

　今回の改訂では，総則の構成と内容が抜本的に改められ，各教科の学習指導において共通的に期待される実践課題が示された。主要なキーワードは，「社会に開かれた教育課程」の編成・実施，「資質・能力」育成の重視，「カリキュラム・マネジメント」の推進，「主体的・対話的で深い学び」（アクティブ・ラーニング）の実現，「見方・考え方」を働かせた授業づくりなどである。これらの課題に正対した授業展開が社会科においても期待されている。

　さらに，社会科は社会のことを学ぶ教科であることから，習得させる内容面においても改善事項がある。グローバル化，伝統・文化，少子高齢化，情報化，防災などの課題に対応した教材や取扱いも示された。社会科の学習指導要領は，10年後，20年後の社会を見据え，将来の社会の担い手を育てることを目指して改訂されたと言える。

本書『平成29年改訂 小学校教育課程実践講座 社会』は，こうした趣旨を踏まえ，社会科の新学習指導要領とその『解説』を基に，改訂のポイントを解説するとともに，指導の在り方を具体的に示したものである。

　本書の構成や特色は次のとおりである。

　第1章では，今回の改訂に関連して，社会科改訂の基本的な考え方や改善事項について述べ，社会科にも共通する改訂の重要課題について，社会科の立場からそれぞれの考え方や指導のヒントを解説した。第2章では，社会科の教科目標や学年目標について，主な改訂事項とその読み取り方を解説した。第3章では，学習指導要領の「内容」の示され方やその読み取り方を説明したあと，各学年の内容構成と年間の単元構成案を提示した。

　以上のことを受けて，第4章では各学年の内容（単元）ごとに，まず「本内容の捉え方と押さえどころ」を整理し，そのあとに，単元を構成する小単元ごとに「指導計画例」を紹介している。その際，第1章で述べた重要課題を具現化する方策についても実践に即して示した。事例や事例地が選択的な扱いになっている場面では，選択して活用できるように複数の指導計画例を示した。さらに，第5章では指導計画作成のポイントと指導上の配慮事項について概略を紹介した。

　本書の内容を参考に，各学校で多様な実践が展開され，社会科の授業がさらに充実・活性化されることを心から願っている。

　おわりに，本書の編集と発刊に当たって，優れた先生方のご協力をいただいた。大変多用な中を執筆いただいたことにこの場を借りて感謝とお礼を申し上げる。また，株式会社ぎょうせいには企画の段階からいろいろと貴重なご助言をいただいた。合わせて，感謝の意を表したい。

編著者　北　俊夫

目　次

第1章　社会科の学習指導要領を読む

第1節　学習指導要領改訂の背景と考え方 …………………………………… 2
　　1　社会科授業の成果と課題　2
　　2　社会科改訂の考え方と改善事項　4

第2節　学習指導要領総則と社会科の改善・充実 …………………………… 6
　　1　「社会に開かれた教育課程」と社会科の役割　6
　　2　社会科で育てる資質・能力　8
　　3　社会科の主体的・対話的で深い学び　10
　　4　社会科の学びを支える「見方・考え方」　12
　　5　「カリキュラム・マネジメント」の考え方・進め方　14

第2章　小学校社会科の目標

第1節　教科目標の改善 ……………………………………………………… 18
Q　社会科の目標はどのように改善されましたか。　18
　　1　教科目標はどう変わったか　18
　　2　教科目標をどう読み取るか　20

第2節　各学年の目標の改善 ………………………………………………… 23
Q　社会科の各学年の目標はどのように改善されましたか。　23
　　1　学年目標はどう変わったか　23
　　2　学年目標をどう読むか　26

第3章　小学校社会科の内容構成

第1節　社会科の内容をどう捉えるか……28
Q 社会科の内容構成の特色や捉え方について教えてください。　28
　　1　中学校，高等学校の教科・科目構成　28
　　2　小学校社会科の内容構成の特色と概要　29
　　3　「内容」の示され方とその読み取り方　31

第2節　各学年の主な変更点と内容構成……35
Q 各学年の主な変更点はどのようになっていますか。　35
　　1　第3学年の内容構成と年間単元計画　35
　　2　第4学年の内容構成と年間単元計画　37
　　3　第5学年の内容構成と年間単元計画　39
　　4　第6学年の内容構成と年間単元計画　41

第4章　各学年の指導のポイントと指導計画

第1節　第3学年の指導のポイントと指導計画……44
　　1　身近な地域や市区町村の様子に関する内容　44
Q 「身近な地域や市区町村の様子」に関する内容と指導のポイントについて教えてください。　44
　　2　地域の生産と販売に関する内容　50
Q 「地域に見られる生産や販売の仕事」に関する内容と指導のポイントについて教えてください。　50
　　3　地域の安全を守る働きに関する内容　58
Q 「地域の安全を守る働き」に関する内容と指導のポイントについて教えてください。　58

4　市の様子の移り変わりに関する内容　64

Q　「市の様子の移り変わり」に関する内容と指導のポイントについて教えてください。　64

第2節　第4学年の指導のポイントと指導計画 …………………… 69

　　1　都道府県の様子に関する内容　69

Q　「都道府県の様子」に関する内容と指導のポイントについて教えてください。　69

　　2　人々の健康や生活環境を支える事業に関する内容　75

Q　「人々の健康や生活環境を支える事業」に関する内容と指導のポイントについて教えてください。　75

　　3　自然災害から人々を守る活動に関する内容　83

Q　「自然災害から人々を守る活動」に関する内容と指導のポイントについて教えてください。　83

　　4　県内の伝統や文化，先人の働きに関する内容　93

Q　「県内の伝統や文化，先人の働き」に関する内容と指導のポイントについて教えてください。　93

　　5　県内の特色ある地域の様子に関する内容　101

Q　「県内の特色ある地域の様子」に関する内容と指導のポイントについて教えてください。　101

第3節　第5学年の指導のポイントと指導計画 …………………… 114

　　1　我が国の国土の様子に関する内容　114

Q　「我が国の国土の様子と国民生活」に関する内容と指導のポイントについて教えてください。　114

　　2　我が国の食料生産に関する内容　127

Q　「我が国の農業や水産業における食料生産」に関する内容と指導のポイントについて教えてください。　127

　　3　我が国の工業生産に関する内容　138

- Q 「我が国の工業生産」に関する内容と指導のポイントについて教えてください。 138
  - 4 我が国の産業と情報との関わりに関する内容 150
- Q 「我が国の産業と情報との関わり」に関する内容と指導のポイントについて教えてください。 150
  - 5 我が国の国土の自然環境に関する内容 163
- Q 「我が国の国土の自然環境と国民生活との関連」に関する内容と指導のポイントについて教えてください。 163

第4節 第6学年の指導のポイントと指導計画 172

  - 1 我が国の政治の働きに関する内容 172
- Q 「我が国の政治の働き」に関する内容と指導のポイントについて教えてください。 172
  - 2 我が国の歴史に関する内容 181
- Q 「我が国の歴史上の主な事象」に関する内容と指導のポイントについて教えてください。 181
  - 3 世界と日本の役割に関する内容 211
- Q 「グローバル化する世界と日本の役割」に関する内容と指導のポイントについて教えてください。 211

第5章 指導計画の作成と内容の取扱い

第1節 指導計画作成のポイント 218
- Q 指導計画作成に当たってのポイントを教えてください。また，その際にどのような点に留意すべきですか。 218
  - 1 資質・能力の育成 218
  - 2 授業時数の配分 220
  - 3 47都道府県の指導 221

4　特別な配慮を要する子供の指導　222
　　　5　道徳教育との関連　223
第2節　指導上の配慮事項 …………………………………………… 225
Q　指導上配慮すべき事項にはどのようなものがありますか。　225
　　　1　体験学習，表現活動の充実　225
　　　2　言語活動の充実　226
　　　3　図書館，地図帳の活用　227
　　　4　博物館，資料館の活用　228
　　　5　教材の取り上げ方　229

資料：小学校学習指導要領（平成29年3月）〔抜粋〕　231
編者・執筆者一覧

第 1 章

社会科の学習指導要領を読む

第1節 学習指導要領改訂の背景と考え方

1 社会科授業の成果と課題

(1) 国立教育政策研究所の調査に見る成果

　中央教育審議会が平成28（2016）年12月に公表した答申「幼稚園，小学校，中学校，高等学校及び特別支援学校の学習指導要領等の改善及び必要な方策等について」（以下，答申と表記）には，各教科等において「現行学習指導要領の成果と課題」について述べられている。

　そこでは，社会科，地理歴史科，公民科に関連して，すなわち小学校から高等学校を通じて，社会的事象に関心をもって多面的・多角的に考察し，公正に判断する能力と態度を養うことや，社会的な見方・考え方を成長させることに重点を置いて，改善を目指してきたことが述べられている。ところが，これまでの学習指導要領による社会科の到達点や成果については具体的な記述が見られない。

　学習指導要領の改訂に先立って，国立教育政策研究所は平成25（2013）年2月から3月に平成20（2008）年版の学習指導要領の実施状況を調査した。第4学年から第6学年を対象にペーパーテスト調査によって実施し，調査結果は平成27（2015）年2月に公表された。

　そこには，成果について「示された学習問題の解決を見通して調べる事柄や資料を選ぶこと，グラフや年表から情報を読み取ることなどについては，相当数の児童ができている」とまとめられている。

(2) 山積する社会科の課題

　一方，社会科の課題については，先の学習指導要領の実施状況の調

査結果なども踏まえて，答申に次のように述べられている。ここでは要約して箇条書きで紹介する。

○主体的に社会の形成に参画しようとする態度の育成が不十分である。
○資料から読み取った情報を基に社会的事象の特色や意味などについて比較，関連付けたり多面的・多角的に考察したりして表現する力の育成が不十分である。
○近現代史に関する学習の定着状況が低い傾向にある。
○社会的な見方・考え方の全体像が不明確で，それを養うための具体策が定着されていない。
○課題を追究したり解決したりする活動を取り入れた授業が十分に行われていない，など。

　ここには，子供の実態と授業の状況の側面から，様々な課題が指摘されており，学習指導要領改訂の背景やよりどころとして位置付けられた。これらをこれからの授業改善に生かすことが求められる。

　学習指導要領の改訂に当たっては，子供の実態と教師の指導上の課題とともに，特に社会科においては，社会の変化や社会的な要請にどう応えるかという課題があった。

　このことに関連して，社会の在り方や人間としての生き方について選択・判断する力や，自国の動向とグローバルな動向を横断的・相互的に捉え，現代的な諸課題を歴史的に考察する力，さらに持続可能な社会を創る観点から地球規模の諸課題や地域課題を解決しようとする態度など，国家及び社会の形成者として必要な資質・能力を育むことが社会科の役割として求められた。

　これらの課題解決に向けて，学習指導要領における社会科の教科目標の在り方や各学年の内容構成が課題になった。

2　社会科改訂の考え方と改善事項

(1)　教科目標の在り方

　今回の改訂では，社会科の教科目標及び学年目標が見直された。それぞれの目標が，「知識及び技能」「思考力，判断力，表現力等」「学びに向かう力，人間性等」の三つの要素から構成された。これらは資質・能力の「三つの柱」とされている。

　社会科でいう「知識」とは，社会や社会的事象に対して理解を深めるための知識のことであり，「技能」とは，社会的事象について調べたり考えたり，さらにまとめたりするために必要となる技能のことである。また，「思考力，判断力，表現力等」とは，社会的事象の特色や意味，役割や相互の関連などを考察する力，社会に見られる課題を把握し，その解決に向けて構想する力，考察したことや構想したことを説明する力，さらにそれらを基に議論する力のことである。さらに，「学びに向かう力，人間性等」には，主体的に学習に取り組む態度のほかに，多角的に考察し，深い学びを通して涵養される自覚や愛情などが含まれている。

　ただ，教科目標や学年目標の構成の仕方はこれまでと比べて抜本的に改められたが，目標に示された内容（構成要素）についてはこれまでと基本的な違いは見られない。

(2)　指導内容に関わる改善事項

　各学年の指導内容に関しては，大きく次の2点が改められた。
　第1は，内容の示し方に関わる改善事項である。
　まず，各学年の内容が「知識及び技能」と「思考力，判断力，表現力等」に関する事項から構成されたことである。これは教科目標及び学年目標に示された資質・能力との整合性を図ったものである。知識については，それぞれの内容の学習を通して最終的に理解させる事項

が示され，技能については調べ方やまとめ方が具体的に示された。思考力，判断力，表現力については，ここでの学習で着目する事項や考えさせる内容などが示された。なお「学びに向かう力，人間性等」に関する事項は各内容において示されていない。

次は，「社会的な見方・考え方」に基づいて内容の枠組みや対象が整理されたことである。小学校では社会や社会的事象を総合的に理解するという特質を踏まえ，指導内容を地理的環境，歴史，現代社会の仕組みや働きという三つの視点から追究することになった。これは空間，時間，社会関係といった視点に着目して調べることである。これによって中学校社会科との関連が図られるようになった。

さらに，従来まとめて示されてきた第3学年と第4学年の目標及び内容がそれぞれに分割された。

第2は，内容そのものに関する改善事項である。具体的には後述するが，ここでは答申を基に内容改善の基本的な事項を整理する。

○小学校，中学校，高等学校を通じて，社会に見られる課題を把握し，その解決に向けて構想する力を養うために，将来につながる現代的な諸課題を踏まえた内容の見直しが行われた。例えば，グローバル化，産業構造や地域社会の変化，選挙権年齢の18歳への引き下げに伴う政治参加などへの対応などが挙げられた。

○小学校においては，世界の国々との関わりや政治の働きへの関心を高めることや，自然災害時における地方公共団体の働きや地域の人々の工夫・努力，少子高齢化等による地域社会の変化，情報化に伴う生活や産業の変化などに伴い，これらに関する内容を見直し，内容の充実を図るとした。

今回の改訂において，各学年の年間授業時数は変更されていない。学習内容の削減は行われず，一部に内容や教材などが追加されている。今後，各学校において，社会科の学習内容を含めたカリキュラム・マネジメントが求められるようになる。

第2節 学習指導要領総則と社会科の改善・充実

1　「社会に開かれた教育課程」と社会科の役割

(1)　「社会に開かれた教育課程」とは何か

　学習指導要領に前文が示されたのは初めてである。その前文には，「社会に開かれた教育課程」に関連して次のように示されている。

> 　教育課程を通して，これからの時代に求められる教育を実現していくためには，よりよい学校教育を通してよりよい社会を創るという理念を学校と社会とが共有し，（中略）社会との連携及び協働によりその実現を図っていくという，社会に開かれた教育課程の実現が重要となる。

　ここでいう「社会に開かれた教育課程」とは，次のような二つの視点から捉えることができる。
　一つは，空間的な意味合いから社会に開くことである。これまで各学校では，地域に根ざした教育，地域に開かれた学校づくりを目指して，学校と地域が一体となった特色ある教育活動を展開してきた。具体的には，地域の素材の教材化，人材の活用，施設や団体等の利用や協力などの取組である。また，学校の教育活動の状況を地域に発信し，外部から学校評価を受ける仕組みもつくられている。これらは，いずれも今の教育活動を充実させるために行われてきたことであり，「今の社会」に開かれた教育課程という意味合いである。
　二つは，時間的な意味合いから，社会に開くことである。これは，

子供たちが巣立っていく社会，将来活躍する社会を見据えて，今の教育活動の充実を図っていくことである。これまでは，こうした時間軸から教育課程を意識することが，特に小学校においては少なかったのではないかと思われる。これからは，社会科においても学校教育の出口，すなわち社会への入口を強く意識した教育課程を編成・実施することが求められる。これは「将来の社会」に開かれた教育課程という意味合いである。

(2) 社会科の役割は何か

社会科の役割とは何かを明らかにすることは，子供たちが社会科という教科を学ぶ意味を確認することであり，言い換えれば，「子供たちがなぜ社会科を学ぶのか」という問いに応えることである。

人間はだれでも1人では生きていけない。将来全ての子供たちは，社会の中で様々な人たちと関わりながら，よりよく生活していかなければならない。そこでは，よりよい社会の形成に参画することが求められる。そのためには，社会に巣立っていくまでの学校教育の場で，社会とはどのようなところなのかを学び，社会の中で様々な人たちや事象などとどのように関わったらよいのか。社会との付き合い方や関わり方を身に付ける必要がある。これは学校教育が社会に出るための準備教育の場であると言われる所以である。改めて社会科の学習指導要領の教科目標を見てみると，その前文に「(前略) 国家及び社会の形成者に必要な公民としての資質・能力の基礎」を育成するとある。社会科は，国づくり，社会づくりに参画・貢献する市民・国民を育てるという重要な役割を担っている教科であることが分かる。

「社会に開かれた教育課程」を意味する空間軸はもとより，時間軸においてもしっかり位置付いているのが社会科である。これからの社会科の在り方を考える上で，社会との関係性を改めて整理し，その趣旨に基づいて社会科授業を一層充実させていくことが求められる。

2　社会科で育てる資質・能力

(1)　目標・内容の構成要素

　新学習指導要領は，総則に示されているように，豊かな創造性を備え，持続可能な社会の創り手となるために，知識及び技能が習得されるようにすること，思考力，判断力，表現力等を育成すること，学びに向かう力，人間性等を涵養することを求めている。これらを子供たちに実現させることによって，「生きる力」を育むことができる。

　これらは，子供に育む資質・能力の「三つの柱」と言われ，学校教育法第30条第2項に示された学力を構成する三つの要素をほぼ踏まえたものになっている。

　今回の学習指導要領では，各教科においてこの「三つの柱」から目標が構成され，内容については，この内，前者の二つに関して身に付けるべき事項が示されている。これからの社会科の授業づくりに当たっては，学習指導を通して，どのような資質・能力の育成を目指すのかを明確にする必要がある。

(2)　社会科における資質・能力とは何か

　社会科における資質・能力が端的に示されているのは，教科目標である。その内容は次のように三つの項目から示されている。

> (1)　地域や我が国の国土の地理的環境，現代社会の仕組みや働き，地域や我が国の歴史や伝統と文化を通して社会生活について理解するとともに，様々な資料や調査活動を通して情報を適切に調べまとめる技能を身に付けるようにする。
> (2)　社会的事象の特色や相互の関連，意味を多角的に考えたり，社

> 会に見られる課題を把握して，その解決に向けて社会への関わり方を選択・判断したりする力，考えたことや選択・判断したことを適切に表現する力を養う。
> (3) 社会的事象について，よりよい社会を考え主体的に問題解決しようとする態度を養うとともに，多角的な思考や理解を通して，地域社会に対する誇りと愛情，地域社会の一員としての自覚，我が国の国土と歴史に対する愛情，我が国の将来を担う国民としての自覚，世界の国々の人々と共に生きていくことの大切さについての自覚などを養う。

これらの内容から，社会科で育成する資質・能力は，次のような要素と内容から構成されていることが分かる。

○社会生活についての理解
・地理的環境，現代社会の仕組みや働き，歴史や伝統と文化といった側面からの，地域社会や国土の様子についての理解。

○情報を調べまとめる技能
・調査活動や資料活用などを通して，必要な情報を収集，分析，整理する技能。

○思考力，判断力，表現力
・社会的事象の特色や相互の関連，意味を多角的に考える力，社会に見られる課題の解決に向けて社会への関わり方を選択・判断する力，考えたことや選択・判断したことを表現する力。

○学習態度，社会的態度
・よりよい社会を考え主体的に問題解決しようとする態度。
・地域社会に対する誇りと愛情，地域社会の一員としての自覚，国土と歴史に対する愛情，将来を担う国民としての自覚，世界の人々と共に生きていくことの大切さについての自覚など。

3 社会科の主体的・対話的で深い学び

　学習指導要領の総則は学校の教育活動の要であり，各教科等を束ねる役割をもっている。総則に示された内容や趣旨を踏まえて，社会科の授業づくりを進めることは必須の要件である。総則に示されている課題の一つに「主体的・対話的で深い学び」の実現がある。
　社会科において，「主体的・対話的で深い学び」を実現させるポイントは，次の３点に整理できる。

(1)　問題解決的な学習の重視

　これは，子供の主体的な学びをつくるものである。教師が知識を一方的に伝達する講義型の授業ではない。子供一人一人が学習の問題意識を明確にもち，できるだけ自力で問題解決できるようにすることである。これまでの実践から，例えば「学習問題をつくる」「調べる」「まとめる」といった学習過程が一般的である。さらに，単元や小単元の教材によっては，「生かす」場面を設定して，発展的な学習を位置付けているものもある。
　こうした問題解決的な学習をさらに充実させるためには，問題設定の場面においては，学習問題をどのように設定するか。根拠のある予想をどう促すか。問題解決の計画をどう立てさせるかなど，問題解決の見通しをもたせることが課題である。また，学習問題を追究する場面では，調査活動や資料活用などを通して，必要な情報をいかに収集し，分析させるか。まとめる場面では，これまでの学習を振り返り，調べたことを基にどう結論を生み出すか。残された課題は何かをどう明確にするかなどが課題である。さらに，生かす場面を設定している場合には，学習成果を生かして，自分にできることやよりよい社会の在り方を考えさせるようにする。
　このように，問題解決的な学習を一層充実させることによって，学

びが深まりのあるものになっていく。

(2) 学び合い活動の充実

　これは対話的な学びを創るものである。社会科の授業においては，教師や友達のほか，地域の人たちや教材に登場する人々など様々な人たちと関わり合う活動を重視する。様々な人たちとの対話的，協働的な活動を重視することにより，一人一人の学びが深まりのあるものとなる。

　とりわけ，友達との関わりを重視することは協働的な学びをつくることである。学級には，社会科の得意な子供や表現力のある子供，知識の豊富な物知りの子供など，様々な子供が共に存在している。学級は社会の縮図であることから，「小さな社会」とも言われてきた。

　このような学級集団のなかで，協力して作業したり討論したりすることにより，多様な考えや考え方を学びながら深まりのある学びをつくることができる。また，対話的，協働的な学び合い活動を通して身に付く資質・能力は，将来社会人として生きていくためにも生かされるものである。

(3) 学習の振り返りを位置付ける

　深い学びをつくることは，「活動あって，学びがない」授業にならないようにすることであり，頭や心の中をアクティブにすることである。そのためには，「主体的・対話的で深い学び」のある授業を，1単位時間で構想するのではなく，単元や小単元といったまとまりの中で実現を図るようにする。

　その際，「見方・考え方」を働かせることが，深まりのある学習をつくるカギになる。また，学習過程の終末において，一人一人がそれまでの学習を振り返ることによって，これまでの思考の変容や理解の深まりを自覚し，学習成果を確認することができる。学習過程に振り返る場面と活動を位置付けることがポイントになる。

4　社会科の学びを支える「見方・考え方」

(1)　「見方・考え方」とは何か

　学習指導要領の総則には「見方・考え方」に関連した記述がある。要約すると，次のように示すことができる。

　各教科等において，「三つの柱」からなる資質・能力を活用したり発揮させたりして，「学習の対象となる物事を捉え思考することにより，各教科等の特質に応じた物事を捉える視点や考え方が鍛えられていくことに留意し，児童が各教科等の特質に応じた見方・考え方を働かせる」。

　その上で，見方・考え方を働かせることにより，次のことを充実させるとしている。

　○知識を相互に関連付けてより深く理解すること。
　○情報を精査して考えを形成すること。
　○問題を見いだして解決策を考えること。
　○思いや考えを基に創造すること。

　これらのことから，見方・考え方を働かせた授業を展開することは，深まりのある学びをつくるためであることが分かる。

　今回の学習指導要領には，「見方・考え方を働かせ」というフレーズが目立つ。「見方・考え方を生かし」と示されている生活科を除いて，全ての教科目標に位置付けられている。「見方・考え方」は，社会科をはじめ，全ての教科等において重視されているキーワードである。

(2)　社会科における捉え方

　社会科の学習指導要領には，「見方・考え方を働かせ」というフレーズが，教科目標だけでなく，各学年の目標に示されている。ただ，教科目標では「社会的な見方・考え方」と示されているが，学年目標には「社会的事象の見方・考え方」と，表現が一部変更されてい

る。両者に基本的な違いはない。

　社会科において「見方・考え方」とは,「追究の視点や方法」と言い換えられている。

　小学校においては,『解説』(文部科学省)によると,「社会的事象を,位置や空間的な広がり,時期や時間の経過,事象や人々の相互関係などに着目して捉え,比較・分類したり総合したり,地域の人々や国民の生活と関連付けたりすること」と整理されている。

　前者は,空間軸(地理的環境),時間軸(歴史や伝統・文化),社会システム軸(社会の仕組みや働き)という視点から,社会や社会的事象を見たり考えたりして,思考や理解を深めることである。これが「追究の視点」である。後者は,比較,分類・整理,関連付け,総合するなど,具体的な事象や事実を処理したり操作したりする手続きのことであり,これが「追究の方法」である。こうした学習活動を取り入れて,社会や社会的事象を見たり考えたりすることによって,子供の思考や理解が深まりのあるものになっていく。

　このように見てくると,社会的事象に対して「見方・考え方」を働かせることは,授業の目的ではなく,社会や社会的事象に対して思考したり理解したりするための,あくまでも手段として活用することが求められる。だから,目標に「働かせ」と示されている。

　これからの社会科授業では,社会的事象の見方・考え方を働かせるために,ここで取り上げられる教材や事象は,地理的環境,歴史,社会関係のうち,どのような視点から調べ追究するのかを教師自身が押さえる。教材によっては複数の視点が関わっていることもある。また社会の事象や事実を調べたり整理したりして,それらの特色や働き,意味などを考えるとき,どのような方法や手続きを取り入れるかを予め明確にしておきたい。教師が意図的,計画的に指導することによって,これらの視点や方法を意識し,取り入れながら学びを深めていく子供たちが育っていく。

5 「カリキュラム・マネジメント」の考え方・進め方

(1) カリキュラム・マネジメントとは何か

　これまでの教科指導において，カリキュラム・マネジメントという用語はほとんど言われてこなかったが，今回の学習指導要領においては重要なキーワードになっている。学習指導要領の作成過程では，カリキュラム・マネジメントについて様々な要素から意義付けがなされてきたが，最終的には，総則において次のように説明されている。

　すなわち，各学校において，次の事項を通して，教育課程に基づき組織的かつ計画的に各学校の教育活動の質の向上を図るよう努めることとしている。

- ○児童や学校，地域の実態を適切に把握し，教育の目的や目標の実現に必要な教育の内容等を教科等横断的な視点で組み立てていくこと。
- ○教育課程の実施状況を評価してその改善を図っていくこと。
- ○教育課程の実施に必要な人的又は物的な体制を確保するとともにその改善を図っていくこと。

　1点目は，当該の教科に閉じこもった授業を行うのではなく，学校の教育課程に掲げられている教育目標の実現を目指して，各教科等における指導内容や教材との関連を相互に図りながら，教科横断的，立体的な視点で指導計画を作成し実践することである。

　2点目は，各教科等の学習指導において，指導計画の作成，指導の実施，学習状況の点検・評価，そして評価結果に基づく授業改善（再指導）という，PDCAサイクルを取り入れ，授業の改善を図ること。このことをあらゆる教育活動の場で行うことにより，教育課程の改善につながる。

　3点目は，教育課程の実施に当たって校内の指導体制や教材・教具

の整備，学校図書館などの施設の活用を図ることはもとより，地域の素材を教材化したり人材の協力を得たり，さらに施設などを活用したりするなど学校外における指導体制を確立することを求めている。

これらの具体的な課題は，社会科においても求められており，そこで必要となるのがカリキュラム・マネジメント力である。

(2) 社会科におけるカリキュラム・マネジメント

社会科におけるカリキュラム・マネジメントは，先に示した三つの観点から，具体的な方策を考えることができる。

まず，教科横断的な視点からの指導計画を作成することである。社会科で取り上げる学習内容や教材などが他教科等においても扱われることがある。例えば，自然災害に関する教材や活動は理科や特別活動などでも取り上げられる。また，我が国の地形や気候の概要も理科の学習内容と関わりがある。農業や水産業における食料生産は，理科のほか，家庭科などとも関連している。このような他教科等との関連性を図りながら指導することによって，社会科の学習成果を一層高めることができる。もちろん，社会科内において学習内容や教材の関連を重視することは言うまでもなく大切なことである。

次に，指導計画にPDCAサイクルを取り入れることは，学習評価の機能を重視することであり，指導に生きる評価計画を充実させることにほかならない。例えば，つまずきがちな子供への支援の手だてを予め計画しておくことなどが考えられる。

さらに，学校内の指導体制づくりについては，単元や内容によっては栄養教諭や養護教諭などとのティームティーチングを工夫することができる。また，地域人材の協力を得ることや出前授業を実施すること，地域の企業や施設などを見学し説明を受けることなど，地域との連携・協力を図った社会科授業を展開する。こうした取組をマネジメントし，年間指導計画に位置付けることによって，校内での共有化を図ることができ，学校としての体制が整備される。

第2章

小学校社会科の目標

第1節 教科目標の改善

Q 社会科の目標はどのように改善されましたか。

1 教科目標はどう変わったか

　教科目標は，教科の特色や役割を象徴的に言い表したものである。これまでは「社会生活についての理解を図り，我が国の国土と歴史に対する理解と愛情を育て，国際社会に生きる民主的，平和的な国家・社会の形成者として必要な公民的資質の基礎を養う」と，一文で端的に示され，社会科の究極的なねらいは「公民的資質の基礎を養う」ことにあるとされてきた。

　新しい教科目標は，下記のように，冒頭に総括的な目標が示され，それを受けて三つの具体的な目標から構成されている。

> 　社会的な見方・考え方を働かせ，課題を追究したり解決したりする活動を通して，グローバル化する国際社会に主体的に生きる平和で民主的な国家及び社会の形成者に必要な公民としての資質・能力の基礎を次のとおり育成することを目指す。
> (1)　地域や我が国の国土の地理的環境，現代社会の仕組みや働き，地域や我が国の歴史や伝統や文化を通して社会生活について理解

するとともに，様々な資料や調査活動を通して情報を適切に調べまとめる技能を身に付けるようにする。
(2) 社会的事象の特色や相互の関連，意味を多角的に考えたり，社会に見られる課題を把握して，その解決に向けて社会への関わり方を選択・判断したりする力，考えたことや選択・判断したことを適切に表現する力を養う。
(3) 社会的事象について，よりよい社会を考え主体的に問題解決しようとする態度を養うとともに，多角的な思考や理解を通して，地域社会に対する誇りと愛情，地域社会の一員としての自覚，我が国の国土と歴史に対する愛情，我が国の将来を担う国民としての自覚，世界の国々の人々と共に生きていくことの大切さについての自覚などを養う。

　前文に当たる総括的な目標は，小学校，中学校の社会科，高等学校の地理歴史科，公民科に共通している。前半には，社会的な見方・考え方を働かせることや，問題解決的な学習を展開することといった，社会科における学習活動が，後半には社会科が目指す方向がそれぞれ示されている。後半の内容はこれまでの趣旨と変わらない。

　三つの具体的な目標はこれまで示されていなかったことで，今回の改訂で重視されている資質・能力の「三つの柱」に沿ったものである。すなわち，具体的な目標は「知識及び技能」「思考力，判断力，表現力等」「学びに向かう力，人間性等」の三つの要素で構成されている。これら三つの要素は各学年の目標の構成や内容の示され方に一貫している。ちなみにこうした目標や内容の構造はほかの教科においても踏襲されている。

　今回の改訂では，「三つの柱」が各教科等の横串になり，小学校，中学校，高等学校の縦串になっているところに特色がある。

なお，これらの「三つの柱」は評価の観点ともなる。

学力を構成する基本要素は，「知識及び技能」「思考力，判断力，表現力等」「主体的に学習に取り組む態度」であるが，社会科においては，地域社会に対する誇りや愛情，地域社会の一員としての自覚など「社会的な態度」が加えられている。「資質・能力」は学力より大きな概念であることが分かる。

2 教科目標をどう読み取るか

(1) 前文の読み方

総括的な目標の前半には，「社会的な見方・考え方」と「課題を追究したり解決したりする活動」の二つの文言が見られる。「社会的な見方・考え方」は，平成元（1989）年版の学習指導要領から「内容の取扱い」に配慮事項として示されてきた文言である。また，「課題を追究したり解決したりする活動」とは，これまでも小学校において展開されてきた問題解決的な学習のことである。これらの記述は，これまでの社会科授業の在り方を端的に言い表し，確認したものと受けとめることができる。これまでもこうした考えで実践してきた立場からみれば，新しい内容が示されたものではないと言える。

「社会的な見方・考え方」とは，社会や社会的事象を見たり考えたりするときの「視点や方法」のことである。「視点」とは，社会や社会的事象を追究する際に着目するところである。具体的には，地理的環境（空間軸），歴史や伝統・文化（時間軸），社会の仕組みや働き（社会システム軸）の三つの視点である。「方法」とは，情報を処理したり整理したりする手続きや手段のことである。具体的には，比較する，分類・整理する，関連付ける，総合するなどを指している。

こうした趣旨をもつ「社会的な見方・考え方」を学習場面で働かせることにより，社会的事象やその本質をより深く，多角的に捉えるこ

とができ，社会に対する理解や認識が深まっていく。

　小学校の社会科授業は，これまでも問題解決的な学習を基本として展開されてきた。このことを学習指導要領において確認し推奨しているものである。これからは求められている資質・能力の育成を目指して，社会に対する理解・認識を深め，学習技能と問題解決能力を身に付け，地域社会に対する誇りと愛情や，国土と歴史に対する愛情などを養うことを一層重視して指導することが求められる。

　さらに，「グローバル化する国際社会に主体的に生きる平和で民主的な国家及び社会の形成者に必要な公民としての資質・能力の基礎」とは，これまでの「国際社会に生きる民主的，平和的な国家・社会の形成者として必要な公民的資質の基礎」とほぼ同様の趣旨である。

(2)　具体的な目標の読み方

　次は，三つの具体的な目標をどう読むかについてである。

　具体的な目標の(1)の前半には理解に関する目標が示されている。ここには，地域や我が国の国土を理解する内容が，地理的環境，現代社会の仕組みや働き，歴史や伝統・文化の三つの視点から示されている。後半は技能に関する目標で，調査活動や資料活用などを通して情報を収集，分析，整理するなど調べまとめる技能を身に付けることが示されている。観察・調査，資料活用などは，これまで能力に関する目標として位置付けられてきたが，ここでは切り離されて示された。

　具体的な目標の(2)は能力に関する目標である。考える力，選択・判断する力，表現する力がその対象や内容とともに示されている。考える内容は社会的事象の特色や意味，相互の関連であり，選択・判断する対象は社会に見られる課題解決に向けた関わり方である。表現する内容が考えたことや選択・判断したこととされているが，実際には調べたことや理解したことも含めて表現させることになる。

　具体的な目標の(3)は，学びに向かう力，人間性等に関する目標である。態度に関する目標と言い換えることもできる。ここには，主体的

に学習に取り組む態度（学習意欲・態度）とともに，誇りや愛情，自覚といった社会的な態度についても目標に位置付けられている。前者は新たに目標に位置付けられたことであるが，後者はこれまでの学年目標にも示されてきたものである。

　これら三つの具体的な目標を統一的，一体的に育成することによって，社会科の教科としての役割が果たされる。

第2節 各学年の目標の改善

Q 社会科の各学年の目標はどのように改善されましたか。

1 学年目標はどう変わったか

(1) 学年目標の構造

　各学年の目標の前文には，共通して「社会的事象の見方・考え方を働かせ，学習の問題を追究・解決する活動を通して，次のとおり資質・能力を育成することを目指す」と示されている。

　また，教科目標の「課題を追究したり解決したりする活動」という表記が「学習の問題を追究・解決する活動」と改められている。これは小学校社会科の実態を踏まえたものである。「学習の問題」とは追究・解決するテーマである「学習問題」のことである。

　学年目標は三つの要素（資質・能力の「三つの柱」）から構成されている。1項目は知識と技能に関する目標が，2項目は思考力，判断力，表現力等の能力に関する目標が，3項目は学びに向かう力，人間性等（態度）に関する目標が，それぞれ示されている。

　従来の学年目標は，理解に関する目標と態度に関する目標が一体に示されていた。また，技能に関する目標は能力に関する目標として位置付けられてきた。

　なお，平成10（1998）年版の学習指導要領以来，第3学年及び第4

学年の目標として2学年まとめて示されていたが，今回は学年ごとに示された。これは，社会科で育てる資質・能力を各学年においてしっかり身に付けさせるために，それぞれの学年において実現させる目標を明確にしたものである。

(2) 学年目標の系統

各学年の目標を三つの要素で整理すると，次のようになる。

学年の要素別系統

学年	知識及び技能		思考力，判断力，表現力	学びに向かう力，人間性
第3学年	・身近な地域や市区町村の地理的環境，地域の安全を守るための諸活動や地域の産業と消費生活の様子，地域の様子の移り変わりについて，人々の生活との関連を踏まえて理解する。	・調査活動，地図帳や各種の具体的資料を通して，必要な情報を調べまとめる技能を身に付ける。	・社会的事象の特色や相互の関連，意味を考える力，社会に見られる課題を把握して，その解決に向けて社会への関わり方を選択・判断する力，考えたことや選択・判断したことを表現する力を養う。	・社会的事象について，主体的に学習の問題を解決しようとする態度や，よりよい社会を考え学習したことを社会生活に生かそうとする態度を養う。 ・思考や理解を通して，地域社会に対する誇りと愛情，地域社会の一員としての自覚を養う。
第4学年	・自分たちの都道府県の地理的環境の特色，地域の人々の健康と生活環境を支える働きや自然災害から地域の安全を守るための諸活動，地域の伝統と文化や地域の発展に尽くした先人の働きなどについて，人々の生活との関連を踏まえて	・調査活動，地図帳や各種の具体的資料を通して，必要な情報を調べまとめる技能を身に付ける。	・社会的事象の特色や相互の関連，意味を考える力，社会に見られる課題を把握して，その解決に向けて社会への関わり方を選択・判断する力，考えたことや選択・判断したことを表現する力を養う。	・社会的事象について，主体的に学習の問題を解決しようとする態度や，よりよい社会を考え学習したことを社会生活に生かそうとする態度を養う。 ・思考や理解を通して，地域社会に対する誇りと愛情，地域社会の一員としての

	理解する。			自覚を養う。
第5学年	・我が国の国土の地理的環境の特色や産業の現状，社会の情報化と産業の関わりについて，国民生活との関連を踏まえて理解する。	・地図帳や地球儀，統計などの各種の基礎的資料を通して，情報を適切に調べまとめる技能を身に付ける。	・社会的事象の特色や相互の関連，意味を多角的に考える力，社会に見られる課題を把握して，その解決に向けて社会への関わり方を選択・判断する力，考えたことや選択・判断したことを説明したり，それらを基に議論したりする力を養う。	・社会的事象について，主体的に学習の問題を解決しようとする態度や，よりよい社会を考え学習したことを社会生活に生かそうとする態度を養う。 ・多角的な思考や理解を通して，我が国の国土に対する愛情，我が国の産業の発展を願い我が国の将来を担う国民としての自覚を養う。
第6学年	・我が国の政治の考え方と仕組みや働き，国家及び社会の発展に大きな働きをした先人の業績や優れた文化遺産，我が国と関係の深い国の生活やグローバル化する国際社会における我が国の役割について理解する。	・地図帳や地球儀，統計や年表などの各種の基礎的資料を通して，情報を適切に調べまとめる技能を身に付ける。	・社会的事象の特色や相互の関連，意味を多角的に考える力，社会に見られる課題を把握して，その解決に向けて社会への関わり方を選択・判断する力，考えたことや選択・判断したことを説明したり，それらを基に議論したりする力を養う。	・社会的事象について，主体的に学習の問題を解決しようとする態度や，よりよい社会を考え学習したことを社会生活に生かそうとする態度を養う。 ・多角的な思考や理解を通して，我が国の歴史や伝統を大切にして国を愛する心情，我が国の将来を担う国民としての自覚や平和を願う日本人として世界の国々の人々と共に生きることの大切さについての自覚を養う。

2 学年目標をどう読むか

　各学年の目標を，知識及び技能，能力，態度の側面から系統的に整理すると，次のようになっていることに気が付く。
　まず，知識に関する目標については，学習で取り上げられる対象や内容に違いがある。ここから，市区町村から都道府県へ，そして我が国の国土や国際社会へといった，社会に対する理解や認識の深まりと視野の広がりが期待されていることが分かる。
　次に，技能に関しては，第3学年と第4学年が同様な内容の目標になっている。また，第5学年と第6学年においては，第6学年は，第5学年の「地図帳や地球儀，統計」に「年表」が加わっているだけでほとんど同じである。
　また，能力に関する目標は，いずれの学年においても，思考力，判断力，表現力等に関連して，考える力，選択・判断する力，表現する力から構成されている。第3学年と第4学年，第5学年と第6学年はそれぞれ同様な目標になっている。
　さらに，態度に関する目標は，学習態度と社会的な態度の二つから設定されており，前者は，全ての学年に共通して設定されている。第3学年と第4学年は同様な目標になっている。また，第3学年と第4学年は「思考や理解を通して」となっているが，第5学年と第6学年では「多角的な思考や理解を通して」と思考と理解の発展性が期待されている。
　このように見てくると，学年ごとの系統性が必ずしも明確になっていないことが分かる。実際の指導や評価に当たっては，各学校や教師が教材や特質や学習活動，子供の発達段階や課題などを踏まえて，具体的な目標を設定することが必要になる。

第3章

小学校社会科の内容構成

第1節 社会科の内容をどう捉えるか

Q 社会科の内容構成の特色や捉え方について教えてください。

1 中学校，高等学校の教科・科目構成

　小学校社会科の内容構成を捉えるとき，将来，子供たちが進学していく中学校や高等学校における社会に関わる教科・科目の構成について理解することが大切である。

　中学校では，教科名は小学校と同様に社会科であるが，指導の実態や教科書の編集は，地理的分野，歴史的分野，公民的分野と，分野ごとの学習になっている。第1学年から地理的分野と歴史的分野の学習が並行して進められ，その後，公民的分野の学習が展開されている。いわゆるパイ型と言われている。一部に，地理的分野，歴史的分野，公民的分野を順に学習していくザブトン型も取り入れられている。

　今回の改訂で大きく変わったのは高等学校である。地理歴史科と公民科という教科の名前は変わらないが，それぞれの科目の構成や履修の方法が改められた。従来，地理歴史科は，世界史A，世界史B，日本史A，日本史B，地理A，地理Bの6科目から構成され，世界史のいずれかと日本史と地理のいずれかを選択して必履修とされた。また，公民科は，現代社会，倫理，政治・経済の3科目から構成され，現代社会または倫理と政治・経済が必履修とされた。

今後は，地理歴史科の科目が地理総合，地理探究，歴史総合，日本史探究，世界史探究になり，地理総合と歴史総合が必履修になった。一方，公民科は，現代社会がなくなり，代わって公共という科目が新設され，必履修になった。

2　小学校社会科の内容構成の特色と概要

(1)　各学年の内容に見る特色

各学年における学習の対象や範囲には，次のような特色がある。これらは各学年の学習テーマでもある。

第3学年は，主として自分たちの住んでいる市区町村を対象に，身近な地域や市区町村の様子，地域に見られる生産や販売の仕事，地域の安全を守る働き，市の様子の移り変わりが取り上げられる。

第4学年では，主として都道府県を対象に，都道府県の様子，人々の健康や生活環境を支える活動，自然災害から人々を守る活動，県内の伝統や文化，先人の働き，県内の特色ある地域の様子が取り上げられる。今回の改訂では，第4学年の冒頭で，自分たちの都道府県の地理的環境の概要について学ぶようになっている。これにより，これまで以上に，県に対する関心をもたせ，県についての理解や認識を深めるようになっているところにも特色がある。

第5学年では，我が国における国土の様子，農業や水産業における食料生産，工業生産，産業と情報との関わり，国土の自然環境が取り上げられる。第6学年では，我が国の政治の働きや歴史上の主な事象，グローバル化する世界と日本の役割について取り上げられる。

このように，学年が進行するにつれて，学習の対象や範囲が同心円的に拡大していく構成になっている。

なお，第3学年の販売の仕事では他地域や外国との関わりを，第4学年の飲料水を供給する事業では県内外の人々の協力を，第5学年の

貿易や運輸の様子では外国との関わりを，第6学年の歴史学習では当時の世界との関わりを，それぞれ取り上げるようになっており，必ずしも厳密な同心円として拡大していくような構成にはなっていない。「同心円的」な内容構成であると言える。

(2) 各学年の内容構成の特色

社会科の教科目標の(1)には「地域や我が国の国土の地理的環境，現代社会の仕組みや働き，地域や我が国の歴史や伝統と文化を通して(略)」と，社会生活について理解する対象が示されている。

また，前述したように，社会や社会的事象を追究する際に着目する「視点」とは，地理的環境（空間軸），歴史や伝統・文化（時間軸），社会の仕組みや働き（社会システム軸）である。

今回改訂された内容構成上の特色として，社会や人々の生活について，地理的環境，歴史，社会の仕組みや働きの三つの視点から理解することを挙げることができる。

次の表は，各学年の内容と「三つの視点」との関連性を整理したものである。

表 小学校社会科の内容構成

学年	内容	地理	歴史	社会
第3学年	(1) 身近な地域や市区町村の様子	◎	○	○
	(2) 地域に見られる生産や販売の仕事			◎
	(3) 地域の安全を守る働き			◎
	(4) 市の様子の移り変わり		◎	○
第4学年	(1) 都道府県の様子	◎		
	(2) 人々の健康や生活環境を支える事業		○	◎
	(3) 自然災害から人々を守る活動		○	◎
	(4) 県内の伝統や文化，先人の働き		◎	○
	(5) 県内の特色ある地域の様子	◎	○	○
第5学年	(1) 我が国の国土の様子	◎		
	(2) 我が国の食料生産		○	◎
	(3) 我が国の工業生産		○	◎
	(4) 我が国の産業と情報との関わり		○	◎
	(5) 我が国の国土の自然環境	◎		
第6学年	(1) 我が国の政治の働き			◎
	(2) 我が国の歴史	○	◎	
	(3) グローバル化する世界と日本の役割	○		◎

(注)1　「地理」は地理的環境の視点を,「歴史」は歴史的視点を,「社会」は社会の仕組みや働きの視点を表している。
　　 2　◎印は主として関わりの深い視点を示し,○印は副次的に,あるいは一部に関わりのある視点を示している。例えば第3学年の身近な地域や市区町村の様子に関する内容は主として地理的環境の視点から扱われるが,ここでは,市役所など主な公共施設の場所と働きといった社会の仕組みや働きに関わる事項や,古くから残る建造物といった歴史に関わる事項も関連的に取り上げられる。

　今回の改訂で,「三つの視点」との関連性が明確にされたのは,社会的事象を多角的に捉え,社会をより深く理解・認識できるようにするためである。また,地理,歴史,公民といった分野別の学習の展開は,中学校社会科との関連を図ったものでもある。

　このことは,小学校の社会科の内容を地理,歴史,公民に分割されたことを意味しているものではない。小学校社会科はあくまでも社会生活を総合的に理解するところに小学校らしさがある。

　何ごとにも言えることであるが,対象や物事を総合的に捉えるためには,まず予め観点を設けて分析的・多角的に観察・把握し,次にそれらを総括して総合的に理解するという手順が求められる。地理的環境,歴史,現代社会の仕組みや働きといった視点を設定して見たり考えたりすることは,社会を総合的に捉えるための便宜である。

3　「内容」の示され方とその読み取り方

(1)　「内容」の示され方

　今回の改訂では,各学年の「内容」の示され方に特色がある。これまでも,社会科においては,調べる対象,調べ方,考えさせる内容などが具体的に示されてきたが,今回の学習指導要領ではこのことが一

層徹底されていると受けとめることができる。

　このことに対して，現場の指導方法を限定させ，創意工夫を生かした特色ある実践を展開することを阻害することにはならないかといった指摘が出されることも予想される。しかし，近年，特に小学校では若い教師や社会科の授業に苦手意識を抱いている教師が増えてきていることを考慮すると，だれでもが最低限の授業を実践できるようにするための手だてであると受けとめることができる。

　各学年の「内容」は基本的に同じような構成で示されている。まず，目標を構成している「知識・技能」「思考力，判断力，表現力等」「学びに向かう力，人間性等」のうち，前者の二つから示されている。「学びに向かう力，人間性」に関わることは，各「内容」においては必ずしも明確に示すことができないことから省かれている。しかし，指導に当たっては，学年目標の(3)に示されている態度に関する目標を方向目標として捉え，その育成を目指すことになる。

　各「内容」の示され方について，第3学年の「地域に見られる生産や販売の仕事」を例に見ていく。

(2)　地域に見られる生産や販売の仕事について，学習の問題を追究・解決する活動を通して，次の事項を身に付けることができるよう指導する。
　ア　次のような知識及び技能を身に付けること。
　　(ア)　生産の仕事は，地域の人々の生活と密接な関わりをもって行われていることを理解すること。
　　(イ)　販売の仕事は，消費者の多様な願いを踏まえ売り上げを高めるよう，工夫して行われていることを理解すること。
　　(ウ)　見学・調査したり地図などの資料で調べたりして，白地図などにまとめること。

> イ　次のような思考力，判断力，表現力等を身に付けること。
> 　(ｱ)　仕事の種類や産地の分布，仕事の工程などに着目して，生産に携わっている人々の仕事の様子を捉え，地域の人々の生活との関連を考え，表現すること。
> 　(ｲ)　消費者の願い，販売の仕方，他地域や外国との関わりなどに着目して，販売に携わっている人々の仕事の様子を捉え，それらの仕事に見られる工夫を考え，表現すること。

　上記の下線を引いた部分は，第６学年の我が国の歴史に関する内容を除いて，全ての内容にほぼ同様な表記になっている。

　上記に示されている内容のアの(ｱ)及び(ｲ)は，ここでの学習で身に付ける理解事項を示している。(ｳ)は，技能に関する事項で，ここには調べ方やまとめ方が示されている。

　イの(ｱ)及び(ｲ)の「……などに着目して」とは，具体的に調べる対象を示したもので，「……などを調べて」と解釈できる。その調べ方はアの(ｳ)に示されている。さらに，調べたこと（事実）をもとに（ここでは仕事の様子を捉え），その特色や意味などを考え，それを表現するようにしている。

　このように，「内容」には，何について，どのようなことをどのような方法で調べるのか。また，調べたことをもとに何を考え，その結果をどのようにまとめるのか。さらに，こうした学習を通して，どのようなことを理解できるようにするのかなど，「内容」は学習の筋道に沿って示されている。

　「内容」は一定の型にはめて示されていることから，各項目の特に下線を引いたところに着目して，関係付けて読み取るようにすると，授業の展開イメージが構想しやすくなる。

(2) 「内容」の読み取り方

　前掲の「内容」は，次のように読み取ることができる。本内容は，生産の仕事と販売の仕事の二つから構成されている。まず，生産の仕事については，アの(ア)及び(ウ)とイの(ア)を関連付ける。このことによって，例えば小単元「工場ではたらく人」の学習の流れを構想することができるようになる。

　生産の仕事については，次のように読み取ることができる。

> 　生産の仕事について，仕事の種類や産地の分布，仕事の工程などを見学・調査したり，地図などの資料を活用して調べ，それらの結果を白地図や図表などにまとめる。まとめたことをもとに，生産に携わっている人々の仕事の様子を捉え，仕事に見られる工夫を考える。このことを通して，生産の仕事は地域の人々と密接な関わりがあることを理解できるようにする。

　また，販売の仕事については，アの(イ)及び(ウ)とイの(イ)を関連付けて読み取るようにする。

　ここでは，学習のめあてである学習問題を設定して，視点をもって具体的に調べ，調べたことをまとめる。次に，調べたことを基に，特色や意味などを考える。さらに，こうした学習を通して，示されている事項を理解できるようにする。これが，社会科授業に求められている問題解決的な学習の基本的な展開である。

第2節 各学年の主な変更点と内容構成

Q 各学年の主な変更点はどのようになっていますか。

1　第3学年の内容構成と年間単元計画

(1)　内容における主な変更点
○身近な地域や市町村の様子に関する内容
　・ここでは，自分たちの市に，より指導時間をかける，資料を多く活用するなどして重点を置くように示された。
○地域に見られる生産や販売の仕事に関する内容
　・生産の仕事と販売の仕事について，調べる際に着目することや，調べたことから考えさせることや理解させることの違いが明確にされた。他地域や外国との関わりは販売の仕事で取り上げる。
　・販売の仕事では，売り上げを高めるための工夫を取り上げるなど経済的な視点から追究するようになった。
○地域の安全を守る働きに関する内容
　・消防署や警察署の働きを第3学年で取り上げる。
　・火災と事故のいずれにおいても「対処」と「防止」の観点から取り上げるが，いずれかに重点を置くことができる。
　・地域や自分の安全を守るために，自分たちにできることを考える。
○市の様子の移り変わりに関する内容

- 交通や公共施設，土地利用や人口，生活の道具などに着目して時期による違いを調べる。
- 年表などにまとめる際には，昭和，平成などの元号の用い方について取り上げる。
- 「公共施設」は，市が整備を進めてきたことを取り上げ，租税の役割に触れることや，「人口」を取り上げる際には，少子高齢化や国際化などに触れることが示された。

○地図帳が第3学年から給付されることから，地図帳や地図に関する基礎的な知識を身に付けることが求められる。

(2) 第3学年の年間単元計画

年間授業時数（70時間）を考慮して，例えば次のように作成することができる。表中の＊は作業や体験を，※は討論を中心に展開することを表している。印のないものは，問題解決的な学習を想定している。

単元名・小単元名	時数	備考
1　わたしたちのまち		
(1)　学校のまわりの様子	5	＊
(2)　市の様子	11	
2　はたらく人とわたしたちのくらし		
(1)　農家の人の仕事	10	
(1)　工場ではたらく人の仕事	10	代替単元
(2)　スーパーマーケットではたらく人の仕事	10	
3　あんぜんなくらしを守る		
(1)　火事からくらしを守る	10	
(2)　事故や事件からくらしを守る	10	
4　市の移り変わり		
(1)　市の様子の移り変わり	12	
(2)　市のしょうらいを考えよう	2	※

2　第4学年の内容構成と年間単元計画

(1)　内容における主な変更点

○都道府県の様子に関する内容
  ・自分たちの都道府県の地理的環境の概要について，第4学年の冒頭で扱うようになった。
○人々の健康や生活環境を支える事業に関する内容
  ・飲料水については，安全で安定的に供給していることを，廃棄物については，衛生的な処理や資源の有効利用ができるよう進められていることを，それぞれ理解させることが明確にされた。
  ・「法やきまり」については廃棄物の処理と関連付けて扱う。
○自然災害から人々を守る活動に関する内容
  ・これまで選択の対象になっていた風水害や地震などの自然災害について扱うようになった。
  ・ここでは，県内で発生した自然災害から人々を守る活動について県庁や市役所の働きを中心に，自衛隊など国の機関との関わりを取り上げる。
○県内の伝統や文化，先人の働きに関する内容
  ・文化財や年中行事の事例を県内から選択し，県内における伝統や文化に対する理解と関心をもたせるようになった。
  ・先人の働きに関する事例に，医療が付け加えられた。
○県内の特色ある地域の様子に関する内容
  ・県内において国際交流に取り組んでいる地域が追加された。
○節水や節電，廃棄物の処理，自然災害への備え，伝統や文化の保存・継承などに関連して，自分たちにできることを考えたり選択・判断したりできるようにすることが求められている。

(2) 第４学年の年間単元計画

　第４学年の年間単元計画は年間授業時数（90時間）を考慮して，例えば次のように作成することができる。

　表中の＊は作業や体験を，※は討論を中心に展開することを表している。印のないものは，問題解決的な学習を想定している。

単元名・小単元名	時数	備考
１　わたしたちの県		
(1)　日本地図を見て	3	＊
(2)　県の地図を広げて	7	＊
２　住みよいくらし		
(1)　くらしと飲み水	12	
(2)　ごみの始末と利用	12	
(2)　下水の始末と利用	12	代替単元
３　自然災害から人々を守る		
(1)　県内で発生した自然災害	2	＊
(2)　地震から人々を守る	10	
(2)　風水害から人々を守る	10	代替単元
(2)　土砂災害からくらしを守る	10	代替単元
４　県の伝統・文化と先人の働き		
(1)　文化財・年中行事	9	
(2)　地域の開発に尽くした人	10	
(2)　教育の発展に尽くした人	10	代替単元
５　県内の特色ある地域		
(1)　県内の特色ある地域	2	＊
(2)　地場産業の盛んな地域	7	
(3)　国際交流に取り組んでいる地域	7	
(4)　自然環境を保護・活用している地域	7	
(4)　伝統的な文化を保護している地域	7	代替単元
(5)　県のしょうらいを考えよう	2	※

3　第5学年の内容構成と年間単元計画

(1)　内容における主な変更点

○我が国の国土の様子に関する内容
　・領土の範囲に関連して，竹島，北方領土，尖閣諸島は我が国固有の領土であることに触れる。

○我が国の食料生産に関する内容
　・食料生産に従事している人々に関連して，生産性を高める工夫や輸送方法や販売方法の工夫を取り上げる。ここでは，歴史的な視点から，生産量の変化や技術の向上に関する事項が追加された。

○我が国の工業生産に関する内容
　・工業生産の概要に関連して，歴史的な視点から，工業製品の改良に関する事項を新たに取り上げる。

○我が国の産業と情報との関わりに関する内容
　・販売，運輸，観光，医療，福祉などの産業から事例を選択し，情報を生かして発展する産業について取り上げる。ここでは，様々な産業の発展，国民生活の向上といった歴史的な視点から調べるように示されている。

○我が国の国土の自然環境に関する内容
　・自然災害，森林資源，公害の防止の順に改められた。自然災害については，様々な災害を取り上げる。

(2)　第5学年の年間単元計画

　第5学年の年間単元計画は，年間授業時数（100時間）を考慮して，例えば次のように作成することができる。

　表中の＊は作業や体験を，※は討論を中心に展開することを表している。印のないものは，問題解決的な学習を想定している。

単元名・小単元名	時数	備考
1　わたしたちの国土		
(1)　地図帳を広げて	3	＊
(2)　国土の地形の様子	4	＊
(3)　低地のくらし	6	
(3)　山地のくらし	6	代替単元
(4)　国土の気候の様子	4	＊
(5)　暖かい土地のくらし	6	
(5)　寒い土地のくらし	6	代替単元
2　私たちの生活と食料生産		
(1)　国民生活を支える食料生産	5	
(2)　稲作の盛んな地域	7	
(3)　水産業の盛んな地域	7	
(4)　野菜づくりの盛んな地域	7	代替単元
(5)　これからの食料生産を考える	2	※
3　私たちの生活と工業生産		
(1)　国民生活を支える工業生産	5	
(2)　工業の盛んな地域	6	
(3)　自動車工業の盛んな地域	7	
(4)　貿易と運輸の働き	6	
(5)　これからの工業生産を考える	2	※
4　私たちの生活と情報産業		
(1)　放送局で働く人々	6	
(2)　新聞社で働く人々	6	代替単元
(3)　情報を活用している販売業	6	
(3)　情報を活用している運輸業	6	代替単元
(3)　情報を活用している観光業	6	代替単元
(4)　情報をくらしに生かす	3	※
5　私たちの生活と国土の環境		
(1)　自然災害を防ぐ	5	
(2)　森林資源の働き	5	
(3)　公害からくらしを守る	5	

4　第6学年の内容構成と年間単元計画

(1)　内容における主な変更点

○我が国の政治の働きに関する内容
　・本内容は，これまでの順序が改められ，歴史に関する内容の前に示された。これは，政治の働きに対する理解と関心を高めるためである。
　・政治の働きに関する内容が，日本国憲法，立法，行政，司法の仕組み，国や地方公共団体の政治の取組の順に改められた。これは，政治の基本的な考え方（根本）をまず押さえ，そこから政治の働きを具体的に理解させるという趣旨である。
　・国や地方公共団体の政治の取組に関連して，政策の内容や計画から実施までの過程，法令や予算との関わりを取り上げるよう，内容が具体的に示された。

○我が国の歴史に関する内容
　・内容については，基本的に変更はないが，平安時代の日本風の文化と戦国の世の中について，時代の特色を捉えやすくするために項目が分割されて示された。
　・各内容に関連して，当時の世界との関わりに目を向け，我が国の歴史を広い視野から捉えられるよう配慮することが示された。
　・事象の名称について，「大和朝廷」に「大和政権」がかっこ書きで補足された。「身分制度」が「身分制」に，「鎖国」が「鎖国などの幕府の政策」に，「日華事変」が「日中戦争」に，「オリンピックの開催」が「オリンピック・パラリンピックの開催」に，それぞれ改められた。

○グローバル化する世界と日本の役割に関する内容
　・国際交流に関しては，第4学年の県内の特色ある地域の学習に移

行したが，ここでも，日本とつながりが深い国の人々の生活と関連付けて扱うようになった。

(2) 第6学年の年間単元計画

第6学年の年間単元計画は，年間授業時数（105時間）を考慮して，例えば次のように作成することができる。

表中の＊は作業や体験を，※は討論を中心に展開することを表している。印のないものは，問題解決的な学習を想定している。

単元名・小単元名	時数	備考
1　わたしたちの生活と政治		
(1)　日本国憲法	6	
(2)　政治のしくみ	5	＊
(3)　国民の願いを実現する政治	8	
2　日本の歴史		
(1)　むらからくにへ	7	
(2)　天皇による政治	6	
(3)　貴族の文化	3	＊
(4)　武士による政治	6	
(5)　室町文化	4	＊
(6)　天下統一	6	
(7)　江戸幕府の成立	6	
(8)　町人文化と新しい学問	5	＊
(9)　明治維新	7	
(10)　国際的に地位を高めた日本	7	
(11)　日中戦争と国民のくらし	6	
(12)　戦後日本の発展	7	
(13)　これからの日本を考える	3	※
3　世界の中の日本		
(1)　日本とつながりの深い国々	7	
(2)　世界における日本の役割	6	

第4章

各学年の指導のポイントと指導計画

第1節 第3学年の指導のポイントと指導計画

1 身近な地域や市区町村の様子に関する内容

Q　「身近な地域や市区町村の様子」に関する内容と指導のポイントについて教えてください。

(1) 本内容の捉え方と押さえどころ

ア　内容の構造と改訂のポイント

　ここでは，市区町村（以下「市」）の様子を主として地理的環境の視点から指導するものである。市役所の働きや古くからの建造物についても取り上げられることから，一部に社会の仕組みや歴史的な視点も含まれている。本内容は，身近な地域（学校の周り）と市の様子の二つを対象に，次のように学習する構造になっている。

　まず，身近な地域や市の様子を県内における市の位置，市の地形や土地利用，交通の広がり，市役所などの主な公共施設の場所と働き，古くから残る建造物の分布などを観察・調査したり，地図などの資料を活用したりして調べ，それらの結果を白地図にまとめる。次に，まとめたことを基に，身近な地域や市の様子を捉え，さらに市の様子は場所によって違いがあることを考える。このことを通して，市の様子をおおまかに理解できるようにする。ここでは，市の様子について重点的に調べ，その概要を捉えることがポイントである。

　本内容は，生産や販売の仕事，地域の安全を守る働きなど，これから学習する内容のオリエンテーションとしての役割を担っている。

イ 身に付ける資質・能力

ここで身に付ける資質・能力は次のように集約できる。

・都道府県内における市の位置，市の地形や土地利用，交通の広がり，市役所など主な公共施設の場所と働き，古くから残る建造物の分布などに関する具体的な知識を習得する。
・身近な地域や自分たちの市のおおまかな様子を理解する。
・観察・調査したり地図などの資料で調べたりする技能や，白地図にまとめる技能を身に付ける。
・調べたことを比較・関連付けたり総合したりして，市の様子は場所によって違いがあることを考え，その結果を表現する力を身に付ける。

これらのほか，学年目標の(3)に示されている態度に関する目標を育成することを目指して指導する。

ウ 指導のポイント

市の様子を深く理解するためには，学校の周りの様子についての学習を市の様子の導入として位置付け，市の様子の学習により多くの時間をかけるなど重点を置いた指導を行う。

市の様子を実際に観察・調査することは困難なこともあり，例えば，市の地形図，交通網を表した地図，学校や市役所などの公共施設や古くからの建造物の分布図などを活用する場面が多くなる。第３学年から始まる社会科の学習にどう興味をもたせるか。どのように身近に調べさせ，「市」に対する関心をどうもたせるかが課題になる。

この時期には，教科用図書「地図」（地図帳）の構成や見方・使い方などを丁寧に指導するとともに，地図帳に慣れ親しむ態度を養うようにする。特に本内容に関連して，方位や地図記号などについての基礎的な知識を身に付ける。

(2) 小単元「学校のまわりの様子」の指導計画
ア 目標
- 身近な地域の地理的環境について，おおまかな様子を理解するとともに，調査活動を通して，必要な情報を調べまとめる技能を身に付ける。
- 社会的事象の特色を基に，身近な地域は場所によって違いがあることを考え，表現する力を身に付ける。
- 意欲的に問題解決に取り組み，地域社会に対する誇りと愛情を養う。

イ 指導のアイデア
- 本小単元は，学年の導入での取扱い，つまり今後７年間の社会科の学習の導入でもある。また，次小単元「市の様子」に重点を置き，より多くの時間をかけることができるように，短時間で効果的な指導計画としたい。そこで，学校周辺の場所で特徴的な１か所を取り上げ，調査活動を通して，問題解決できるようにしたい。
- 地形，土地利用，交通，主な公共施設の場所，古くから残る建造物のうち，最も特徴的な場所を１か所だけ選ぶようにする。この五つの着目点は，「市の様子」での調べる視点となるので，ここでは１か所に絞り，短時間でも十分に追究できるようにする。
- 具体的には，地形に着目し，土地の高低について追究することができるようにする。坂の途中に建つ３階建ての家が，坂上からの写真では２階建てに見えることについて，現地の調査活動を通して，土地の低いところと高いところがあることを体験的にも理解できるようにする（「坂の下から見ると本当に３階建てだ！」）。
- その際，学校周辺の場所が全て同じようになっているわけではないことも，別の何枚かの写真を追究することで理解できるようにする。学校周辺でも違いがあることを捉えることで，次小単元へと学習を展開できるようにする。

ウ　指導計画（5時間扱い）

	主な発問・指示と学習内容	資料等	指導上の留意点	時
学習問題をつかむ	①学校の周りの様子について，1枚の写真を基に調べましょう。 ・この家は何階建てでしょう。 ・この家は2階建てではなく，3階建てです。 この家が「2階建て」ではなく「3階建て」なのは，なぜだろう。	・学校の周りにある家の写真（坂の上から撮った写真）	・おおよその場所や位置を確認して，学校の周りの場所であることを捉えることができるようにする。 ・なぜそう考えたか，理由を明らかにして予想できるようにする。	1
調べる	②もう1枚の写真から，階数について調べましょう。 ・反対側から見ると，ちゃんと3階建てです。 ・どうして見る位置を変えると見え方が変わるのでしょう。		・写真を基に，階数について調べるようにする。 ・次時に現地に行くことを伝え，何を調べるか計画を立てる。	2 3 4
	③現地で調査活動を行いましょう。 ・坂の途中に建っています。 ・土地の低いところは低地。 ・土地の高いところは台地。	・学校の周りにある家の写真（坂の下から撮った写真）	・坂の下から調査したり，実際に坂を歩いたりすることで，土地の高さを実感できるようにする。	
まとめる	④調べたことを基に，学習問題の結論を話し合いましょう。 この家は，坂の下（低地）から3階建てになっている。だから，坂の上（台地）からは，低くなっている1階部分が見えない。	・調査時に撮った写真 ・学校の周りにある平らなところに建っている家の写真	・調査した周りの様子からも，土地の高低を捉えられるようにする。 ・学校周辺の場所が全て同じようになっているわけではないこと，場所によって違いがあることに気付けるようにする。	5

(3) 小単元「市の様子」の指導計画
ア 目標
- 市の地理的環境について，人々の生活との関連を踏まえて理解するとともに，地図帳や各種の具体的資料を通して，必要な情報を調べまとめる技能を身に付ける。
- 調べたことを比較・関連付けたり総合したりして，市の様子は場所によって違いがあることを考え，表現する力を身に付ける。
- 意欲的に問題解決に取り組み，市に対する誇りと愛情を養う。

イ 指導のアイデア
- 本小単元は，これまでの指導計画と同等の時間数で，より効果的な指導を行うために，前小単元のまとめを基に，学習問題を導くことができるようにする。
- まず地形に着目し，土地の高低を中心に，川の流れているところを捉える。次に，土地利用に着目することで，田や畑の広がり，住宅や商店，工場の分布について調べる。そして，土地利用の様子と地形条件を関連付けて考えることができるようにする。
- 交通，主な公共施設の場所の働き，古くから残る建造物の分布にも着目し，「どのように広がっているか」「どのように利用されているか」などの問いをもたせて追究できるようにして，白地図にまとめることができるようにする。
- さらに，「教科用図書　地図」（地図帳）を用いて小単元を振り返ることで，市の大まかな様子を捉えることができるようにする。その際，四方位や地図記号について調べる学習を充実させ，地図帳への親しみをもつことができるようにする。

第1節　第3学年の指導のポイントと指導計画

ウ　指導計画（11時間扱い）

	主な発問・指示と学習内容	資料等	指導上の留意点	時
学習問題をつかむ	①市の航空写真や地形図から，〇〇市には何があるか見付けましょう。 〇〇市には，どんな場所があるのだろうか。	・航空写真（デジタルマップ） ・地形図（市を流れる川の様子）	・市の概観を航空写真と地形図とを関連させて読み取ることで「坂」を見付けられるようにする。 ・様々な場所があると捉えられるようにする。	1
調べる	②土地利用の様子を白地図に着色作業しながらまとめましょう。 ・田や畑が多い場所 ・住宅や商店，工場が多い場所 ・田や畑の広がりと川の流れ	・白地図（土地利用の様子を表す写真） ・地形図	・着色作業を通して，市の土地利用について大まかに捉え，地形図と比べることで地形条件を関連付けるようにする。	2 3 4
	③市内を通る鉄道や主な道路について，白地図にまとめましょう。 ・駅，鉄道 ・高速道路，国道，主要な道 ・南北方向に鉄道と道路が多い	・白地図 ・路線図 ・道路マップ ・駅，鉄道，道路の写真	・駅や鉄道，主な道路の名称についても白地図にまとめられるようにする。 ・主な経路についても大まかに捉えておく。	5 6
	④公共施設や古くから残る建造物について，白地図にまとめましょう。 ・市役所，学校，図書館，博物館，消防署，警察署など ・神社，寺院，伝統的な町並み ・主な地図記号，四方位	・白地図 ・市のガイドマップ ・市報 ・地図帳 ・地図記号	・公共施設の働きを調べることで，災害時に避難場所の役割を果たすことを捉えられるようにする。 ・地図帳を用いて，主な地図記号を確認する。	7 8 9
まとめる	⑤調べたことを基に，学習問題の結論を話し合いましょう。 〇〇市には，田や畑，住宅や商店，工場が多い場所があり，様々な様子の場所がある。	・児童がまとめた地図 ・航空写真（デジタルマップ） ・地図帳	・これまでの学習で児童がまとめた地図を基に，市の様子を大まかに理解できるようにする。 ・前小単元「学校の周り」との関連も図れるようにする。	10 11

2　地域の生産と販売に関する内容

> **Q**　「地域に見られる生産や販売の仕事」に関する内容と指導のポイントについて教えてください。

(1)　本内容の捉え方と押さえどころ
ア　内容の構造と改訂のポイント

　ここでは，生産と販売について，社会の経済的な仕組みの視点から指導するものである。本内容は，生産の仕事と販売の仕事の二つから構成されている。生産とは主に工場や農家を指しているが，魚介類を採る仕事や木を育てる仕事も含まれている。

　生産の仕事に関しては，仕事の種類や産地の分布，仕事の工程などを見学・調査したり，地図などの資料を活用したりして調べ，それらの結果を白地図や図表などにまとめる。まとめたことを基に，生産に携わっている人々の仕事の様子を捉え，仕事に見られる工夫を考える。このことを通して，生産の仕事は地域の人々と密接な関わりがあることを理解できるようにする。

　販売の仕事に関しては，消費者の願い，販売の仕方，他地域や外国との関わりなどを見学・調査したり，地図などの資料を活用したりして調べ，それらの結果を白地図や図表などにまとめる。まとめたことを基に販売に携わっている人々の仕事の様子を捉え，仕事に見られる工夫を考える。このことを通して，売り上げを高めるための工夫を理解できるようにする。

　生産（工場，農家）と販売（商店）のいずれにおいても調べ方は共通しているが，生産においては，地域の人々の生活と密接に関わりをもっていることを，販売においては，売り上げを高める工夫をしていることを，それぞれ理解させるようにする。

イ　身に付ける資質・能力

ここで身に付ける資質・能力は次のように集約できる。

（生産の仕事について）
- 市における工場（農家）の種類や産地の分布，工場（農家）の仕事の工程などに関する具体的な知識を習得する。
- 生産の仕事は，地域の人々の生活と密接に関わりをもって行われていることを理解する。
- 調べたことを分類したり関連付けたりして，生産に携わっている人々の工夫を考え，その結果を表現する力を身に付ける。

（販売の仕事について）
- 買い物に対する消費者の願い，商店の販売の仕方，商店と他地域や外国との関わりなどに関する具体的な知識を習得する。
- 消費者の多様な願いを踏まえて売り上げを高める工夫をしていることを理解する。
- 調べたことを分類したり関連付けたりして，販売に携わっている人々の工夫を考え，その結果を表現する力を身に付ける。

（生産や販売の仕事において）
- 見学・調査したり地図などの資料で調べたりする技能や，白地図にまとめる技能を身に付ける。

これらのほか，学年目標の(3)に示されている態度に関する目標を育成することを目指して指導する。

ウ　指導のポイント

生産を取り上げる際には，市全体に目を向け，生産に関する仕事の分布を調べ，白地図にまとめたあとに，具体的な事例を調べる。

販売については，売り上げを高めるために，商品の品質管理や並べ方，価格の付け方，宣伝の仕方などに工夫が見られることを調べる。国内の他地域や外国との関わりは販売の仕事の学習で取り上げる。

(2) 小単元「農家の人の仕事〜○○さんの小松菜づくり〜」の指導計画

ア 目標

・農家の仕事について，地域の人々の生活と密接な関わりをもって行われていることを理解するとともに，見学・調査したり地図などの資料で調べたりして，白地図などにまとめるために必要な技能を身に付ける。
・農家の種類や産地の分布，仕事の工程などの知識を基に，生産に携わっている人々の仕事の様子を捉え，地域の人々の生活との関連を考え，表現する。
・意欲的に問題解決に取り組み，地域に対する誇りと愛情，地域社会の一員としての自覚をもつようになる。

イ 指導のアイデア

・市における農家の種類や産地の分布，農家の仕事などから児童の関心を高め，市の農業の概要を捉えた後に，学校給食で直接納品している農家を扱うことで，市の産業としての農家が自分たちの生活と密接に関わりがあることを実感できるようにする。
・学習問題をつかむ過程では，給食の献立から市内産の小松菜を探すことや，実物資料を用いたり，農家の○○さんの写真やインタビューを活用したりすることで，興味や関心を高めて学習を進めることができるようにする。
・調べる過程では「事象や人々の相互関係の視点」に着目して，「○○さんの小松菜づくりの工夫」と「お客さんの思い」を結び付けることで，給食に出ているおいしくて栄養のある小松菜の栽培方法の工夫は，お客さんのことを考えた工夫であるという考えを導き出すことができるようにする。
・まとめる過程では，まず個人で学んだことを振り返りながら関係図を作成する。その後，作成した関係図同士を比較したりして，それを基に学習問題の結論を導くことができるようにする。

ウ　指導計画（10時間扱い）

	主な発問・指示と学習内容	資料等	指導上の留意点	時
学習問題をつかむ	①さいたま市内で生産された野菜や，給食の献立を調べて，学習問題を導き出す。 ・さいたま市では，多くの野菜が生産され，特に，小松菜の生産量が多いこと ・給食に出た〇〇さんの小松菜について知り，学習問題を導き出すこと 「〇〇さんの作った小松菜は，なぜ，肉厚で栄養価が高く，人気があるのだろうか」 〇〇さんは，どのようにしておいしくて人気のある小松菜を作り，お客さんのもとへ届けているのだろうか。 ・学習問題に対する予想をすること	・〇〇さんの生産した小松菜と市販の小松菜 ・給食の献立表	・給食の献立から，さいたま市産の野菜を探すことで，身近な生活と関連付け，興味や関心をもてるようにする。 ・〇〇さんの作った肉厚の小松菜と市販の小松菜はどのように作られているのか疑問がもてるようにする。	1
	②〇〇さんの小松菜づくりに関わる写真資料を調べ，学習計画を立てる。 ・作業の写真（土づくり，栽培の様子） ・畑の写真	・土づくりの様子や栽培の様子を表す写真	・作業や畑の様子からこれから調べることについて見通しをもてるようにする。	2
調べる	③〇〇さんの小松菜づくりについて調べ，分かったことをまとめる。 【調べること】 ・岩槻区の土地利用 ・土づくり　・耕運　・播種 ・農協や他の小松菜農家との協力作業 ・収穫作業・季節による栽培方法の工夫	・岩槻区の土地利用図 ・土づくり，耕運，播種，収穫作業等の写真資料	・〇〇さんのインタビュー資料や，各種作業の写真資料を活用することで，児童が小松菜づくりを具体的に調べることができるようにする。	3 4 5 6
	④収穫した農産物の出荷先について調べ，白地図にまとめる。 ・収穫した農作物の袋詰め ・新鮮なまま出荷する方法 ・国内の他地域への出荷 ・市内の小・中学校への出荷	・袋詰め作業の写真 ・出荷先を表す地図資料	・〇〇さんの小松菜が市内の小学校や商店に出荷されていることから，地域の人々の生活と密接に関わっていることに気付けるようにする。	7 8
まとめる	⑤これまで調べたことを関係図にまとめて整理し，学習問題の結論を導く。 ・小松菜の栽培の工夫や努力 〇〇さんは，季節によって育て方を変えたり，農協と協力してよりよい栽培方法を工夫したりして，お客さんの求めるおいしくて栄養のある小松菜を作っている。また，新鮮な小松菜を出荷するための工夫をし，市内の小・中学校や全国のお店に出荷している。	・ワークシート ・小松菜づくりに関わる人の写真	・第9時では，個人で関係図にまとめ，第10時では，グループで1枚の関係図にまとめ，キーワードを導いていくことで，対話的な活動をしながら学習問題の答えをまとめることができるようにする。	9 10

(3) 小単元「工場ではたらく人の仕事」の指導計画
ア　目　標
・工場の仕事について，地域の人々の生活と密接な関わりをもって行われていることを理解するとともに，見学・調査したり地図などの資料で調べたりして，白地図などにまとめるために必要な技能を身に付ける。
・工場の種類や産地の分布，仕事の工程などの知識を基に，生産に携わっている人々の仕事の様子を捉え，地域の人々の生活との関連を考え，表現する。
・意欲的に問題解決に取り組み，地域に対する誇りと愛情，地域社会の一員としての自覚をもつようになる。

イ　指導のアイデア
・学習問題を考える前に，体験活動を入れる。「鋳物とは何か」，およその工程を知ることで，鋳物を身近に感じ，既存の知識のあるなしに限らず，およそ同じ土俵の上で考えることができる。
・他地域や外国との関わりを学ぶときには，第3学年から配付されることとなった地図帳を積極的に使用する。
・分布図を作成したり読み取ったりする活動を行う。工場がある場所や原材料の産地の分布を白地図などにまとめる技能を身に付けさせる。
・第9時，10時に時間的な視点を取り入れることにより，現在及び過去の地域のよさを考えやすくする。ワークシートは時間の流れを示す矢印を入れることで，市（地域）と鋳物づくりとのつながりを可視化して考えることができる。かつて市の主要産業であった鋳物づくりと，それを今も大切にしている意味を考える。
・第11時に問題をつかむ場面と同じ写真を見て，「『鋳物のまち』に住むあなたは，この学習を終えた今，どんなことを考えますか」という発問で，単元を通しての自分の変容を振り返るようにする。

ウ　指導計画（11時間扱い）

	主な発問・指示と学習計画	資料等	指導上の留意点	時
学習問題をつかむ	①市の工場の分布から身の回りの鋳物製品を調べよう。 ・市の生産の仕事でどんなものが多いですか。	・市内の工場の分布図 ・鋳物製品	・市内に鋳物に関連する工場が多いことを読み取らせる。 ・鋳物が様々なものにも描かれていることを想起させる。	1
	②鋳物づくりを体験しましょう。 ・文鎮づくり	・文鎮 ・木型	・鋳物組合と打ち合わせを綿密にしておく。	2
	③鋳物製品や体験したことから学習問題について話し合いましょう。 市にたくさんある鋳物工場では，どのような仕事をしているのでしょうか。	・湯入れの写真	・湯入れの様子を読み取り，どのような仕事をしているのか個人で予想させる。 ・体験を踏まえて考えるようにする。	3
	④学習問題の予想について話し合い，学習計画を立て，ノートに書こう。	・文鎮づくりの写真	・学習の見通しをもつようにする。	4
調べる	⑤鋳物工場を見学し，工場や働く人の様子，仕事の工程，製品について調べましょう。	・見学カード	・調べたことを分類できるようにカードに分けて書くようにする。	5 6
	⑥原料や材料がどこから来るのか，製品をどこへ送るのかを調べよう。	・地図帳	・地図帳で地名を確認する。	7
まとめる	⑦学習問題の答えを話し合いましょう。 ⑧新たな疑問について考えよう。	・見学時の写真	・仕事に見られる工夫から働く人の気持ちに視点を変えるようにする。	8
生かす	⑨東京オリンピック（1964）の聖火台をつくった鋳物職人について調べ，その思いを考えよう。	・聖火台の写真	・ずっと続いてきた伝統や職人の誇りを考えるようにする。	9
	⑩フランス見本市に出品された市の推奨土産品のフライパンをつくる○○さんの話を基に，今の鋳物づくりへの思いを調べよう。	・不良品のフライパン	・わずかな傷でも不良品にする職人の思いや伝統を守りながらも新しさを追究する思いを捉えるようにする。	10
	⑪鋳物づくりの仕事と自分の生活や地域との関わりを考えよう。	・湯入れの写真	・鋳物づくりの仕事が地域の人々と密接な関わりがあることを考えられるようにする。	11

(4) 小単元「スーパーマーケットで働く人」の指導計画

ア 目標

- スーパーマーケットで働く人は，消費者の多様な願いを踏まえ売り上げを高めるよう，工夫して仕事をしていることを理解するとともに，見学・調査したり地図などの資料で調べたりして，白地図にまとめたりする技能を身に付ける。
- 消費者の願い，販売の仕方，他地域や外国との関わりなどに着目して，販売に携わっている人々の仕事の様子を捉え，それらの仕事に見られる工夫を考え，表現する。
- 意欲的に問題解決に取り組み，販売の仕事について関心をもつようにする。

イ 指導のアイデア

- 小単元の初めに，児童が家の人に対して①どこで買い物をしているのか，②どんなことを考えて買い物をしているのか，を視点にして買い物調べをする。児童が買い物調べの結果を発表し合うことで，消費者には多様な願いがあることに気付いていけるようにしていく。
- スーパーマーケットを見学・調査した結果を，商品の品質管理や並べ方，価格，宣伝などと分類・整理し，そのようなことをしている理由と消費者の願いとを関連付けて話し合う。そうすることで，スーパーマーケットの人の仕事に見られる工夫について理解することができるようにしていく。
- 様々な商品を他地域や外国から取り寄せていることを白地図にまとめるとともに，消費者の願いとを関連付けてその理由について話し合う。そうすることで，他地域や外国とのつながりについて理解することができるようにしていく。

ウ 指導計画（10時間扱い）

	主な発問・指示と学習内容	資料等	指導上の留意点	時
学習問題をつかむ	①お家の人と，これまでどんなお店に買い物に行ったことがありますか。	・地図（身近な地域）	・買い物の話合いから，買い物調べの意欲が高められるようにしていく。	1
	②あなたの家の買い物調べをしましょう。 ③どうして，多くの人がスーパーマーケットに買い物に行くのでしょうか。 スーパーマーケットは，お客さんが来るように，どのようなことをしているのだろう。 ④「どうすれば，予想を確かめられるでしょうか。何を調べたらよく分かりますか。」	・グラフ（買い物調べの結果）	・買い物調べの結果について発表し合うことで，消費者の様々な願いについて気付いていけるようにしていく。 ・買い物調べの結果に見られた消費者の願いと，スーパーマーケットに行く人数を関連付けて考えることで，学習問題とその予想が立てられるようにしていく。	2 3
調べる	⑤スーパーマーケットでは，どのようなことをしているのでしょうか。それはなぜでしょうか。 ・販売の仕方　・消費者の願い ・品質管理の方法，様子 ・商品の並べ方や配置の仕方 ・価格の付け方　・宣伝の仕方	・調査カード	・スーパーマーケットを調査して分類・整理したことと，消費者の願いとを関連付けて考えることで，スーパーマーケットの人の仕事に見られる工夫について理解できるようにしていく。	4 5 6 7
まとめる	⑥スーパーマーケットでは，なぜ様々な工夫をしているのでしょうか。 たくさんのお客さんに買い物をしてもらえるような，願いにこたえられるような工夫をした様々な売り方をしている。	・地図（日本地図，世界地図），白地図	・これまでの様々な工夫を消費者の願いと関連付けて考えることで，売り上げを高めるための工夫をしていることを理解できるようにしていく。	8
	⑦「スーパーマーケット売り上げすごろく」をつくろう。 ・売り上げを高めるための工夫			9 10

3　地域の安全を守る働きに関する内容

> **Q**　「地域の安全を守る働き」に関する内容と指導のポイントについて教えてください。

(1)　本内容の捉え方と押さえどころ

ア　内容の構造と改訂のポイント

　本内容は，主として社会の仕組みの視点から，地域の人々の安全が維持・向上されている仕組みや働きを指導するものである。

　まず，施設・設備などの配置，緊急時への備えや対応などを見学・調査したり，資料などを活用したりして調べ，それらの結果を関連図などにまとめる。まとめたことを基に，関係機関や地域の人々の諸活動を捉え，関係機関相互の関連や従事する人々の働きを考える。このことを通して，消防署や警察署などの関係機関は，緊急時に対処する体制をとっていることや，火災や事故などの防止に努めていることを理解できるようにする。

　本内容は，緊急時における対処体制と火災や事故の予防体制について，「火災と事故」を通して学ぶようになっており，具体的には消防署と警察署を中心に取り上げる。調べる対象や調べ方，まとめ方，調べたことから考えさせる内容は，いずれにおいても共通している。例えば消防署では主として予防体制を，警察署では主として対処体制を取り上げるなど，どちらかに重点を置いて指導することができる。

イ　身に付ける資質・能力

　ここで身に付ける資質・能力は次のように集約できる。

・火災や事故への対処や予防のための施設・設備などの配置，緊

> 急時への備えや対応などに関する具体的な知識を習得する。
> ・消防署や警察署などの関係機関は，地域の安全を守るために，相互に連携して緊急時に対処する体制をとっていることを理解する。
> ・消防署や警察署などの関係機関は，地域の人々と協力して火災や事故などの防止に努めていることを理解する。
> ・見学・調査したり地図などの資料で調べたりする技能や，白地図や関連図，図表などにまとめる技能を身に付ける。
> ・調べたことを比較，分類したり関連付けたりして，関係機関相互の関連や従事している人々の働きを考え，その結果を表現する力を身に付ける。

　これらのほか，学年目標の(3)に示されている態度に関する目標を育成することを目指して指導する。

ウ　指導のポイント

　予防のための施設・設備の観察，消防署や警察署（交番）の見学，消防官や警察官，消防団員や防犯協会の人からの聞き取り調査など具体的な活動を組み入れる。また，調べたことを比較・分類したり関連付けたりする活動や，関連図などに整理する活動を重視することによって，地域の人々の安全を守るために，それぞれの機関の活動が相互に関連し合っていることを捉えることができるようになる。

　また，火災や事故を防ぐために防火設備の設置や避難訓練の義務，交通ルールなど，法やきまりが定められていることを取り上げる。

　先に挙げた資質・能力は，消防署，警察署のいずれの学習においても共通している。

　学習の終末には，これまでの学習成果を生かして，火災や事故のない社会をつくるためには自分たちにどのようなことができるかを考えさせ，討論する活動を位置付けたい。これによって，地域社会の一員としての自覚や社会参画の意識を育てるようにする。

(2) 小単元「火事からくらしを守る」の指導計画
ア 目標
- 地域の安全を守る働きについて，関係機関は相互に連携して緊急時に対処する体制をとっていることや関係機関が地域の人々と協力して火災の防止に努めていることを理解するとともに，見学・調査したり，地図などの資料で調べたりしてまとめる技能を身に付ける。
- 施設・設備などの配置，緊急時への備えなどの知識を基に，関係機関や地域の人々の諸活動を捉え，相互の関係や従事する人々の働きを考え，表現する。
- 意欲的に問題解決に取り組み，地域社会の一員としての自覚をもつようになる。

イ 指導のアイデア
- 単元の導入では，まず校内の消防設備について調べ，「校内消防マップ」にまとめる。次に，校外（地域）ではどのような消防施設・設備があるのかを調べ，「学校の周り消防マップ」にまとめる。その調査結果を基に，学習問題を導き出すようにする。
- 消防署の見学では，緊急時に対処する体制として消火活動（火を消す仕事）への迅速な出動について具体的に調べることで，防火活動（火事を防ぐ仕事）にも目を向けることができるようにする。そして，消防官への聞き取り調査を通して，火災予防に対して日々地道に努力していることに気付かせる。その後，消防団員への聞き取り調査を通して，関係機関が相互に連携している様子について，関係図に整理することができるようにする。
- 単元の終末では，学習成果を生かして，火災のない社会をつくるために自分たちにどのようなことができるか考えることができるようにする。小グループや学級全体で討論して，家庭・学校生活の中で自分たちができることを具体的に考える。

第1節　第3学年の指導のポイントと指導計画

ウ　指導計画（12時間扱い）

	主な発問・指示と学習内容	資料等	指導上の留意点	時
学習問題をつかむ	①校内にはどんな消防設備がありますか。「校内消防マップ」にまとめましょう。 ②学校の周りにはどんな消防設備がありますか。「学校の周り消防マップ」にまとめましょう。 誰が，どんな消防活動を行っているのだろうか。	・校内の消防設備の写真 ・校外の消防設備の写真 （道路上の消火栓表示）	・校内の消防設備について調査することで，消防対策が十分に取られていることに気付かせる。 ・校外の消防設備についても調査することで，地域の消防対策にも目を向けられるようにする。 ・設置者を問うことで学習問題を導き出す。	1 2 3
調べる	③消防署ではどんな消防活動をしているのでしょうか。 ④火を消す仕事で一番大切にしていることは何でしょう。 ⑤火事を防ぐ仕事で一番大切にしていることは何でしょう。 ⑥消防団の人たちはどんな活動をしているのでしょうか。 ⑦調べて分かったことを，関係図にまとめましょう。	・設備や備品 ・消火栓の配置地図 （すぐ履けるようにする） ・消防団のポスター	・消防署内の見学を通して，設備や備品の配置一つ一つに意味があることが分かるようにする。 ・聞き取り調査では，仕事の内容について調べる。 ・聞き取り調査では，どんな取組を行っているか具体的に調べ，消防署との連携を捉えさせる。	4 5 6 7 8
まとめる	⑧学習問題の結論について話し合いましょう。 消防署は警察などと連携してすぐに出動する。また日頃から火事に備え，点検整備している。	・調べた資料 ・整理した関係図	・調べたことを基に，自分なりの結論を導き出せるようにする。 ・なぜそう考えたか，根拠を明らかにして話し合わせることで，学級の結論に迫っていく。	9 10 11
生かす	⑨自分ができることを考え，みんなで取り組めることについて話し合いましょう。	・調べた資料	・学習成果を根拠として，自分の考えを導き出し，討論できるようにする。	12

(3) 小単元「事件・事故からいのちを守る」の指導計画

ア　目　標

- 地域の安全を守る働きについて，関係機関は相互に連携して緊急時に対処する体制をとっていることや関係機関が地域の人々と協力して事故の防止に努めていることを理解するとともに，見学・調査したり，地図などの資料で調べたりしてまとめる技能を身に付ける。
- 施設・設備などの配置，緊急時への備えなどの知識を基に，関係機関や地域の人々の諸活動を捉え，相互の関係や従事する人々の働きを考え，表現する。
- 意欲的に問題解決に取り組み，地域社会の一員としての自覚をもつようになる。

イ　指導のアイデア

- 単元の導入では，交通事故を防ぐ施設・設備が，学校の周りにどのようなものがあるのか調べることを通して，学習問題を導き出すことができるようにする。
- 警察署の見学では，緊急時に対処する体制として事件・事故への迅速で適切な出動について具体的に調べる。また，事件・事故防止について警察官への聞き取り調査，「ゾーン30」などの取組や地域の自治会との合同パトロール活動などの資料を通して調べ，関係機関が相互に連携している様子について，関係図に整理することができるようにする。
- 県警通信指令課の「110番ネットワーク」について調べることで，県警と各警察署が効率的な警察活動を展開していること，毎日24時間体制で警戒していることを理解できるようにする。
- 単元の終末では，学習成果を生かして，交通事故のない社会をつくるために自分ができることを考え，小グループや学級全体で討論して，自分たちはどのようなことができるか具体的に考える。

ウ　指導計画（10時間扱い）

	主な発問・指示と学習内容	資料等	指導上の留意点	時
学習問題をつかむ	①学校の周りには交通事故を防ぐどんな設備がありますか。写真から探し出しましょう。 誰が，交通事故対策を行っているのだろうか。	・校外の交通事故を防ぐ設備の写真	・校外の交通事故を防ぐ設備について調査することで，地域の事故対策に気付かせる。 ・消防署の取組を想起させることで，警察署の取組を予想させる。	1 2
調べる	②警察署ではどんな交通事故対策をしているのでしょうか。 ③交通事故が起こったら，どのようなことを行うのでしょうか。 ④110番通報すると，どのようにして出動するのでしょう。 ⑤交通事故を防ぐために，どのようなことを行うのでしょうか。 ⑥地域の人たちはどんな活動をしているのでしょうか。 ⑦調べて分かったことを，関係図にまとめましょう。	・署内の配置図 ・通信指令課のネットワークシステム ・「ゾーン30」などの新たな交通事故対策 ・合同パトロール活動	・警察署内の見学を通して，安全を守る様々な仕事を行っていることに気付かせる。 ・警察官への聞き取り調査では，交通事故防止に関する仕事の内容について調べる。 ・地域の自主防犯グループへの聞き取り調査では，警察署との連携について捉えさせる。	3 4 5 6 7
まとめる	⑧学習問題の結論について話し合いましょう。 警察署も消防などと連携してすぐに出動するように，様々な仕組みを整えて，備えている。	・調べた資料 ・整理した関係図	・調べたことを基に，自分なりの結論を導き出せるようにする。 ・なぜそう考えたか，根拠を明らかにして話し合わせることで，学級の結論に迫っていく。	8 9
生かす	⑨自分ができることを考え，みんなで取り組めることについて話し合いましょう。	・調べた資料	・学習成果を根拠として，自分の考えを導き出し，討論できるようにする。	10

4　市の様子の移り変わりに関する内容

Q　「市の様子の移り変わり」に関する内容と指導のポイントについて教えてください。

(1)　本内容の捉え方と押さえどころ

ア　内容の構造と改訂のポイント

　本内容は，市の様子を主として歴史的な視点から指導するもので，次のような構造になっている。

　まず，交通や公共施設，土地利用や人口，生活の道具などの時期による違いを聞き取り調査したり，資料などを活用したりして調べ，それらの結果を年表や図表などにまとめる。次に，まとめたことを基に，市や人々の生活の様子を捉え，それらの変化を考える。このことを通して，市の様子は時間の経過に伴って移り変わってきたことを理解できるようにする。第１単元が市の様子を地理的環境の側面から学ぶのに対して，ここでは歴史的な側面から学ぶものである。

　なお，どれくらいさかのぼって調べるのかは地域の実態によるが，年表にまとめる際に昭和，平成などの元号を用いることが求められていることから，概ね100年ぐらいを対象にすることが考えられる。

イ　身に付ける資質・能力

　ここで身に付ける資質・能力は次のように集約できる。

- 交通や公共施設，土地利用や人口，生活の道具などの時期による違いに関する具体的な知識を習得する。
- 市の人々の生活の様子は，時間の経過に伴い，移り変わってきたことを理解する。

・聞き取り調査をしたり地図などの資料で調べたりする技能や，年表などにまとめる技能を身に付ける。
・調べたことを比較，分類したり関連付けたりして，市や人々の生活の様子の変化を考え，その結果を表現する力を身に付ける。

 これらのほか，学年目標の(3)に示されている態度に関する目標を育成することを目指して指導する。

ウ　指導のポイント

 ここでは，地図や写真，文献などの資料を活用したり，博物館や資料館などを利活用したりして調べる。市の移り変わりを調べる方法には次の二つが考えられる。

 一つは，駅や道路などの交通網の整備，学校や図書館などの公共施設の整備，土地利用の様子，人口の増減，生活の道具の改良など具体的なテーマ（世の中を見たり調べたりする窓口）を設定して，それぞれの移り変わりを調べることである。それぞれの窓口から調べた結果を年表などに整理する。二つは，例えば100年前，50年前，現在といった三つ程度の時期を予め設定して，それぞれの時期について，先に示したテーマ（窓口）から多角的に調べることである。

 いずれの方法を取り入れた学習においても，調べたことを基に，市全体の様子や人々の生活がどのように変わってきたか，移り変わりの傾向性について考えさせる。また，例えば，少子化や高齢化，外国人居住者の増加など「人口」に焦点を当てたり，地域の商店街に目を向けたりして，地域社会に見られる課題についても関心をもたせるようにする。

 学習の終末には，市の将来計画などを資料として提示し，これからの市の発展について考えさせる。これまでの学習成果や考えたことをもとに，学級で討論したり各自が意見文を作成したりする活動を取り入れ，社会参画への意識を養うようにしたい。

(2) 小単元「市の様子の移り変わり」の指導計画
ア 目標
- 市の様子の移り変わりについて，時間の経過に伴って移り変わってきたことを理解するとともに，様子の移り変わりを年表にまとめるために必要な聞き取り調査や地図や写真，文献資料で調べる技能を身に付ける。
- 交通や公共施設，土地利用や人口，生活の道具の変化などの理解を基に，市や人々の生活の様子の変化について考え，表現する。
- 意欲的に問題解決に取り組み，自分たちの住む市に対する誇りと愛情をもつようにする。

イ 指導のアイデア
- ここでは市の様子の移り変わりだけを理解するのではなく，市の人々の生活の様子についても理解することが求められる。そこで，資料等を用いて調べるだけでなく，当時を生きた人との対話的な学習を展開する。その際，一方的に話を聞くのではなく，町に大きな道路が開通した時の思い，生活の様子も今と比べてどう変化したかなど協働的に意見のやり取りを進め，学びを深めていく。
- 本小単元では社会的事象の見方・考え方の中の「時期や時間の経過」に主に着目し，調べる活動に取り組む。「駅の周りはどのように変わっていったのだろう」と時間の「変化」を問う。時期や時間に関係した視点で追求していくことが必要である。そのためにも変化が分かる教材や問いを予め教師が設定しておくことが求められる。
- まとめる過程で絵年表に整理するが，その1時間だけで絵年表にまとめていくことは時間が足りない。そこで，毎時間のまとめをテーマごとに絵年表にまとめることで，各自が仕上がった絵年表を基にテーマごとに多角的に関連を見いだすことに時間をかけ，学習問題の結論を導いていくことができるようにする。

ウ　指導計画（12時間扱い）

	主な発問・指示と学習内容	資料等	指導上の留意点	時
学習問題をつかむ	①自分たちの市の周りの学習を振り返ろう。 ・自分たちの市の公共施設や道路などの場所と広がりについて調べよう。 ②30年前の航空写真と現在の航空写真，どのようなことが起きたか予想する活動から学習問題を考えよう。 ・市の航空写真を比べて，変化した場所を探そう。	・わたしたちの町で使用した地図 ・航空写真（30年前，現在）	・3学年の最終単元であるので，今まで学習してきた内容の確認をし，本単元につなげる。 ・ICTを活用し，過去と現在の航空写真を提示する。	1 2
	私たちが住む今の市になるまでに，どのような変化があったのだろう。			
	・写真資料2枚から，結論を予想する。		・自由に予想させるのではなく，資料を根拠として，予想させる。	
調べる	③地域に住む方と町の様子の移り変わりについての意見交換会を開こう。 ・子供の頃（60年前），大人の頃（50年前〜30年前），現在の話を聞こう。	・地域に長く住むゲストティーチャー（複数名） ・昔の道具	・事前に交通，道具等のテーマについて伝え，そのテーマに即した話をしてもらう。 ・可能な道具等については実物を用意する。	3 4
	④人口の増減と生活の道具の移り変わりの様子について調べよう。 ・聞き取り調査の話を基に家事に関する道具の変化を調べよう。 ・市の人口のグラフからどんなことが分かりますか（100年前，50年前）。	・グラフ（人口の増減） ・道具 ・年表	・過去と現在を比較する視点で資料を調べる。変化だけでなく，変わらない物事についての視点でも調べることを伝える。	5 6
	⑤土地利用の移り変わりの様子について調べよう。 ・土地利用図を比べて調べよう。	・土地利用図（50年前，現在）	・毎回，まとめを絵年表に行う。絵年表はテーマごとにまとめられるようにする。	7 8
	⑥交通の移り変わりの様子について調べよう。 ・100年前，50年前，現在の市内の地図の道路の変化を調べよう。 ⑦公共施設の移り変わりの様子について調べよう。 ・100年前，50年前，現在の地図を比べて，市役所や図書館の位置や数の変化について調べよう。	・地図（100年前，50年前，現在） ・前時に使用した地図	・絵年表は100年前から作成し，昭和，平成などの元号を用い，年代を区切る。 ・読み取りの難しい資料は，教師が平易にし，提示する。	9 10 11
まとめる	⑧市の移り変わりの様子について，まとめよう。 ・毎時間書きためてきた絵年表を基に，学習問題の結論について話し合う。 ・自分の結論を導き出そう。	・書きためた絵年表 ・拡大した絵年表	・書きためた絵年表を交流し，テーマを関連付けて，おおまかな変化の様子を捉えられるようにする。	12

(3) 小単元「市のしょうらいを考えよう」の指導計画

ア 目標
- 市の様子の移り変わりの理解を基に，将来の市の様子について考え，表現する。
- 意欲的に問題解決に取り組み，自分たちの住む市の今後の様子について関心をもつようにする。

イ 指導計画（2時間扱い）

	主な発問・指示と学習内容	資料等	指導上の留意点	時
生かす	①市役所の方からこれからの市の様子の話を聞こう。 ・少子高齢化による人口減少問題。それに伴う商店街の衰退への対策。 ・地域の特産物を使った商品開発をし，活性化に力を入れていること。	・前小単元の資料 ・前時までに作成した絵年表	・3年生という学年を考慮した内容で市役所の方に話していただく。 ・市の立場としてのこれからの発展についても話していただく。	1
	②自分たちが考える「さらに市をよくするプラン」を考え，話し合おう。 ・自分なりの「さらに市をよくするプラン」を作ること。 ③考えたプランを基に，学級全体でこれからどのような市になっていってほしいか話し合おう。 ④私たちのプランに地域の方や市役所の方から意見をもらおう。	・「さらに市をよくするプラン」ワークシート	・これからの市の将来像だけでなく，自分も市民として，どのように行動するかということも考えさせる。 ・討論型の話合いを取り入れ，自分の考えを見直していく。その際，前小単元の地域の方，市役所の方を招き，プランに対する意見をもらう。	2

第2節 第4学年の指導のポイントと指導計画

1 都道府県の様子に関する内容

Q 「都道府県の様子」に関する内容と指導のポイントについて教えてください。

(1) 本内容の捉え方と押さえどころ

ア　内容の構造と改訂のポイント

　本内容は，子供たちの生活舞台である都道府県（以下「県」）の様子を地理的環境の視点から指導するもので，次のような構造になっている。

　まず，我が国における自分たちの県の位置，県全体の地形の概要，主な産業やその分布，交通網の様子，主な都市の位置などを地図帳や各種の資料を活用して調べ，それらの結果を白地図などにまとめる。次に，まとめたことを基に県の様子を捉え，さらに県の地理的環境の特色を考える。このことを通して，自分たちの県の地理的環境の概要を理解できるようにする。

　本内容は第1単元として学習する。第4学年では主として自分たちの住んでいる県を対象に学習する内容から構成されており，本内容はそのためのオリエンテーションとしての役割をもっている。自分たちの市を対象に学習する第3学年の第1単元と同様な趣旨である。

イ　身に付ける資質・能力

　ここで身に付ける資質・能力は次のように集約できる。

- 我が国における自分たちの県の位置，県全体の地形の概要，主な産業とその分布，交通網の様子，主な都市の位置などに関する具体的な知識を習得する。
- 自分たちの県の地理的環境の概要を理解する。
- 地図帳や各種の資料で調べる技能や，調べたことを白地図などにまとめる技能を身に付ける。
- 調べたことを総合して，県の概要や特色を考え，その結果を表現する力を身に付ける。

これらのほか，学年目標の(3)に示されている態度に関する目標を育成することを目指して指導する。

ウ　指導のポイント

　ここでの学習は，主に地図帳などの日本や県の地図を活用して展開される。まず，日本地図を広げて，自分たちの県は日本のどこに位置しているのかを調べる。次に，県の地図を広げて，地理的環境の概要を調べる。地図には地形の様子や交通の状況，都市の名称などが複合的に記載されており，自分たちの県にはどのような地形が見られるか，主要な産業はどのように分布しているか，鉄道や道路はどのように広がっているか，主な都市はどこに位置しているかなど具体的な観点や問いを設け，丁寧に調べるとよい。その後，観点ごとに分かったことを白地図や図表などに整理すると，県全体の地理的環境の概要や特色，傾向性が見えてくる。

　ここでは，学習が抽象的，概念的にならないよう，地形の様子や都市の名称や主な産業の分布などを白地図に書き表す活動や県の立体地図を製作する活動など作業的な活動を取り入れたい。ワークシートなどを活用して作業的な学習を中心に構成することも考えられる。

　47都道府県の名称と位置については，集中的に身に付けさせてもよいが，折にふれて繰り返し扱いつつ，確実に定着させるようにする。

(2) 小単元「日本地図を広げて」の指導計画

ア 目標

- 日本が47の都道府県で構成されていることや、各都道府県の名称や位置について理解するとともに、地図帳などを用いて、名称と位置を確かめながら、調べたことを白地図などにまとめる技能を身に付ける。
- 都道府県の位置や名称などを基に、都道府県の特徴について考え、表現する。
- 意欲的に問題解決に取り組み、地域社会の一員としての自覚をもつようになる。

イ 指導のアイデア

- 都道府県の形を切り抜き、クイズ形式にして位置を調べることにより、学習への意欲の向上を図る。その際、東京都から見てどの方角にあるか、八方位をヒントとする。
- 都道府県の形が、何に見えるか、いろいろなものにたとえることで、イメージを豊かにする。
- 都道府県の特色を地図帳から見つけ、「○○が有名な都道府県はどこか」というクイズを作り、位置と名称を定着できるようにする。
- 特徴のある山や川などについてどこにあるか問題を出し、地図帳の索引を調べることによって、名称と位置を確認できることを知らせる。
- 都道府県カルタ（読み札に特徴、取り札に県の絵と名前をかく）を作る。
- 白地図に都道府県を書き込み、「日本一周すごろくゲーム」を作る。その際、その県の特徴を書き出す。（例）北海道…雪祭りを見る、など。
- 教室に日本地図を常時掲示し、学校給食で使われた食材の産地に食材を書いた付箋を貼っていく。期間を決めて、児童にも白地図を用意し、産地と食材を記入できるようにしていく。

ウ　指導計画（3時間扱い）

	主な発問・指示と学習内容	資料等	指導上の留意点	時
学習問題をつかむ	①日本地図を見て，知っている都道府県を見付けましょう。 ・日本が47都道府県で構成されていることを地図帳で確認する。 ・自分の住む都道府県の位置を確かめ，白地図に色を塗る。 ・行ったことのある都道府県や知っている都道府県を白地図に書く。	・地図帳 ・日本の白地図	・児童がすでに知っていることを引き出せるように生活と結び付けた助言をして，関心をもたせる。	1
	日本には，どこにどのような都道府県があるでしょう。			
調べる	②都道府県の形から名称と位置を調べましょう。 ・クイズに出された都道府県の形の答えを白地図に書き表す。	・都道府県の形 ・地図帳 ・日本の白地図	・クイズ形式にすることで，楽しみながら都道府県の位置や名称を身に付けることができるようにする。 ・東京都から見た八方位をヒントにする。	2
まとめる	③47都道府県について，特色のあることを調べ，クイズ形式にして友達に問題を出しましょう。 ・地図帳の統計資料などを使って，47都道府県の特色となることを調べ，クイズ形式にする。 （問）サクランボの産地として有名な県はどこでしょう。 ・友達と問題を出し合い，答えを白地図に書き込む。	・地図帳 ・クイズカード ・日本の白地図	・クイズづくりの際，地図帳の統計資料なども参考にする。 ・答えを白地図に書き込むことで，位置と名称を定着できるようにする。	3

エ　豆知識

- 「都道府県クイズ図鑑」などの本が出版されているので，教室に置いておくと関心がもてる。
- ホームページ「NHK for School」の「ご当地トリビア」で都道府県の形から名称を覚えることができる。
- ホームページ「Yahoo!きっず」の「シナモンのにほんちずゲームクイズ」で，都道府県の位置を覚えることができる。

(3) 小単元「県の地図を広げて」の指導計画

ア 目標

・自分たちの都道府県の地理的環境の特色について理解するとともに，調査活動，地図帳や各種の具体的資料を通して東京都の位置について白地図にまとめる技能を身に付ける。
・県の位置や県全体の地形，主な産業，交通網や主な都市の位置などの情報を基に地理的環境の特色を考え，表現する。
・意欲的に問題解決に取り組み，地域社会の一員としての自覚をもつようになる。

イ 指導のアイデア

・自分たちの県について知っていることをイメージマップに書くことで，どんな特色があるのか考える意欲をもたせることができる。
・県の地形の様子を捉えさせる際，地勢図や鳥瞰図，航空写真や立体模型図や土地利用図などを用いると効果的である。
・白地図に載っている等高線を画用紙に印刷し，等高線ごとに切って，積み重ねていくことで，立体地図を作ることができる。
・主な市区町村について調べる際には，副読本を活用する。不足がある場合には，市区町村の統計資料やホームページから特色を引き出す資料を児童用に作りかえる。
・自分の県以外に住む親戚や友達に「よく分かる！○○県ガイドマップ」を見せようと目的意識をもたせる。他にも「○○ガイドブック」にして，調べた視点を基に（○○の位置・土地の高さと土地利用図・交通など）を項目ごとに書くこともできる。また，県の特色をクイズにして発表し合うこともできる。

ウ　指導計画（7時間扱い）

	主な発問・指示と学習内容	資料等	指導上の留意点	時
学習問題をつかむ	①東京都はどんなところでしょう。 ・東京都の位置や周りの県の位置を確認する。 ・知っている東京都の位置を確認する。	・東京都の地図 ・写真	・行ったことがある場所や聞いたことがある場所を取り上げ，東京都に関心をもたせる。	1
	東京都はどのようなところでしょう。			
調べる	②東京都はどんなところか話し合いましょう。 ・イメージマップを書き，話し合う。 ・調べる内容について話し合う。	・地図帳 ・イメージマップ	・調べる視点を明確にする（地形，土地利用の様子，特色のある市町村，交通網の広がり）。	2
	③東京都の地形はどのようになっているのでしょう。 ・土地の高さを調べ，白地図に等高線ごとに色を塗る。	・立体地図 ・地図帳 ・白地図	・立体地図を使って，土地の高低を実感的に捉えさせる。	3
	④東京都の土地利用の様子は，どうなっているのでしょう。 ・土地の使い方が分かるように白地図に書き込む。	・土地利用図 ・地図帳 ・白地図	・地形を表した地図と比べながら調べ，地形を利用した使われ方をしていることに気付かせる。	4
	⑤交通網はどのように広がっているのでしょう。 ・鉄道網・高速道路・航空路や海路について調べ，白地図に表す。 ・交通網の特色について分かったことを話し合う。	・JRの駅，高速道路，空港，港の写真 ・交通網の地図	・どこの写真か，地図帳で確認をして関心をもたせる。 ・どこまで行けるのか調べ，他の県や国とも結び付いていることに気付かせる。	5
	⑥東京都の特色のある市区町村は，どこでしょう。 ・都心部の地図を見て，特色のある市区町村を調べ，白地図に書き込む（新宿区…都庁がある）。	・地図帳 ・白地図	・どんなことが特色になるか地図帳を見ながら考える（県庁所在地，政治，観光など）。	6
まとめる	⑦東京都全体の様子を他の県に住む親戚や友達に紹介する「東京都ガイドマップ」を書きましょう。 ・ガイドマップを作る。	・白地図	・これまで学んだ東京都の特色を白地図で表せる「ガイドマップ」が作れるようにする。	7

2 人々の健康や生活環境を支える事業に関する内容

> **Q** 「人々の健康や生活環境を支える事業」に関する内容と指導のポイントについて教えてください。

(1) 本内容の捉え方と押さえどころ

ア 内容の構造と改訂のポイント

本内容は，社会の仕組みの視点から，人々の健康や生活環境を支える事業について指導するものであり，飲料水，電気，ガスを供給する事業と廃棄物を処理する事業の二つから構成されている。ここでは，飲料水とごみ（または下水）を選択することを想定する。

飲料水を供給する事業に関しては，まず，供給する仕組みや経路，県内外の人々の協力などを見学・調査したり，地図などの資料を活用したりして調べ，それらの結果を白地図や図表などにまとめる。次に，まとめたことを基に飲料水の供給のための事業の様子を捉え，さらに事業が果たしている役割を考える。このことを通して，飲料水を供給する事業は，安全で安定的に供給できるよう進められていることや，地域の人々の健康な生活の維持と向上に役立っていることを理解できるようにする。

廃棄物（ごみ，下水）を処理する事業に関しては，廃棄物を処理する仕組みや再利用，県内外の人々の協力などを見学・調査したり，地図などの資料を活用したりして調べ，それらの結果を白地図や図表などにまとめる。次に，まとめたことを基に廃棄物を処理する事業の様子を捉え，さらに事業が果たす役割を考える。このことを通して，廃棄物を処理する事業は，衛生的な処理や資源の有効利用ができるよう進められていることや生活環境の維持と向上に役立っていることを理解できるようにする。

イ　身に付ける資質・能力

ここで身に付ける資質・能力は次のように集約できる。

（飲料水を供給する事業について）
- 飲料水の供給の仕組みや経路，県内外の人々の協力などに関する具体的な知識を習得する。
- 飲料水を供給する事業は，安全で安定的に供給できるよう進められていることを理解する。
- 調べたことを関連付け，飲料水を供給する事業が果たしている役割を考え，その結果を表現する力を身に付ける。

（廃棄物を処理する事業について）
- 廃棄物の処理の仕組みや再利用，県内外の人々の協力などに関する具体的な知識を習得する。
- 廃棄物を処理する事業は，衛生的な処理や資源の有効利用ができるよう進められていることを理解する。
- 調べたことを関連付け，廃棄物を処理する事業が果たしている役割を考え，その結果を表現する力を身に付ける。

（飲料水を供給する事業と廃棄物を処理する事業において）
- 事業は生活環境の維持と向上に役立っていることを理解する。
- 見学・調査したり地図などの資料で調べたりする技能や，白地図や図表などにまとめる技能を身に付ける。

これらのほか，学年目標の(3)に示されている態度に関する目標を育成することを目指して指導する。

ウ　指導のポイント

飲料水の学習の終末では節水について，廃棄物の学習ではごみの減量や水を汚さない工夫について，それぞれ自分たちにできることを考えさせ，討論する活動を位置付けたい。

(2) 小単元「くらしと飲み水」の指導計画

ア 目標

- 飲料水を供給する事業は，安全で安定的に供給できるよう進められていることや，地域の人々の健康な生活の維持と向上に役立っていることを理解する。
- 供給の仕組みや経路，県内外の人々の協力などに着目して，飲料水供給のための事業の様子を捉え，それらの事業が果たす役割を考え，表現する。
- 意欲的に問題解決に取り組み，水を使う住民として節水等に心がけようとする気持ちをもつようにする。

イ 指導のアイデア

- 「つかむ」段階において，『水の循環図』を示し，水がどのように循環しているかを視覚的に捉えさせる。「調べる」段階では，調べて分かったことを『水の循環図』に書き込ませ，「まとめる」段階ではこの図を資料として，学習問題に対する自分の考えをまとめさせる。
- 川の水と水道水の実物を用意し，観察して比較できるようにする。そうすることで，「どのようにして水はきれいになるのだろう？」という疑問をもたせる。
- 施設見学や関係機関の出前授業等を効果的に取り入れて，安全でおいしい水がいつでも届けられているのは，関係機関で働く人々の工夫や努力であることに気付かせる。
- 「生かす」段階において，これまで，くらしと水道事業について調べたことを基に，水の大切さについて考えさせ，節水のために自分たちができることを話し合わせる。これは新しい学習指導要領で求められている「選択・判断」させることであり，社会に見られる課題を把握し，その解決に向けて構想する力を付けることにつながる。

ウ　指導計画（10時間扱い）

	主な発問・指示と学習内容	資料等	指導上の留意点	時
学習問題をつかむ	①生活の中で，どんなときにどのくらいの水が使われているのでしょう。 ・資料から毎日たくさんの水が使われていることを読み取る。	・家庭での水の使われ方統計資料	・日常の様々な場面で「たくさんの」水が使われていることに気付かせる。	1
	・水の循環図を見て，分かったことや疑問を話し合う。 ・川の水と飲料水を観察する。	・水の循環図 ・実物	・水がどこからきているか確認する。 ・二つの違いに着目させる。	2
	わたしたちの生活にかかせない水は，どのようにしてつくられているのだろうか。			
	・水の循環図を基に，学習問題について予想し，学習計画を立てる。		・水道局の施設に目を向けさせる。	3
調べる	②水に関わる施設はそれぞれどのような働きをしているのでしょう。 ・水道水源林の働きについて調べる。 ・ダムの働きについて調べる。 ・せきの働きについて調べる。 ・浄水場の働きについて調べる。	・地図帳 ・それぞれの施設の働きが分かる資料	・地図帳を活用し，他の地域と協力しながら水道水確保の事業が進められていることを調べさせる。 ・いつでも安全でおいしい水がつくられている工夫や努力に着目させる。	4 5 6 7 8
まとめる	③水はどこでどのようにしてつくられているのでしょう。 ・調べて分かったことを水の循環図に書き込ませたものを基に，学習問題に対する自分の考えをまとめる。	・これまで調べてきた資料	・これまで学習してきたことが一覧できる拡大資料を提示して，学習の振り返りができるようにする。	9
生かす	④節水のために自分たちが協力できることはどんなことだろう。	・節水の呼びかけの資料	・水を大切な資源として捉えさせ，選択・判断させる。	10

エ　豆知識

　本実践では，調べる段階で水の科学館と水道歴史館に社会科見学に行った。また調べる段階の最後に水道局による出前授業を行った。しっかりと調べ学習をしてから見学や体験学習を行うと，実感を伴った深まりのある学習になっていくと考える。

(3) 小単元「ごみの始末と利用」の指導計画

ア 目標
- 廃棄物を処理する事業は，衛生的な処理や資源の有効利用ができるよう進められていることや，生活環境の維持と向上に役立っていることを理解する。
- 処理の仕組みや再利用，県内外の人々の協力などに着目して，廃棄物の処理のための事業の様子を捉え，それらの事業が果たす役割を考え，表現する。
- 意欲的に問題解決に取り組み，廃棄物の適切な処理や再利用に協力しようとする態度を養うようにする。

イ 指導のアイデア
- 「つかむ」段階において，住民が出すごみの量やその処理にかかる費用を提示し，たくさんのごみが処理されていることを示す。また学校や町でごみが収集される前の写真と収集された後の写真を提示し，「ごみはどうなるのだろう？」と疑問をもたせ，学習問題につなげる。「調べる」段階では，自治体清掃局から出されている資料や画像を提示して，ごみの処理について調べて分かったことを記述していく。「まとめる」段階では「ごみのゆくえマップ」やノート，カードに調べたことをまとめていく。それを資料として，学習問題に対する自分の考えをまとめさせる。
- 施設見学や関係機関の出前授業等を効果的に取り入れて，ごみが適切に処理されているのは，関係機関で働く人々の工夫や努力であることに気付かせる。
- ごみ処理が抱える問題を提示し，「自分にできること」を考えさせる。例えば，「あと50年でごみの最終処分場がいっぱいになる。少しでも長く使うために，自分にできることを考えよう」というテーマで話し合う。

ウ　指導計画（10時間扱い）

	主な発問・指示と学習内容	資料等	指導上の留意点	時
学習問題をつかむ	①生活の中で，どのくらいのごみが出ているのでしょう。 ・資料から毎日たくさんのごみが出ていることを読み取る。 ・ごみが収集される前と収集された後の写真を比べる。 ・ごみが分別されている図を見て，分かったことや疑問を話し合う。	・ごみの量統計資料 ・身近な写真 ・ごみの分別が分かる図	・日常の様々な場面でたくさんのごみが出ていることに気付かせる。 ・二つの違いに着目させる。 ・分かったことと疑問を分類，整理する。	1 2
	ごみは，どこでどのようにしてしょ理されたり再利用されたりしているのだろうか。			
	・ごみのゆくえが分かる図を基に，学習問題について予想し，学習計画を立てる。			3
調べる	②ごみしょ理や再利用に関わる施設ではどのようなことをしているのでしょう。 ・清掃工場について調べる。 ・リサイクル工場について調べる。 ・最終処分場について調べる。	・それぞれの施設の働きが分かる資料や画像	・自治体の清掃局が出している資料を基に調べてから見学に行くようにする。	4 5 6 7 8
まとめる	③ごみはどこでどのようにしてしょ理されたり再利用されたりしているのでしょう。 ・「ごみのゆくえマップ」に調べて分かったことをまとめる。それを基に，学習問題に対する自分の考えをまとめる。	・これまで調べてきた資料	・これまで学習してきたことが一覧できる拡大資料を提示して，学習の振り返りができるようにする。	9
生かす	④ごみを減らすために自分たちが協力できることはどんなことでしょう。	・ごみの減量や資源としての再利用の資料	・人々の生活環境の保全という観点で選択・判断させる。	10

エ　豆知識

　見学や出前授業が難しい場合は，清掃局のホームページや動画，また「NHK for School」を活用したい。調べ学習をした後，数分間画像や映像を見せると児童の理解が深まる。

(4) 小単元「下水の始末と利用」の指導計画

ア 目標

- 廃棄物を処理する事業は，衛生的な処理や資源の有効利用ができるよう進められていることや，生活環境の維持と向上に役立っていることを理解する。
- 処理の仕組みや再利用，県内外の人々の協力などに着目して，廃棄物の処理のための事業の様子を捉え，その事業が果たす役割を考え，表現する。
- 意欲的に問題解決に取り組み，廃棄物の適切な処理や再利用に協力しようとする態度を養うようにする。

イ 指導のアイデア

- 「つかむ」段階において，自治体における下水の量やその処理にかかる費用を提示し，たくさんの下水が処理されていることを示す。実物の上水と下水を比較し，「よごれた水はどうなるのだろう？」と疑問をもたせ，学習問題につなげる。「調べる」段階では，自治体下水道局から出されている資料や画像を提示して，下水の処理について調べて分かったことを記述していく。「まとめる」段階では新聞にまとめたり，ポスターや標語にして学習したことを表したりする活動を行う。
- 施設見学や関係機関の出前授業等を効果的に取り入れて，下水が適切に処理されているのは，関係機関で働く人々の工夫や努力であることに気付かせる。
- 下水処理が十分でなかった頃の海や川の様子と現在の様子の写真等資料を提示し，「なぜ下水施設が整備されたのか」を考えさせる。その上で，「自分にできること」を子供に考えさせる。

ウ 指導計画（10時間扱い）

	主な発問・指示と学習内容	資料等	指導上の留意点	時
学習問題をつかむ	①生活の中で，どのくらいの下水がしょ理されているのでしょう。 ・資料から毎日たくさんの下水が処理されていることを読み取る。 ・実物の上水と下水を比べる。	・下水量統計資料 ・身近な写真 ・上水と下水	・日常の様々な場面でたくさんの下水が出ていることに気付かせる。 ・二つの違いに着目させる。	1 2
	下水は，どこでどのようにしてしょ理されたり再利用されたりしているのだろうか。			
	・下水のゆくえが分かる図を基に，学習問題について予想し，学習計画を立てる。			3
調べる	②下水しょ理や再利用に関わる施設ではどのようなことをしているのでしょう。 ・下水道局（水再生センター）について調べる。	・施設の働きが分かる資料や画像	・自治体の下水道局が出している資料を基に調べてから見学に行くようにする。	4 5 6
まとめる	③下水はどこでどのようにしてしょ理されたり再利用されたりしているのでしょう。 ・調べて分かったことを新聞にまとめたりポスターや標語にして学習したことを表したりする。それを基に，学習問題に対する自分の考えをまとめる。	・これまで調べてきた資料	・これまで学習してきたことが一覧できる拡大資料を提示して，学習の振り返りができるようにする。	7 8
生かす	④下水処理が十分でなかった頃の海や川の様子と現在の様子の写真等資料を比べて，「なぜ下水施設が整備されたのか」を考えましょう。 ⑤水を汚さないために「自分にできること」を考え，グループで話し合いましょう。	・50年前の川の様子と現在の川の様子	・写真を比べて分かったことから，下水施設が果たしてきた役割を改めて考えさせる。	9 10

エ 豆知識

　本実践では，東京都下水道局のアウトリーチキットを借りて実物の下水道流入水と再生水，水道水を比較した。このようなサービスもうまく活用していきたい。

3 自然災害から人々を守る活動に関する内容

Q 「自然災害から人々を守る活動」に関する内容と指導のポイントについて教えてください。

(1) 本内容の捉え方と押さえどころ
ア　内容の構造と改訂のポイント

　本内容は，自然災害から人々を守る活動について，社会の仕組みの視点から指導するものである。過去の自然災害を扱うことから，一部に歴史的な視点も含まれている。

　まず，過去に発生した地域の自然災害，関係機関の協力などを聞き取り調査したり地図や年表などの資料を活用したりして調べ，それらの結果をまとめる。次に，まとめたことを基に，災害から人々を守る活動を捉え，さらに関係機関や人々の活動の働きを考える。このことを通して，地域の関係機関や人々は，自然災害に対して様々な協力をして対処していることや，今後想定される災害に対して様々な備えをしていることを理解できるようにする。ここでは，自然災害発生時の「対処」と発生を想定した「備え」の観点から関係機関の働きを学習し，防災意識を高めることをねらっている。

　自然災害には，地震，津波，風水害，火山噴火，雪害などがあり，過去に県内で発生した自然災害を選択して取り上げる。風水害には，豪雨や洪水のほか，がけ崩れや土石流，突風などが含まれる。

イ　身に付ける資質・能力

　ここで身に付ける資質・能力は次のように集約できる。

・過去に発生した地域の自然災害，関係機関の協力などに関する

具体的な知識を習得する。
・地域の関係機関や人々は，自然災害に対して様々な協力をして対処していることを理解する。
・地域の関係機関や人々は，今後想定される災害に対して様々な備えをしていることを理解する。
・聞き取り調査をしたり地図や年表などの資料で調べたりする技能や，文章や年表，図表などにまとめる技能を身に付ける。
・調べたことを関連付け，災害から人々を守っている関係機関や活動の働きを考え，その結果を表現する力を身に付ける。

これらのほか，学年目標の(3)に示されている態度に関する目標を育成することを目指して指導する。

ウ　指導のポイント

ここでは，まず，過去に県内で発生した自然災害について年表に整理したり，地図に表したりして，県内では様々な自然災害が発生しているといった概要を捉えさせる。その上で具体的な自然災害を選択する。その際，自衛隊など国の機関との関わりを取り上げるようになっていることに留意する。自然災害に対して，県庁や市役所など関係機関の働きとともに，消防団の見回り活動や避難訓練の実施など地域住民が協力し合っていることについても扱う。

自然災害の現象は，気象条件とともに，地層や地質など地下の構造やメカニズムなど地象の状況が大きく影響しており，理科の学習内容（例えば，雨水の行方と地面の様子，天気の様子など）との関連を図った指導を重視する。

学習の終末には，地域で起こりうる自然災害を想定して，災害から自分の身は自分で守るために自分たちはどのようなことができるか，どのような準備や心構えが求められるかなど「自助」の観点から考えさせ，文章にまとめたり，討論したりする活動を位置付ける。

(2) 小単元「県内で発生した自然災害」の指導計画

ア 目標

- 過去に県内では様々な自然災害がたびたび発生してきたことを理解するとともに，自然災害の種類や場所，時期を調べるために必要な年表を読み取ったり地図に表したりする技能を身に付ける。
- 県内で発生した自然災害による被害などの知識を基に，単元全体のめあてをつかむ。

イ 指導のアイデア

- 本小単元では，自分たちの住む県内では様々な自然災害がたびたび発生してきたことに気付かせ，自然災害を身近に捉えるとともに，単元全体を概観させることで今後の学習の見通しをもたせ，学習に対する意欲を高めることも大切である。
- 県内で発生した自然災害の年表を読み取ることで，時間的経過に着目して捉えさせることができる。
- 県内で発生した自然災害を地図に表すことで，位置や空間的広がりに着目して捉えさせることができる。
- 自然災害の様子とともに関係機関の働きが分かる写真を資料として準備し，3年生で学習した「火事から人々を守る」と関連させ，自然災害から人々を守る活動をしている人たちがいることに気付かせ，単元全体のめあてがつかめるようにする。
- 自然災害には地震，津波，風水害，火山噴火，雪害などがあることを理解するとともに，過去に県内で発生した自然災害を分類することで関係機関の取組に違いや共通点があることに気付かせたい。

ウ　指導計画（2時間扱い）

	主な発問・指示と学習内容	資料等	指導上の留意点	時
学習問題をつかむ	①自然災害の写真を見て気付いたことを発表しましょう。 ・地震や津波で建物や道路が壊れてしまうことがある。 ・大雨で道路や家が浸水の被害を受けたり，土砂崩れが起こったりしたのを見た。 ・自然災害が発生したときには，火事と同じように，警察や消防，消防団や自衛隊の人たちが救助をしていた。 県内ではどのような自然災害が起きているのだろう。	・県内で発生した自然災害の様子（写真）	・既有の経験や知識を出し合うことで，問題を身近なこととして捉えることができるようにする。 ・3年生で学習した「火事から人々を守る」と関連させながら考えられるようにする。	1
調べる	②自然災害の時期を表した年表を見て，気付いたことを発表しましょう。 ・これまで様々な自然災害が毎年のように県内で起きている。 ・自然災害はこれからもいつ起こるか分からない。	・県内で発生した自然災害の年表	・自然災害には地震，津波，風水害，火山噴火，雪害などがあることを理解できるようにする。	
	③県の白地図を見て，どんなことに気付きましたか。 ・県内全てで自然災害が発生している。安全な場所はない。 ・川の近くで，大雨の被害が多い。	・県の白地図	・位置や空間的広がりに着目し，自然災害を捉えられるようにする。	2
まとめる	④学習したことを振り返り，考えたことや思ったことを話し合いましょう。 ・自然災害から人々を守る活動をしている人がいるのではないか。 ・関係機関が協力して，被害を減らす工夫をしているのではないか。		・自然災害と3年生で学習した「火事から人々を守る」を関連させながら考えることで，単元全体のめあてがつかめるようにする。	

エ　豆知識

　国連大学が世界171か国を対象に自然災害に見舞われる可能性や対処能力を評価した「世界リスク報告書2016年版」によると，日本は自然災害に見舞われる可能性は4位だったが，インフラ整備や対処能力などが評価され総合順位では17位になった。自然災害は避けられないからこそ，「減災」が重要になってくる。

(3) 小単元「地震から人々を守る」の指導計画
ア 目標
- 自然災害に対する関係機関や人々の対処や今後想定される災害への様々な備えについて理解するとともに，災害から身を守るための行動を考えるために必要な文章にまとめたり，討論したりする技能を身に付ける。
- 災害から人々を守る活動などの知識を基に，災害から人々を守る活動の働きを考え，表現する。
- 意欲的に問題解決に取り組み，災害から身を守るために自分たちができることを考え，防災意識を高める。

イ 指導のアイデア
- 学校で行う防災訓練については体験に基づいて考えさせる。繰り返し行う避難訓練の意味を考えさせたり，学校で備蓄している非常用食料や飲料水がどこに何日分あるのか調べたりすることによって，身近な社会への関心につなげるようにする。
- 地震災害時に公助・共助・自助でそれぞれがどのように対応し行動することが大切なのか，また地域の一員として地域の仕組みや人々の関わりについて考えさせることが大切である。
- なぜ関係機関の相互の連携や協力が必要なのかを問う視点から問いを設定し，比較したり関連付けたりしながら様子や現状を捉えることができるようにする。
- 東日本大震災の際の「釜石の出来事」の事例から，自分ならどう行動するのか考え友達と話し合うことを通して，災害時によりよい判断をするために大切なことを考えさせたい。
- 地震災害から命を守るために取るべき行動を家族と話し合うことで，家族の様々な立場から多角的に考えられるようにする。

ウ　指導計画（10時間扱い）

	主な発問・指示と学習内容	資料等	指導上の留意点	時
学習問題をつかむ	①避難訓練のときに気を付けていることはどんなことでしょう。 ・安全に避難する ・日本は自然災害が多い	・過去に起きた大地震の写真	・日本は地震が多い国であることを確かめる。 ・地震の原因と地震の状況との関連を図る。	1
	②学校にある災害用の物品や地域の備蓄倉庫には何が備えてあるのでしょう。 ・非常用食料，飲料水	・非常用食料，飲料水	・学校や地域では日頃から災害の備えをしていることに気付けるようにする。	2
	③調べてきたことを基に，学習問題を立て，予想，学習計画を立てましょう。			3
	地震から人々を守るために，市や地域の人々はどのようなことをしているのだろう。			
調べる	④地震から人々を守るために県庁や市役所など関係機関はどのような取組をしているのでしょう。 ・市や県の取組 ・自衛隊の取組	・市役所の取組 ・自衛隊の活動写真	・自衛隊など国の関係機関とも連携，協力していることに気付けるようにする。	4
	⑤地震から人々を守るために地域の人たちはどのような取組をしているのでしょう。 ・消防団の取組 ・地域の人の取組	・消防団の活動写真 ・地域の人の話	・消防団の見回り活動や避難訓練など地域住民が協力し合っていることに気付けるようにする。	5 6
まとめる	⑥学習問題について，防災パンフレットにまとめましょう。	・これまで使った写真，資料	・まとめた防災パンフレットを友達と見せ合い，市や地域の取組の理解を図る。	7 8
生かす	⑦地震が起きたとき，自分ならどんな行動を取るか考えましょう。	・「釜石の出来事」	・友達との話合いや「釜石の出来事」の事例から，何が大切なのか考えられるようにする。	9
	⑧日頃の防災について各家庭で話し合ってきたことを発表しましょう。	・防災パンフレット	・家族の様々な立場から多角的に考えられるようにする。 ・自助の観点から考えられるようにする。	10

(4) 小単元「風水害から人々を守る」の指導計画
ア 目標
- 風水害に対し，地域の関係機関や人々は，様々な協力をして対処してきたことや，今後想定される災害に対し，様々な備えをしていることを理解するとともに，聞き取り調査や資料から必要な情報を集める技能を身に付ける。
- 過去に発生した地域の水害，被害を減らすための関係機関の協力などの知識を基に，水害から人々を守るための関係機関や人々の働きについて考え，表現する。
- 意欲的に問題解決に取り組み，地域社会の一員としての自覚をもつようになる。

イ 指導のアイデア
- 学習問題をつかむ段階では，集中豪雨の発生件数が増加しているにもかかわらず，水害の発生件数が減っているという意外性のある時間的な変化に注目させ，水害に備えて人々が何か工夫をしているのではないかという問題意識をもたせる。
- 地域の水害に対する備えについて調べる場面では，水害の発生しやすい地域や防災倉庫，避難所の位置などについて地図を使って調べ，空間的な視点で人々の工夫を捉えられるようにする。
- 学習問題について追究し，調べる場面では，地域や学校，家庭など様々な立場の視点で水害に対する備えについて調べ，様々な機関が協力して水害に備えていることが理解できるようにする。
- 学習問題に対する考えをまとめる場面では，一人一人が考えをもった上で，考えを話し合いホワイトボードにまとめる活動を取り入れる。
- 生かす場面では，地域に住む住民の一人として自分は，水害の備えとしてどのようなことをするべきか考える場面を設定する。

ウ　指導計画（10時間扱い）

	主な発問・指示と学習内容	資料等	指導上の留意点	時
学習問題をつかむ	①集中豪雨の映像を見て，どのようなことを感じましたか。 ・映像を見て，感じたことをノートに書き，発表し合う。	・中野区（妙正寺川）の集中豪雨の写真 ・集中豪雨による水害の映像	・水害に対する関心を高める	1
	②これまで自分たちの住む中野区では，どれくらい水害が起こったのでしょうか。 ・年表を活用して水害の発生件数について調べる。 ③疑問を出し合い学習問題をつくりましょう。	・中野区で発生した水害の年表 ・集中豪雨の年別グラフ（集中豪雨の増加） ・水害の回数の年別グラフ（水害の減少）	・年表を活用して繰り返し水害が起きていることに気付けるようにする。	2
	水害から私たちの暮らしを守るためにだれが，どのようなことをしているのだろう。			
	④学習問題に対する予想を出し合って学習計画を立てましょう。 ・水害が起きたときの対処や水害に対する備えについて調べる学習計画を立てる。	・前時の資料	・水害に対する対処や備えをどのような立場の人が行っているか予想させる。	3
調べる	⑤中野区は，水害が発生したときにどのような対応をするのでしょうか。 ・区の関係諸機関の連携について図に示す。	・区の防災安全課の人の話 ・区の防災計画の冊子	・区役所が消防署や警察署と連携していることに気付けるようにする。	4
	⑥中野区は水害に備えてどのようなことをしているのでしょうか。 ・ゲストティーチャーにインタビューする。	・区の防災課の方の話 ・河川の改修についての資料 ・調節池の資料	・区だけでなく東京都や自衛隊などの国の機関の協力があることにも気付けるようにする。	5
	⑦地域の人は水害に備えてどのようなことをしているのでしょうか。 ・地域の避難所や防災倉庫の位置や働きについて調べる。	・地域の避難所地図 ・自治会長さんの話	・地域の人たちが協力し合って水害に備えていることに気付けるようにする。	6
	⑧学校や家庭では，自然災害に備えてどのようなことをしているのでしょうか。 ・自然災害が発生したときの学校の役割について調べる。	・備蓄倉庫の写真や物品 ・副校長先生の話 ・保護者の話	・学校が区や地域と連携して水害に備えていることに気付けるようにする。	7
まとめる	⑨水害に対する対処や備えについて関連図にまとめましょう。 ・水害に対する対処や備えについて，区，地域，学校の働きについて図にまとめる。	・既習の資料	・自分を関連図の中に位置付けて，自分の生活と関連させて考えさせる。	8
	⑩学習問題に対する考えをキャッチコピーにまとめましょう。 ・グループで考えを話し合い，ホワイトボードに考えをまとめる。	・児童が作成した関連図	・キーワードを示し，学習問題に対する考えをまとめられるようにする。	9
生かす	⑪私たちは水害に対する備えとしてどのようなことをするべきでしょうか。 ・自分たちにできることについて考える。	・地域の防災訓練に参加している小学生の人数	・どのような備えをするべきか，選択・判断させる。	10

(5) 小単元「土砂災害からくらしを守る」の指導計画
ア 目標
- 土砂災害に対し，地域の関係機関や人々は，様々な協力をして対処してきたことや，今後想定される災害に対し，様々な備えをしていることを理解するとともに，聞き取り調査や資料から必要な情報を集める技能を身に付ける。
- 過去に発生した地域の土砂災害，関係機関の協力などの知識を基に，関係機関や人々の働きについて考え，表現する。
- 意欲的に問題解決に取り組み，地域社会の一員としての自覚をもつようになる。

イ 指導のアイデア
- 大島町の土砂災害の年表を活用することで，これまでも繰り返し台風や大雨によって土砂災害が起きていたことを理解できるようにする。
- 伊豆大島の雨量と千代田区の雨量を比較することで，伊豆大島では，大雨による土砂災害が起きやすい地域であることに気付けるようにする。
- 学習問題に対する予想を立てる場面では，警察署，消防署，大島町役場などの人たちが集まって会議をしている写真を提示することで，様々な立場の人が協力して土砂災害に対処しているのではないかと考えられるようにする。
- 学習問題に対する考えをまとめる場面では，一人一人が考えをもった上で，考えを話し合いホワイトボードにまとめる活動を取り入れる。
- 生かす場面では，土砂災害の発生する危険性がある地域が都内にもたくさんあることに気付かせた上で，住民の一人として土砂災害の備えとしてどのような取組をするべきか考える場面を設定する。

ウ　指導計画（10時間扱い）

	主な発問・指示と学習内容	資料等	指導上の留意点	時
学習問題をつかむ	①大島の土砂災害について、どのようなことを感じましたか。 ・写真や被害の概要について調べ、感じたことをノートに書き、発表し合う。	・大島の土砂災害の写真（平成26年） ・土砂災害による被害の概要（平成26年）	・土砂災害に対する備えや対処に対する関心を高める。	1
	②これまで大島では、どれくらい台風や大雨による被害があったのでしょうか。 ・年表を活用して台風や大雨による土砂崩れの発生件数について調べる。 ③疑問を出し合い学習問題をつくりましょう。	・大島の土砂災害の写真 ・伊豆大島の台風被害の年表 ・伊豆大島の平均雨量と東京都千代田区の平均雨量	・大島町は平均雨量が多く、土砂災害の被害にあう可能性が高いことを押さえる。	2
	土砂災害から暮らしを守るためにだれが、どのようなことをしているのだろう。			
	④学習問題に対する予想を出し合って学習計画を立てましょう。 ・土砂災害が起きたときの対処や備えについて調べる学習計画を立てる。	・災害時の合同会議の写真（様々な立場の人が会議をしている写真）	・土砂災害に対する対処や備えをどのような立場の人が行っているか予想させる。	3
調べる	⑤大島町は、土砂災害が発生したときにどのような対応をしたのでしょうか。 ・大島町の関係諸機関の連携について図に示す。	・大島町の防災対策室の人の話 ・伊豆大島土砂災害の記録	・町役場が消防団、東京消防庁、警視庁、自衛隊などと連携していたことに気付けるようにする。	4
	⑥大島町は土砂災害に備えてどのようなことをしているのでしょうか。 ・砂防ダムの位置と土砂災害が広がった地域の関係について資料を活用して調べる。	・大島町の防災対策室の人の話 ・ハザードマップ ・砂防ダムの仕組み ・砂防ダムの地図	・大島町が国土交通省と連携しながら対策を行っていることに気付けるようにする。	5
	⑦地域の人は土砂災害に備えてどのようなことをしているのでしょうか。 ・消防団の活動内容や、地域の防災倉庫の働きについて調べる。	・地域の避難所地図 ・消防団の活動 ・町会の防災担当者の話	・地域の人たちが協力し合って土砂災害に備えていることに気付けるようにする。	6
	⑧学校や、家庭では土砂災害に備えてどのようなことをしているのでしょうか。 ・自然災害が発生したときの学校の役割について調べる。	・備蓄倉庫の写真や物品 ・大島町の人の話	・学校が区や地域と連携して土砂災害に備えていることに気付けるようにする。	7
まとめる	⑨土砂災害に対する対処や備えについて関連図にまとめましょう。 ・土砂災害に対する対処や備えについて、町役場、地域、学校の働きについて図にまとめる。	・既習の資料	・自分を関連図の中に位置付けて、自分の生活と関連させて考えさせる。	8
	⑩学習問題に対する考えをキャッチコピーにまとめましょう。 ・グループで考えを話し合い、ホワイトボードに考えをまとめる。	・児童が作成した関連図	・キーワードを示し、学習問題に対する考えをまとめられるようにする。	9
生かす	⑪私たちは土砂災害に対する備えとしてどのようなことをするべきでしょうか。 ・自分たちにできることについて考える。	・都内の他地域で起きた土砂災害の写真 ・都内の土砂災害の発生する可能性のある地域	・土砂災害の発生する可能性が高い地域は、大島だけではないことを示し、どのような備えをするべきか、選択・判断させる。	10

4 県内の伝統や文化，先人の働きに関する内容

Q 「県内の伝統や文化，先人の働き」に関する内容と指導のポイントについて教えてください。

(1) 本内容の捉え方と押さえどころ

ア 内容の構造と改訂のポイント

　本内容は，県の様子を主として歴史的な視点から指導するものである。ここでは，県内の伝統や文化と先人の働きの二つを学ぶもので，次のような構造になっている。

　県内の伝統や文化に関しては，歴史的背景や現在に至る経過，保存や継承のための取組などを見学・調査したり，地図などの資料を活用したりして調べ，それらの結果を年表などにまとめる。次に，まとめたことを基に，県内の文化財や年中行事の様子を捉え，さらに人々の願いや努力を考える。このことを通して，県内の文化財や年中行事は地域の人々が受け継いできたことや地域の発展など人々の様々な願いが込められていることを理解できるようにする。

　先人の働きに関しては，当時の世の中の課題や人々の願いなどを見学・調査したり，地図などの資料を活用したりして調べ，それらの結果を年表などにまとめる。次に，まとめたことを基に，地域の発展に尽くした先人の具体的事例を捉え，さらに先人の働きを考える。このことを通して，地域の発展に尽くした先人は様々な苦心や努力により人々の生活向上に貢献したことを理解できるようにする。

イ 身に付ける資質・能力

　ここで身に付ける資質・能力は次のように集約できる。

> （県内の文化財や年中行事に関して）
> ・県内の文化財や年中行事について，歴史的背景や現在に至る経過，保存や継承のための取組などに関する具体的な知識を習得する。
> ・県内の文化財や年中行事は，地域の人々が受け継いできたことや，それらには地域の発展など人々の様々な願いが込められていることを理解する。
> ・調べたことを関連付け，人々の願いや努力を考え，その結果を表現する力を身に付ける。
>
> （先人の働きに関して）
> ・当時の世の中の課題や人々の願いなど具体的な知識を習得する。
> ・地域の発展に尽くした先人は，様々な苦心や努力により人々の生活向上に貢献したことを理解する。
> ・調べたことを関連付け，先人の働きを考え，その結果を表現する力を身に付ける。
>
> （県内の文化財や年中行事と先人の働きにおいて）
> ・博物館や資料館などを見学・調査したり地図などの資料で調べる技能や年表などに整理する技能を身に付けること。

　これらのほか，学年目標の(3)に示されている態度に関する目標を育成することを目指して指導する。

ウ　指導のポイント

　ここでは，まず，県内に見られる伝統や文化，先人の働きの様々な事例を白地図などに表し，県全体の状況を大まかに捉え概観する。その上で，それらの中から具体的事例を選定する。

　学習の終末には，伝統や文化を保護・継承するために自分たちにできることは何かを考えさせ，討論したり文章にまとめたりする。

(2) 小単元「伝統や文化〜東京都の地域に残る祭り〜」の指導計画
ア 目標
- 東京都の文化財や年中行事について、地域の人々が受け継いできたものであることを理解するとともに、調べたことをまとめるために必要な年表などに整理する技能を身に付ける。
- 文化財や祭りの歴史や由来、受け継いでいる人々の工夫や努力などの知識を基に、人々の願いや努力によって伝統文化が継承や保存されていることを考え、表現する。
- 意欲的に問題解決に取り組み、伝統文化を保存・継承する都民の一人としての自覚をもつようになる。

イ 指導のアイデア
- 主体的・対話的で深い学びの実現のため、伝統や文化の保存や継承について考える討論会を行う。都民の一人として、これまで調べてきた文化財や年中行事を守ってきた人々の願いや努力を地域の人々の願いと関連付け、これからの保存や継承について自分たちのできることを考える。
- 地図帳やその他資料を用いて東京都の主な文化財や年中行事について調べ、その名称や位置を白地図にまとめることで、東京都の文化財や年中行事の分布を明らかにし、地理的な見方・考え方を身に付ける。
- 文化財がつくられた時期、年中行事の起こりや成り立ちなどを、経過に沿って年表にまとめることで、保存や継承について歴史的な見方・考え方を身に付ける。
- カリキュラム・マネジメントの観点では、「特別の教科 道徳」の内容「伝統と文化の尊重、国や郷土を愛する態度」との関わりが考えられる。文化財や年中行事の歴史上の逸話を読んだり、実際のインタビューしたりする場面などを、道徳として取り上げ、伝統・文化の保存や継承への興味関心を深める。

ウ　指導計画（9時間扱い）

	主な発問・指示と学習内容	資料等	指導上の留意点	時
学習問題をつかむ	①東京都の文化財や年中行事について，知っているものは何ですか。 ・三社祭りなどの祭り ・明治神宮などの神社 ・浅草寺などの寺院 ②東京都の文化財や年中行事について調べ，白地図にまとめましょう。 ③自分たちの住む地域にも祭りがあり，どのように受け継がれてきたのか，学習問題をつくり，予想を立て，学習計画を考えましょう。 　大鳥神社の祭りは，どのように受け継がれてきたのだろう。	・写真 ・地図帳 ・文化財のパンフレット	・地図帳の神社や寺院などの記号から大まかな県内の文化財の位置を調べる。 ・まとめる際には，地図記号も活用する。	1 2 3
調べる	④大鳥神社の酉の市の様子を調べましょう。 ・祭りの由来や歴史について ・祭りを守っている人々の話 ・祭りについて調べたことを年表にまとめる。	・地誌 ・インタビュー	・身近な祭りの継承，保存を取り上げ，見学やインタビューを行う。	4 5 6 7
まとめる	⑤学習問題についての自分の考えをまとめましょう。 ・地域の人々が，大鳥神社や祭りを守ろうと努力していることで，祭りが今も行われている。		・祭りは，地域の人々の協力によって守られていることを押さえる。	8
生かす	⑥これからも祭りを続けていくには何が必要か，自分たちにできることはどんなことですか。	・祭りに参加する人の人数の変化	・祭りの参加者数の減少から，祭りの保存や継承について課題意識をもたせる。	9

エ　豆知識

　今回の指導計画では，まず県内の主な文化財や年中行事を調べ，次に地域に残る文化財や年中行事を調べる。この2段階の調べ学習によって，4年生としての県の学習と意欲的に取り組むための体験的活動の両立を図る。

(3) 小単元「地域の開発につくした人々～玉川兄弟と玉川上水～」の指導計画

ア 目標

- 地域の開発につくした玉川兄弟について，その業績を理解するとともに，調べたことをまとめるために必要な年表などに整理する技能を身に付ける。
- 玉川上水の水路や工事の様子などの知識を基に，玉川兄弟の苦心や努力，当時の生活の向上について考え，表現する。
- 意欲的に問題解決に取り組み，玉川上水には玉川兄弟や当時の人々の願いが込められていることを理解し，公共の精神をもつようになる。

イ 指導のアイデア

- 主体的・対話的で深い学びの実現のため，玉川上水によって人々の生活がどのように変化したのか，予想し，問題解決型の学習を進めていくことで，意欲的な学習を進める。
- 調べ学習においては，先人が用いた道具や当時の工事の想像絵などを利用して当時の工事の様子について調べることにより，当時の工夫や努力への気付きを促す。
- 東京の地形図と玉川上水の位置を地図で確かめ，玉川上水やその分水が広い地域に張り巡らされ，当時の生活の向上に大きな影響を与えたことや，高い技術をもって土地の高いところを通したことなど，地理的な広がりや土地の高さなどの関連に気付かせ，地理的な見方・考え方を身に付ける。
- カリキュラム・マネジメントの観点では，「特別の教科　道徳」の「勤労，公共の精神」が考えらえる。度重なる難工事にもかかわらず，玉川兄弟が私財を投げうって工事に取り組む姿勢は，人々の願いを受けた使命感に満ちており，道徳の副読本などにも取り上げられている。

ウ　指導計画（10時間扱い）

	主な発問・指示と学習内容	資料等	指導上の留意点	時
学習問題をつかむ	①東京都における開発の事例を示し，白地図にまとめましょう。 ・玉川兄弟の玉川上水 ・青山士の荒川放水路 ・後藤新平の関東大震災からの復興	・開発事例の写真	・東京都の主な開発について白地図にまとめる。	1
	②江戸の人口の変化から，当時の人々の苦労を考えましょう。	・江戸の人口変化（グラフ）		2
	③玉川兄弟が玉川上水をつくり，江戸の生活がどのように変わったかについて，学習問題をつくり，予想を立て，学習計画を考えましょう。 　玉川兄弟の玉川上水によって人々の生活はどのように変わったのだろう。	・江戸の町の広がり（地図）		3
調べる	④玉川上水について調べましょう。 ・玉川上水の水路 ・工事の様子 ・工事の工夫や努力 ・玉川上水によって，どのように江戸の町に水が配られたか。 ・玉川上水によって，どのように武蔵野台地に水が配られたか。	・玉川上水の水路図 ・工事の様子の想像絵 ・工事の道具	・水路や分水の広がりを地図にまとめ，地理的な広がりを確かめる。	4 5 6 7 8
まとめる	⑤玉川上水ができるまでを年表にまとめましょう。 ⑥学習問題について自分の考えをまとめましょう。 ・玉川上水によって，江戸の水不足が解消し，人々の生活が豊かになった。		・玉川上水によって，水不足が解消し，人々の生活が向上したことを押さえる。	9 10

エ　豆知識

「先人の働き」の単元は，先人の業績が都道府県の教育委員会の作成している道徳副読本に載っていることもある。玉川兄弟についても，東京都教育委員会の3・4年生道徳副読本（平成24年度発行）に掲載されている。

(4) 小単元「地域の教育につくした人々～新倉塘十郎（とうじゅうろう）と八雲小学校」の指導計画

ア 目標

- 地域の教育につくした新倉塘十郎について，その業績を理解するとともに，調べたことをまとめるために必要な年表などに整理する技能を身に付ける。
- 学校ができるまでの取組や学校ができる前と後のくらしの変化などを基に，先人の苦心や努力，当時の生活の向上について考え，表現する。
- 意欲的に問題解決に取り組み，八雲小学校開校には新倉塘十郎や当時の人々の願いが込められていることを理解し，郷土を愛する心をもつようになる。

イ 指導のアイデア

- 主体的・対話的で深い学びの実現のため，当時の人々の教育への願いが，どのような取組に結び付き，新倉塘十郎のつくった寺子屋を公立小学校にすることができたのかを考える。
- 調べる活動の最後に，新倉塘十郎や地域の人々，学校に通う児童の立場で，開校時の思いを話し合い，当時の人々の願いを考える。
- 江戸での私塾の広がりや寺子屋の数を通して，江戸（東京）での教育の様子を概観してから，新倉塘十郎の寺子屋を取り上げる。江戸から明治にかけて社会が大きく変化した様子や，寺子屋から八雲小学校ができるまでの過程を調べ，年表にまとめる。時間の経過に沿って年表をまとめることで，地域の人々の願いがどのように実現していったのかを考え，社会的な見方・考え方を育てる。
- カリキュラム・マネジメントの観点では，「特別な教科　道徳」の「国や郷土を愛する態度」との関わりが考えられる。八雲小学校の周年誌に小学校開設の恩人として新倉塘十郎の話が載っており，地域の人々の教育への期待を感じることができる。

ウ　指導計画（10時間扱い）

	主な発問・指示と学習内容	資料等	指導上の留意点	時
学習問題をつかむ	①東京都における教育の事例を示し，白地図にまとめましょう。 ・福沢諭吉の慶應義塾 ・荻生徂徠の蘐園塾 ・杉田玄白の天真楼 ・大槻玄沢の芝蘭堂	・人物絵 ・白地図	・東京都の主な私塾について白地図にまとめる。	1
	②江戸の寺子屋の数から，当時の人々の教育への思いを考えましょう。 ③目黒で寺子屋をつくった新倉塘十郎について知り，学習問題をつくり，予想を立て，学習計画を考えましょう。 新倉塘十郎のつくった寺子屋は，どうして公立小学校になったのだろう。	・寺子屋の数	・寺子屋の数から，当時の教育への期待をつかませる。	2 3
調べる	④新倉塘十郎のつくった寺子屋について調べましょう。 ・寺子屋ができる以前の人々の生活 ・明治の初めごろの東京の様子や社会の変化 ・寺子屋が八雲小学校になるまで，どんな取組があったか ・寺子屋や八雲小学校ではどんなことを学習していたのか ・寺子屋が八雲小学校になったときの新倉塘十郎や子供たち，地域の人々の気持ちや生活の変化	・農民の一日の生活 ・寺子屋の学習内容 ・郷土史，周年誌	・当時の人々が教育の必要性を感じていたことをつかませる。 ・寺子屋ができる前と後の様子を比較する。	4 5 6 7 8
まとめる	⑤寺子屋ができてから，八雲小学校になるまでを年表にまとめましょう。 ⑥学習問題について自分の考えをまとめましょう。 ・寺子屋が八雲小学校になり，ますます地域の教育が向上した。	・年表	・地域の人々の努力で小学校開校に結び付いたことを押さえる。	9 10

エ　豆知識

　調べる方法として，地域にある歴史博物館や郷土資料館などへの見学も考えられる。学習指導要領の内容の取扱いについての配慮事項としても，博物館や資料館などの施設の活用を図ることが示されており，積極的に活用したい。

5　県内の特色ある地域の様子に関する内容

「県内の特色ある地域の様子」に関する内容と指導のポイントについて教えてください。

(1) 本内容の捉え方と押さえどころ
ア　内容の構造と改訂のポイント

本内容は，県について地理的環境の視点から学ぶものであるが，一部現代社会の仕組みの視点とも関連している。ここでは，次のような構造になっている。

まず，特色ある地域の位置や自然環境，人々の活動や産業の歴史的背景，人々の協力関係などを地図帳や各種の資料で調べ，それらの結果を白地図などにまとめる。次に，まとめたことを基に，地域の様子を捉え，さらに地域の特色を考える。このことを通して，県内の特色ある地域では，人々が協力し，特色あるまちづくりや観光などの産業の発展に努めていることを理解できるようにする。

ここでは，まず県内の特色あるまちづくりや観光などの産業の発展に努めている，様々な地域の位置を白地図に表し，分布の傾向など全体の様子を捉える。

次に，県内から下記の地域を具体的に調べる。
- 伝統的な技術を生かして地場産業が盛んな地域
- 国際交流に取り組んでいる地域
- 地域の資源を保護・活用している地域（ここでは，自然環境，伝統的な文化のいずれかを選択する）

イ　身に付ける資質・能力
ここで身に付ける資質・能力は次のように集約できる。

> - 県内の特色ある地域の位置や自然環境，人々の活動や産業の歴史的背景，人々の協力関係などに関する具体的な知識を習得する。
> - 県内の特色ある地域では，人々が協力し，特色あるまちづくりや観光などの産業の発展に努めていることを理解する。
> - 地図帳や各種の資料で調べる技能や，文章や白地図，年表などにまとめる技能を身に付ける。
> - 調べたことを関連付けたり，自分たちの地域と比較したりして地域の特色を考え，その結果を表現する力を身に付ける。

　これらのほか，学年目標の(3)に示されている態度に関する目標を育成することを目指して指導する。

ウ　指導のポイント

　ここでは，まず，先に上げた三つの観点から，県内の特色ある地域を県の白地図に表し，大まかに捉え概観する学習を位置付ける。次に，それを踏まえて，特色ある地域の活動を具体的に調べるようにする。これは，「面から点へ」という手順で，県全体の状況を概観し，次に事例地を選択して具体的に学ぶものである。このことは，本内容が県の様子についての理解を深める学習であることを意味している。

　地域の資源のうち，伝統的な文化を保護・活用している地域を取り上げる際には，県内の文化財や年中行事についての学習で取り上げた事例や事例地と重複しないようにするなど配慮する。また，国際交流については，県内の地域を事例として学ぶ。

　いずれの地域を取り上げた際にも，その地域の人々の活動や産業がまちづくりやまちの活性化に役立っていることを考えさせたい。

　学習の終末には，これからの県の発展について考えさせ，討論したりレポートを作成したりする活動を位置付けたい。

(2) 小単元「東京都内の特色ある地域」の指導計画

ア 目標

- 都内の特色ある地域の様子について，都内には，地場産業が盛んな地域や国際交流に取り組んでいる地域，自然環境や伝統的な文化を保護・活用している地域など特色ある地域があることを理解するとともに，地図帳を用いたりコンピュータなどを使ったりして必要な情報を集める技能，調べたことを白地図にまとめる技能を身に付ける。

イ 指導のアイデア

- 本小単元は，特色ある地域の学習の導入の役割である。東京都全体を概観して，どのような特色ある地域が，どのあたりにあるのかを作業的に理解することが目標となる。
- 地場産業が盛んな地域としては，東京都指定伝統工芸（東京都伝統工芸士会のHP）を資料として，東京都の白地図にどのような伝統工芸があるのかを書き込む作業を行わせる。
- 国際交流に取り組んでいる地域としては，東京都総務局「東京都の人口」「外国人人口」(2015)を基本資料とし，在住外国人の人口が5％を超え，国際交流協会を有している地域や大使館など在外公館がある千代田区，中央区，品川区，目黒区，世田谷区，渋谷区，新宿区，豊島区，港区，荒川区を東京都の白地図に書き込む作業を行わせる。
- 自然環境を保護・活用している地域としては，檜原村，奥多摩町，八丈町，小笠原村を東京都の白地図に書き込む作業を行わせる。伝統文化を保護している地域としては，台東区の浅草，中央区の日本橋などを東京都の白地図に書き込む作業を行わせる。

ウ　指導計画（2時間扱い）

	主な発問・指示と学習内容	資料等	指導上の留意点	時
学習問題をつかむ	①写真を見て東京都のどこにあるでしょうか。 ・地場産業が盛んな地域 ・国際交流が盛んな地域 ・自然環境を保護・活用している地域 ・伝統的な文化を保護している地域	・特色ある地域の様子の写真		1
まとめる	東京都には，どのような特色ある地域がどのあたりにあるのだろうか。 ②地場産業が盛んな地域，国際交流が盛んな地域，自然環境を保護・活用している地域，伝統的な文化を保護している地域を東京都の白地図にまとめましょう。	・東京都の白地図 ・特色ある地域の一覧など（市区町村名や何が盛んなのか）	・市区町村名から位置を確認し，「〇〇が盛ん」と書き込む。 ・地場産業が盛んな地域は黄色を塗る。 ・国際交流が盛んな地域は青色を塗る。 ・自然環境を保護・活用している地域は緑色を塗る。 ・伝統的な文化を保護している地域は赤色を塗る。	2

エ　豆知識

　県内の特色ある地域の学習では，本ページに示したとおり，前半に県内の特色ある地域について地場産業，国際交流，自然環境の保護・活用，伝統的な文化の保護という四つの観点で分類し，調べ，白地図にまとめる学習を行う。これらは県内の特色ある地域を概観する面の学習の役割がある。後半は事例地を選択し，具体的に学習を進めていく。これには，点の学習の役割がある。

(3) 小単元「地場産業の盛んな地域」の指導計画
ア 目標
- 新宿区では，人々が協力し，染め物産業の発展に努めていることを理解するとともに，地図帳で川の位置と染工場の分布を調べ，関連性を読み取ったり，染工場の数や売り上げの変化をグラフから読み取ったりする技能を身に付ける。
- 新宿区落合・中井の地域の位置や自然環境，人々の活動や染め物産業の歴史的背景，人々の協力関係などに着目し，新宿区落合・中井は染め物産業が盛んな地域であることを考え，表現する。
- 意欲的に学習に取り組み，地場産業を保護・継承していく態度を養う。

イ 指導のアイデア
- 東京染小紋を用いたネクタイなど，実物を教師が身に着けたり，児童に見せたりすることで，伝統工芸品の質の高さや美しさに気付かせるようにする。
- 指導計画の前半は新宿区落合・中井地区に妙正寺川があることによって江戸時代より，この地域では，染め物産業が盛んであったことを理解する時間とする。後半は，染め物工場の数や職人さんの人数，売り上げが減ってきている事実と，染め物産業を盛んにする取組によって，国内はもちろん，海外からも東京染小紋が注目されているという事実のずれから学習問題を考え，染め物産業を通して，新宿区落合・中井地区では人々が協力し，染め物産業を発展させようとしていることを調べ，まとめる学習の時間とした。

ウ　指導計画（7時間扱い）

	主な発問・指示と学習内容	資料等	指導上の留意点	時
学習問題をつかむ	①東京染小紋とはどのようなものでしょう。 ②東京染小紋はいつ頃からどこでつくられてきたのでしょう。 ・江戸時代から ・新宿区落合・中井の地域 ③なぜ近年着物が売れなくなったり、染め物工場の数が減っているのに、最近国内外から高く評価されているのでしょう。	・東京染小紋でつくられたネクタイなど。 ・東京都や新宿区の地図 ・東京染小紋の歴史についての資料 ・呉服の売り上げの資料 ・染め物工場数の資料 ・東京染小紋に対する関係者の評価の資料や海外での評価の資料	・ネクタイ以外にスカーフやストール、小物もある。	1 2 3
	着物が売れない時代に、なぜ東京染小紋は国内外から高い評価を受けているのだろうか。			
調べる	④学習問題に対して、自分の予想を立て、予想に基づいて学習計画を立てましょう。			
	⑤「どのようにして質の高い東京染小紋をつくっているのか」調べましょう。	・東京染小紋のつくり方の資料	・一つ一つが手作業であることを理解させる。	4
	⑥「現代の人に買ってもらえるようにどのような工夫をしているのか」調べましょう。	・東京染小紋でつくったストールやネクタイの資料	・実演販売や工場の見学などにも触れる。	5
	⑦「新宿区落合・中井の地域では染め物産業を知ってもらうために、どんな取組をしているのか」調べましょう。	・「染の小道」という落合・中井地区のイベントのパンフレット	・地域の人々が協力して、染め物産業を元気にしようとしていることを理解させる。	6
まとめる	⑧学習問題について自分の考えをまとめましょう。			7
	新宿区落合・中井の地域では、人々が協力して、染め物に興味をもってもらえるようお祭りを開いたり、職人さんがつくり方の伝統を守り、新しい売り方を工夫したりして、染め物産業を地域の宝として守っている。			

(4) 小単元「国際交流に取り組んでいる地域」の指導計画
ア 目標
- 港区では，人々が協力し，国際都市を目指して区内で外国との交流活動を盛んに行っていることを理解するとともに，区報などから大使館との交流など，国際交流活動を調べる技能を身に付ける。
- 港区の位置，人々の活動や国際交流の歴史的背景，人々の協力関係などに着目し，港区は国際交流が盛んな地域であることを考え，表現する。
- 意欲的に学習に取り組み，国際交流を通して港区の発展を願う態度を養う。

イ 指導のアイデア
- 港区は日本の大使館の半分以上にあたる81の大使館を有し，外国系企業，観光やビジネスで訪れる人々を受け入れるホテル・旅館の客室数も都内で最多を誇るため，事例地として適切といえる。国家戦略特区にも一部地域が指定を受けている。
- また，港区国際化推進プランを平成27（2015）年に策定し，国際交流都市として課題を克服し，成長しようと取り組んでいる自治体でもある。

ウ　指導計画（7時間扱い）

	主な発問・指示と学習内容	資料等	指導上の留意点	時
学習問題をつかむ	①どうして港区は国際都市なのでしょう。 ・港区の位置と在住する外国人の割合が東京都で2位であること ・日本にある大使館の約半分が港区にあること ②平成20年度の港区外国人意識調査において港区でのくらしに満足している外国人が20％だったのに対し，平成25年度の調査では，50％の外国人が満足していることから学習問題を考えましょう。	・港区の資料（外国人の在住者の人口と割合，大使館の数，港区の国際化推進プラン）	・「まあ満足している」と答えた外国人を含めると約90％になることも押さえる。	1 2
	港区では，外国人が満足できるような国際交流をどのように進めているのだろうか。			
	③予想を考えて発表し合い，学習計画を立てましょう。			
調べる	④港区の取組を調べましょう。 ・港区のホームページや区報，港区の観光ガイドが英語，中国語，韓国語，日本語で表記されていることやマナーが掲載されていること ・区の窓口でも最低限英語で対応できる訓練をしていること ・日本語が分からなくても情報が得られることによって国際交流を進めていること	・外国語表記の区報や観光ガイド ・区のホームページ	・全ての言語ではなく，使用する人口の多い言語を選んで準備していることにふれる。	3
	⑤地域の人々の取組を調べましょう。 ・NPO法人国際芸術家センターなど地域の人々が，各国大使館と協力してその国の料理を一緒につくり，食べる国際理解ワークショップを開催していること ・一緒に料理をつくり食べる活動を通して国際交流を深めていること	・国際芸術家センターのホームページ	・活動の写真などから，自国と相手の国の国歌や国旗を大切にしていることを押さえる。	4
	⑥商店街の取組を調べましょう。 ・商店街での英語や観光案内の対応力の向上，インフォメーションセンターの質の向上や，観光ボランティアガイドの育成などの取組	・区のホームページ		5
	⑦学校の取組を調べましょう。 ・区の学校では，宗教に配慮した献立を準備したり，外国人児童に多様な教育の機会を提供する国際学級を開設したりしていること	・区のホームページ	・指導するクラスの児童に該当するような児童がいれば配慮をする。	6
まとめる	⑧学習問題について自分の考えをまとめましょう。			7
	港区では，区役所や学校で働く人，地域の人が協力して，外国語で対応できるようにしたり，情報を発信したり，イベントを企画するなどして，外国人の方が満足する国際交流を進めている。			

(5) 小単元「自然環境を保護・活用している地域」の指導計画
ア 目標
- 東京都小笠原村では，人々が協力し，世界自然遺産に登録された自然を保護・活用し，地域の活性化に努めていることを理解するとともに，地図帳や各種の資料で調べ，白地図などにまとめる技能を身に付ける。
- 東京都小笠原村の位置や自然環境，人々の活動や産業の歴史的背景，人々の協力関係に着目して，地域の様子を捉え，それらの特色を考え，表現する。
- 意欲的に問題解決に取り組み，世界遺産である小笠原の豊かな自然環境に誇りと愛情をもつことができる。

イ 指導のアイデア
- 小笠原村の特色ある豊かな自然環境は児童がもつ東京都のイメージとはかけ離れたものであろう。そこで，単元の導入で映像資料として提示し，そこで生まれた気付きや疑問を基に小笠原村の概要を調べ，学習問題づくりにつなげたい。
- 小笠原村の位置を確かめる際は地図帳を活用し，東京都の空間的な広がりにも着目させたい。小笠原村は新宿から南に約1000kmの距離に位置し，地図帳で他の自治体と比較すると，鹿児島県指宿市や北海道根室市とほぼ同じ距離に位置することが分かる。
- 学習問題について予想や学習計画を立てる際は，小笠原の歴史年表を活用する。年表には平成元（1989）年から村おこしの一環として「ホエールウォッチング」が事業化されたこと，平成17（2005）年にエコツーリズムを推進するために小笠原エコツーリズム協議会が発足したことなど，観光業を軸に歴史背景をまとめておく。
- 第4時に小笠原エコツーリズム協議会を扱う際は，小笠原ならではのエコツーリズムを確立するために，関係機関や住民が協力している点にも着目して調べられるようにする。

ウ　指導計画（7時間扱い）

	主な発問・学習内容	資料等	指導上の留意点	時
学習問題をつかむ	①小笠原村はどのような所なのだろう。 ・世界自然遺産に登録された小笠原村の豊かな自然環境について調べる。 ②小笠原村の位置や気候，人口などについて調べ学習問題をつくろう。	・小笠原村観光局製作の映像資料 ・地図帳（東京都地図） ・小笠原村の概要	・村の位置や気候，人口などを，自分たちの住んでいる市と比較しながら調べる。	1 2
	小笠原村の人々は世界遺産に登録された自然環境の中で，どのように暮らしているのだろう。			
	③これまでの知識と歴史年表をもとに学習問題について予想し，学習計画を立てよう。	・小笠原村歴史年表		3
調べる	④小笠原村の人々は豊かな自然環境の中で，どのように暮らしているのだろう。 ・小笠原エコツーリズム協議会が中心となって，自然を守るために島での過ごし方のきまりを定めていること ・主な産業が豊かな自然を活用した観光業であること，南島ツアーについて ・旅の魅力向上による交流人口拡大プロジェクトについて	・小笠原ルールブック ・小笠原村エコツーリズム推進全体構想 ・南島ツアーについて ・小笠原の産業 ・小笠原村人口ビジョン・総合戦略	・自然を守るためのルールや南島へのツアーは自然の保護と活用の二つの要素を含んでいることをつかませる。	4 5 6
まとめる	⑤学習問題について自分の考えをまとめよう。 ・白地図を中央にすえたワークシートに調べてきたことを整理し，学習問題について考えたことをまとめる。	・余白を多く取った，小笠原村の白地図ワークシート	・考えをまとめる際は，「自然環境」「保護」「活用」というキーワードを使わせたい。	7

エ　豆知識

・小笠原諸島は平成23（2011）年6月に世界自然遺産に登録された。世界遺産委員会の審議では，小さい島でありながら，小笠原でしか見ることのできない固有種の割合が高いこと，特に陸産貝類（カタツムリ）の仲間や植物において，進化の過程が分かる貴重な証拠が残されていることが高く評価されている。

(6) 小単元「伝統的な文化を保護・活用している地域」の指導計画
ア 目標
- 台東区浅草では,人々が協力し,特色あるまちづくりや観光などの産業の発展に努めていることを理解するとともに,地図帳や各種の資料で調べ,白地図などにまとめる技能を身に付ける。
- 台東区浅草の位置や活動の歴史的背景,人々の協力関係に着目して,地域の様子を捉え,それらの特色を考え,表現する。
- 意欲的に問題解決に取り組み,台東区浅草に残る歴史ある建造物やまちなみ,祭りなどの地域の伝統的な文化に誇りと愛情をもつことができる。

イ 指導のアイデア
- 学習問題について予想や学習計画を立てる際は,浅草の歴史年表を活用する。年表には,浅草寺や仲見世の成立,浅草が流行の発信地として賑わったこと,昭和50年代以降,まちの賑わいが途絶えたこと,歴史的景観を守るために,自主的な協定や区の条例が定められたこと,サンバカーニバルなど,時代に合わせて様々な取組を行ってきたことなど,歴史的なまちなみの保存や観光の振興に関わる事柄を盛り込み,時間軸を根拠として考えさせたい。
- 第4時で浅草に残る文化財や仲見世について調べたり,第5時で浅草の祭りや年中行事について調べたりする際は,実態に応じてインターネットを使って必要な情報を集めさせてもよいだろう。
- 第6時では,台東区が条例等をつくって歴史的なまちなみを守ったり,4か国語に対応した観光案内をつくって外国人観光客も安心して観光できる環境を整えたりするとともに,浅草おかみさん会が中心となって,「浅草観光案内図」をまち中に設置したり,サンバカーニバルを始めたりするなど,地域の人々や関係機関が協力して歴史的まちなみの保存や観光振興に取り組んできたことをつかませたい。

ウ　指導計画（7時間扱い）

	主な発問・学習内容	資料等	指導上の留意点	時
学習問題をつかむ	①台東区浅草はどのようなところなのだろう。 ・地図や写真を基に，浅草の位置や歴史的なまちなみの様子を調べる。 ②浅草の観光客の数や観光スポットなどについて調べ，学習問題をつくろう。	・浅草寺，仲見世，伝法院通りの写真 ・地図帳 ・浅草観光パンフレット	・浅草の位置や伝統的な文化の様子を，自分たちの住んでいる市と比べながら捉える。	1 2
	浅草には，どうしてたくさんの観光客が集まるのだろう。			
	③これまでの知識と歴史年表を基に学習問題について予想し，学習計画を立てよう。	・浅草歴史年表		3
調べる	④浅草のまちにはどのような魅力があるのだろう。 ・浅草に残る文化財や仲見世を中心としたお店について ・浅草で行われている祭りや年中行事について ・台東区や浅草おかみさん会が進めてきたまちづくりについて	・浅草寺パンフレット ・仲見世ホームページ ・浅草の年中行事 ・台東区の取組資料 ・浅草おかみさん会資料	・浅草のまちづくりは，古いものを大切にすると共に，常に新しいものを取り入れながら行われてきたことに気付かせる。	4 5 6
まとめる	⑤学習問題について自分の考えをまとめよう。 ・学習問題について考えたことを基に，浅草の魅力をアピールするポスターを書く。		・考えをまとめる際は，「伝統的文化」「保護」「活用」というキーワードを使わせたい。	7

エ　豆知識

・台東区では平成16（2004）年から観光客数の調査を隔年で行っており，初年度の調査では，年間約3934万人の観光客が台東区を訪れていることが分かった。その後の調査では，回を追うごとに観光客数が増加しており，平成28（2016）年には遂に約5061万人に達した。このうち，約830万人は外国人観光客であり，浅草を含めた台東区は国際的な観光地としても発展している。

(7) 小単元「東京都のしょうらいを考えよう」の指導計画

ア 目標

- 東京都の将来について，都内の特色ある地域では，人々が協力し，特色あるまちづくりや観光などの産業の発展に努めていることを理解するとともに，地図帳や各種の資料で調べ，まとめる技能を身に付ける。
- 東京都の将来について，特色ある地域の位置や自然環境，人々の活動や産業の歴史的背景，人々の協力関係などに着目して，地域の様子を捉え，それらの特色を基に考え，表現する。
- よりよい東京都の将来について考え学習したことを社会生活に生かそうとする態度を養うとともに，東京都に対する誇りと愛情，地域社会の一員としての自覚を養う。

イ 指導計画（2時間扱い）

	主な発問・学習内容	資料等	指導上の留意点	時
生かす	①都民の一員として，どのような東京都にしていったらよいのだろう。 ・都内の特色ある地域の様子について整理した白地図を基に，これまでの学習を振り返る。 ②都民の一員として，どのような東京都にしていったらよいか考え，最も重要と考えたアイデアをカードに書こう。 ・各自のアイデアを全体で仲間分けし，それぞれに小見出しを付ける。 ・小見出しを付けたグループごとに集まり，アイデアのよさを全体に伝えるために考えをまとめる。 ③パネルディスカッションを基に，「東京都民としてどのような東京都にしていったらよいのだろう」というテーマで全体討論をしよう。 ・討論を基に学習感想を書く。	・都内の特色ある地域の様子について整理した白地図 ・地図帳	・問いについて考えさせる際は，都内の特色ある地域の様子だけでなく，4年生の学習内容全体を振り返り，視点を広くもたせる方法も考えられる。 ・討論で出たアイデアを実現するためには，子供たちも都民の一員として自覚をもって生活していくことが大切であることに気付かせたい。	1 2

第3節
第5学年の指導のポイントと指導計画

1　我が国の国土の様子に関する内容

> **Q**　「我が国の国土の様子と国民生活」に関する内容と指導のポイントについて教えてください。

(1) 本内容の捉え方と押さえどころ
ア　内容の構造と改訂のポイント

　本内容は，我が国の国土の様子について地理的環境の視点から指導するものである。ここでは，次のような構造になっている。

　国土の概要に関しては，まず，世界の大陸と主な海洋，主な国の位置，多数の島からなる国土の構成などを地図帳や地球儀，各種の資料を活用して調べ，それらの結果を白地図などにまとめる。次に，まとめたことを基に，国土の様子を捉え，さらに国土の特色を考える。このことを通して，世界の中における我が国の国土の位置，国土の構成，領土の範囲などを大まかに理解できるようにする。

　国土の自然環境に関しては，まず，我が国の地形や気候の概要を地図帳や各種の資料を活用して調べ，それらの結果を白地図などにまとめる。次に，まとめたことを基に国土の自然などの様子を捉え，さらに地理的環境の特色を考える。このことを通して，我が国の国土の地形や気候の概要を理解できるようにする。また，自然環境から見て特色ある地域の人々の生活を地図帳や各種の資料を活用して調べ，それらの結果をまとめる。まとめたことを基に，人々の生活を捉え，自然

環境と国民生活との関連を考える。このことによって，人々は自然環境に適応して生活していることを理解できるようにする。

イ 身に付ける資質・能力

ここで身に付ける資質・能力は次のように集約できる。

（国土の概要について）
- 世界の大陸と主な海洋，主な国の位置，海洋に囲まれた多数の島からなる国土の構成などに関する具体的な知識を習得する。
- 我が国の国土の位置や構成，領土の範囲を大まかに理解する。
- 調べたことを関連付けて，我が国の国土の特色を考え，その結果を表現する力を身に付ける。

（我が国の地形や気候の概要について）
- 我が国の国土の地形や気候の概要を理解する。
- 人々は自然環境に適応して生活していることを理解する。
- 調べたことを関連付けて，我が国の国土の自然環境と国民生活との関連を考え，その結果を表現する力を身に付ける。

（国土の概要と我が国の国土の地形や気候において）
- 地図帳や地球儀，各種の資料で調べる技能や，調べたことを白地図などにまとめる技能を身に付ける。

これらのほか，学年目標の(3)に示されている態度に関する目標を育成することを目指して指導する。

ウ 指導のポイント

「領土の範囲」を扱う際には，竹島や北方領土，尖閣諸島は我が国固有の領土であることを理解させる。我が国の地形や気候については，概要を扱ったあとに，それぞれの特色ある地域を取り上げる方法と，地形の概要のあとに地形から見て特色ある地域を，気候の概要のあとに気候から見て特色ある地域をそれぞれ取り上げる方法がある。

(2) 小単元「地図帳を広げて」の指導計画

ア 目標

- 世界における我が国の国土の位置，国土の構成，領土の範囲などを大まかに理解する。
- 我が国の国土の地形や気候の概要を理解するとともに，人々は自然環境に適応して生活していることを理解する。
- 地図帳や地球儀，各種の資料で調べ，まとめる。

イ 指導計画（3時間扱い）

	主な発問・指示と学習内容	資料等	指導上の留意点	時
学習問題をつかむ	①衛星からの地球の写真を見て，気付いたことを話し合おう。 〈気付いたこと〉 ・大きな陸地の東に日本がある。 ・地球の半分くらいは青色（海）である。 ・日本は細長い形をしていて，周囲を海に囲まれている。 ・陸地には緑の所と茶色の所がある。	・衛星からの地球の写真（拡大版） ・地球儀（グループごと）	・地球の写真は黒板掲示用の拡大版とグループでの話合い活動用を準備する。 ・写真を見て話し合うことで，知識量の個人差をなくし，学習への意欲を高める。	1
	日本は地球のどこにあり，人々のくらしはどのようになっているのだろう。			
調べる	②世界にはどこにどんな国があるか，地図帳や地球儀を使って，白地図にまとめよう（世界の大陸や海洋の名称，主な国の位置）。 ・6大陸（ユーラシア大陸，南・北アメリカ大陸，アフリカ大陸，オーストラリア大陸，南極大陸） ・3海洋（太平洋，大西洋，インド洋）	・地図帳 ・地球儀 ・世界地図 ・日本・世界の白地図	・地図帳や地球儀を用いて，方位・緯度や経度による位置の表し方について取り扱う。 ・正確な方位を知るときは，地球儀を使用する。	2
まとめる	③日本の国土の広がりと領土，日本の周りの国々について調べよう。 （日本の主な島々） ・北海道・本州・四国・九州 （日本の周りの国々） ・中国・大韓民国・ベトナム・フィリピン	・地図帳 ・地球儀 ・世界地図 ・国旗（拡大版） ・国旗カード	・領土の範囲については，竹島や北方領土，尖閣諸島が我が国の領土であることに触れる。 ・主な国の名称を取り扱い，各国には国旗があることを理解する。	3

(3) 小単元「国土の地形の様子」の指導計画

ア 目標

・我が国の地形は全体としてみると山がちで平野が少ないこと，地形の自然条件から見て特色ある地域があることなどを理解する。
・地形に着目し，主な山地や山脈，平野，川や湖，主な島や半島などの地形の概要や特色について，地図帳や衛星写真などの資料で調べ，位置や方位などを言い表したり白地図などにまとめたりして表現する。
・我が国の国土についての理解を踏まえて，国土の自然などに対する愛情を養うようにする。

イ 指導計画（4時間扱い）

	主な発問・指示と学習内容	資料等	指導上の留意点	時
学習問題をつかむ	①衛星写真や航空写真を見て，日本の国土の地形の様子について気付いたことや考えたことを話し合おう。 〈気付いたこと〉 ・日本は南北に細長い。 ・日本はまわりを海に囲まれている。 ・日本には数えきれないほど多くの島がある。 ・海沿いで凸凹の形をしている所がある。	・空から見た日本国土の写真 衛星写真 航空写真 （黒板掲示） （グループ）	・航空写真は，山がちな地域・島がある地域・広い平野の広がる地域など，地形の特色の違いが分かるものを準備する。 ・写真が地形の特色を考えるきっかけとなるようにする。	1
	日本の国土の地形には，どのような特色があるのだろう。			
調べる	②国土の地形にはどのような特色があるか，地図帳や写真を使って調べ，白地図にまとめよう。 ・平野・盆地・山地・主な川の名称 ・外国と比較して，日本の川は長さが短くて高いところから流れている。（＝日本の川は流れが急である）	・地図帳 ・写真（山脈・盆地・川など） ・白地図 ・川の長さと傾きの分かるグラフ	・地図帳や地球儀を用いて，方位・緯度や経度による位置の表し方について取り扱う。 ・正確な方位を知るときは，地球儀を使用する。	2
	③日本の火山の広がりについて調べよう。 ・現在も活動している火山が多くある。 ・火山の近くには温泉が多くある。	・地図帳 ・噴火の様子の分かる火山の写真	・温泉地と火山の位置を地図帳で確認し，火山と温泉の関係に気付かせる。	3
まとめる	④日本の地形の特色についてまとめよう。 ・我が国は山がちな国土である。			4

(4) 小単元「低地のくらし」の指導計画

ア 目標

・地形の自然条件から見て特色ある地域で生活する人々は，自然条件の中で工夫しながら生活していること，自然条件を生かして農産物の生産や観光などの産業を営んでいることを理解する。

・人々が地形条件をどのように生かして生活しているかなどについて調べる中で，自然環境と生活との関連を考え，調べたことや考えたことを表現する。

・主体的に学習問題を解決しようとする態度や，我が国の自然などに対する愛情を養うようにする。

イ 指導のアイデア

・「自然条件から見て特色ある地域」を事例として取り上げる。例えば，木曽川・長良川・揖斐川の三つの大きな川に囲まれている岐阜県海津市（輪中）を取り上げることで，低い土地のくらしの様子が理解できるようにする。

・土地の高さが分かる地図を活用し，地理的な特色を捉えやすくしたり，昔と今の川の流れの分かる地図を調べたりすることで，水害からくらしを守る工夫について調べたことをまとめる。

・低い土地での農業の様子について調べる際，農業の変化が分かる土地の様子の昔と今の写真や地図を比較することで，変化が分かるようにする。

・調べたことや考えたことをリーフレットにまとめる。用紙を三つに分割し，内容を視点ごとに分けて紙面を使用する。

　　➡土地の特色について学んだことを三つの視点で，リーフレットに自分の考えを加えて表現する。

　　①くらしを守る　②水を生かす　③新しい取組

ウ　指導計画（6時間扱い）

	主な発問・指示と学習内容	資料等	指導上の留意点	時
学習問題をつかむ	①海津市の土地の様子を撮影した写真を見て，気が付いたことを話し合おう。 ・川と川にはさまれている。 ・堤防に囲まれている。 ・学校よりも高いところ（堤防の上）に車が走っている。 堤防に囲まれた土地に住む人々は，どのような工夫をしてくらしているのだろう。	・海津市の土地の様子が分かる写真 ・堤防のそばにある学校の写真	・低い土地でくらす人々の様子の特徴に気付きやすくするため，自分たちのくらすまちの様子の写真と比較してもよい。	1
調べる	②海津市の歴史と水害からくらしを守る取組や工夫について調べよう。 ・堤防を築いたり，治水工事を行ったりした。 ・盛土をしたり家よりも高く石垣を組んだりして，その上に水屋を建てた。 ・排水機場をつくり，水を外に出した。 ・水防団等の取組で，市と市民が協力して水害に備えている。	・昔と今の河川の地図 ・流れの変化が分かる地図 ・水害発生件数のグラフ ・水防演習の様子の写真	・昔と河川の流れが変わっていることが分かる地図を比較する。 ・川の流れと水害の発生件数との関係を地図とグラフから捉える。 ・水屋の機能と工夫について理解する。 ・市民も水害防止に努めていることを知る。	2 3
	③輪中に住む人々が，豊かな水資源をどのように生かしてくらしているかについて調べよう。 ・生産されるおもな農作物について ・水田の様子の変化 ・水資源をレクリエーション施設や観光資源等に活用している。	・水田・農作業の様子が分かる写真 ・農作物別作付面積のグラフ ・施設マップ	・昔と今の資料を用意し，二つを比較する中で農業の変化について気付きやすくする。 ・自然を生かした新しい取組について知る。	4 5
まとめる	④学習を振り返り，海津市の人々のくらしや自分たちの健康に必要な産業の工夫についてリーフレットにまとめよう。 ・水害からくらしを守る工夫 ・水資源をくらしに生かした取組	・子供の表現物（リーフレット）	・土地の特色について学んだことを，リーフレットにまとめ，考えを交流する。	6

エ　豆知識

　水屋には，普段は使うことの少ない道具類，大切なもの，米やみそ，しょうゆなどの食料が保存してあった。また，玄関を入った土間の上に「上げ舟」がつるされており，大水のときには舟をおろし，庭の木につないで使った。

(5) 小単元「山地のくらし」の指導計画

ア 目標
- 地形の自然条件から見て特色ある地域で生活する人々は，自然条件の中で工夫しながら生活していること，自然条件を生かして農産物の生産や観光などの産業を営んでいることを理解する。
- 人々が地形条件をどのように生かして生活しているかなどについて調べる中で，自然環境と生活との関連を考え，調べたことや考えたことを表現する。
- 主体的に学習問題を解決しようとする態度や，我が国の自然などに対する愛情を養うようにする。

イ 指導のアイデア
- 「自然条件から見て特色ある地域」の事例として，山地でくらす人々が特徴ある地形に合わせて生活や産業を工夫したり協力したりして生活していることが分かる事例地を取り上げる。例えば，徳島県三好市の東祖谷地区や岐阜県白川村などを取り上げることで，山地でくらす人々の様子が理解できるようにする。
- 特徴のある地域の様子の写真や，土地の使われ方や土地の高さを表した地図を利用することで，地理的な特色を捉えやすくし，山の地形にあったくらし方の工夫について調べる。
- 山地の人々のくらしや山の地形に合わせた農業について調べることで，国土の自然環境が人々の生活や産業と関連していることを理解するとともに，人々は自然環境に適応して生活していることにも気付くようにする。
- 事例地でとれる有名な農産物やその土地のくらしの様子など，調べたことや考えたことを"ゆるキャラ"に表現する。"ゆるキャラ"のイラストを描くとともに，イラストに取り入れたものについての説明ができるようにする。

ウ　指導計画（6時間扱い）

	主な発問・指示と学習内容	資料等	指導上の留意点	時
学習問題をつかむ	①斜面に家が建てられている徳島県三好市東祖谷地区の様子を撮影した写真を見て，気が付いたことを話し合おう。 ・斜面にも家が建っている。 ・斜面に畑がある。 ・どんな作物を栽培しているのかな。	・東祖谷地区の様子が分かる写真 ・土地の使われ方の分かる地図	・山地でくらす人々の様子の特徴に気付きやすくするため，平野でくらす人々の様子の写真と比較してもよい。	1
	山地に住む人々は，どのような工夫をしてくらしているのだろう。			
調べる	②三好市東祖谷地区の昔と今のくらしの様子や栽培されている農作物，土地の使われ方などについて調べよう。 ・昔は道路もなく移動が大変だ。 ・多くの家が谷や山の水を引いて使用している。 ・斜面を何段にも石垣で区切っている。 ・そば，ごうしいも，茶などを栽培。 ③今も協力し合って生活する三好市東祖谷地区に住む人々が，どのように生活しているかについて調べる（栽培・くらし方）。 ・道路が整備された。 ・車で離れた街に買い物に出かける。 ・お年寄りは移動販売車を利用している。	・昔と今の土地の使われ方の変化が分かる地図 ・石垣の写真 ・栽培されている農作物の写真 ・そばの栽培が有名 ・水田・農作業の様子が分かる写真 ・農作物別作付面積のグラフ	・昔も今も山の斜面を利用しながらくらす東祖谷地区の集落の道路・家屋など，土地の使われ方が分かるようにする。 ・子供たちが役場や資料室などと，電話や電子メールなどで直接やりとりをして情報収集できるように，あらかじめ連絡を取っておくのもよい。	2 3 4 5
まとめる	④山地でくらす東祖谷地区の人々が，地形や村の特色を生かして，協力し，工夫して生活している様子について，"ゆるキャラ"のイラストに表現しよう。 ・かやぶきん…茅葺き屋根の古民家を修復し，民宿として受け継がれているから。	・施設マップ ・子供の表現物（"ゆるキャラ"のイラスト・説明文）	・古民家を利用して宿に利用する，新しい取組について知る。 ・土地の特色について学んだこと，考えたことを交流する。	6

エ　豆知識

　平成17（2005）年12月に「重要伝統的建造物群保存地区」に選定された三好市東祖谷地区落合集落では，空き民家を改修し茅葺き屋根の宿として運営している。この空き民家活用の宿は「桃源郷祖谷の山里」プロジェクトとして平成24（2012）年4月から始まり，現在茅葺き民家宿が8棟営業している。

(6) 小単元「国土の気候の様子」の指導計画

ア 目標

・我が国の気候には四季の変化が見られること，国土の南と北，太平洋側と日本海側では気候が異なることなどを基に国土の自然環境について理解するとともに，地図帳や統計，写真などの資料で地形や気候の概要を読み取る技能，調べたことを適切にまとめる技能などを身に付けるようにする。

・意欲的に問題解決に取り組み，国土の自然などに対する愛情をもつようになる。

イ 指導計画（4時間扱い）

	主な発問・指示と学習内容	資料等	指導上の留意点	時
学習問題をつかむ	①3月の日本各地の写真を見て，気付いたことを話し合いましょう。 〈気付いたこと〉 ・北海道にはまだ雪が残っている。 ・京都では長袖の人，半袖の人がいる。 ・沖縄では，海開きをしている。 ・日本にはいろいろな気候がある。	・同じ月でも気候の違う，北の地方，南の地方の写真	・同じ月でも場所によって，気候が違うことに気付けるようにする。 ・気候の違いが国土の長さによることを理解できるよう北側と南側の写真を用意する。	1
	日本の気候にはどのような特色があるのだろう。			
調べる	②気温や降水量のグラフを基にそれぞれの地域の気候の特色を読み取りましょう。 ・日本には大まかに六つの気候がある。 ・北と南で気候が大きく異なる。 ・太平洋側と日本海側でも気候が異なる。 ・土地の高さによっても気候が異なる。	・日本各地の気温と降水量のグラフ ・気候の特色を書き込める白地図	・グラフのタイトルや縦軸や横軸など，丁寧に読み取れるようにする。 ・気候の特色を白地図などにまとめることにより，その特色が地形や位置によって変わってくることを理解できるようにする。	2 3
まとめる	③学習問題を振り返り，日本の気候の特色についてまとめましょう。 ・日本には四季があり，地域によっても気候が異なる。それらには，地形や季節風などが影響している。			4

(7) 小単元「暖かい土地のくらし」の指導計画

ア 目標

- 我が国には気候条件から見て特色ある地域があり，人々はその中で工夫して生活していることを理解するとともに，地図帳や統計資料，写真などの各種資料を使って特色を読み取る技能，調べたことを適切にまとめる技能などを身に付ける。
- 気候条件から見て特色ある地域の人々の生活を捉え，国土の自然環境の特色やそれらと国民生活との関連を考え，表現する。
- 意欲的に問題解決に取り組み，国土の自然に対する愛情をもつようになる。

イ 指導のアイデア

- 家にどのような工夫がされているのかを入り口に「なぜ，このような工夫がされているのか」ということから沖縄の気候に興味をもてるようにする。
- 約880万人もの観光客が訪れていることから，なぜそれだけ多くの観光客が訪れているのか問題意識をもてるようにする。
- 沖縄のくらしについて，文化・行事・農産物・産業などをグループごとに調べ，交流する。
- 沖縄のくらしと自分たちの住んでいる地域のくらしをベン図（思考ツール）で比較することで，それぞれの気候を活かしたくらしについて理解できるようにする。
- 沖縄県のくらしを，キャッチコピーにすることで，その特徴をまとめられるようにする。

ウ　指導計画（6時間扱い）

	主な発問・指示と学習内容	資料等	指導上の留意点	時
学習問題をつかむ	①100年ほど前の伝統的な沖縄の家と30年ほど前の沖縄の家のつくりを比べましょう。 ・石垣で囲まれている。 ・屋根が平らでタンクがある。 ・台風が多いため，台風に強い家づくりをしている。 ・家のつくり以外にも工夫をしているだろう。	・100年前の家と30年ほど前の家の写真 ・気温，降水量，台風の数のグラフ	・家を通して，沖縄の暖かさや台風が多いことに気付き，くらしに興味をもてるようにする。	1
	暖かい気候の沖縄ではどのようなくらしをしているのだろう。			
調べる	②暖かい気候に合わせた沖縄のくらしの工夫について調べましょう。 ・【文化・行事】エイサー，さんしん ・【農産物】暑さや台風に強い農作物　田植えは2回，旬が本土と違う。 ・【産業】暖かい気候や美しい自然を生かした観光業	・沖縄のガイドブック，パンフレット ・沖縄の給食カレンダー ・各種資料集	・児童の問題意識に合わせ【文化・行事】【農産物】【産業】のグループに分かれて調べるようにする。 ・可能な限りの資料を用意し，児童が必要に応じて選択できるようにする。	2 3 4
まとめる	③沖縄のくらしと自分たちの住んでいる地域とをベン図で比較しましょう。 ・家のつくりが違う。 ・同じ観光産業でも自分たちの地域と違い，沖縄は自然を生かしている。	・ベン図 ・これまでの学習でまとめてきたもの	・ベン図を使って，沖縄のくらしと自分たちの住む地域とを比較することで，くらしの違いがより理解しやすいようにする。	5
	④本小単元の学習を振り返り，沖縄のくらしについてキャッチコピーをつくりましょう。 ・暖かい気候とともに生きる沖縄 ・観光でにぎわう沖縄	・○○沖縄というキャッチコピーでまとめる。	・キャッチコピーを考えることで，沖縄のくらしをまとめられるようにする。	6

エ　豆知識

　沖縄は，もずくの生産が日本一。全国の90％以上を生産，養殖では99％。浅瀬で太陽光を浴びやすい，水温，季節風にさらされないなど，もずくの栽培に適した環境がそろっている。

(8) 小単元「寒い土地のくらし」の指導計画
ア 目標
- 我が国には気候条件から見て特色ある地域があり、人々はその中で工夫して生活していることを理解するとともに、地図帳や統計資料、写真などの各種資料を使って特色を読み取る技能、調べたことを適切にまとめる技能などを身に付ける。
- 気候条件から見て特色ある地域の人々の生活を捉え、国土の自然環境の特色やそれらと国民生活との関連を考え、表現する。
- 意欲的に問題解決に取り組み、国土の自然に対する愛情をもつようになる。

イ 指導のアイデア
- 家にどのような工夫がされているのかを入り口に、「なぜ、このような工夫がされているのか」ということから北海道（十勝地方）の気候に興味をもてるようにする。
- 2年間の十勝平野の航空写真を比べ、1年ごとに畑で育てている作物が変わっていることに気付けるようにする（輪作）。
- 十勝平野のくらしについて、文化・行事・農産物・産業などをグループごとに調べ、交流する。
- 近年では、雪を利用してエネルギーをつくったり、米の保存などに利用したりするなど、雪の活用にスポットを当てる。
- 北海道のくらしについて、よさや工夫、大変さなどをKJ法（思考ツール）で比較することで、気候を活かしたくらしの特徴について知識を整理できるようにする。
- 十勝地方のくらしを、キャッチコピーにすることで、その特徴をまとめられるようにする。

ウ　指導計画（6時間扱い）

	主な発問・指示と学習内容	資料等	指導上の留意点	時
学習問題をつかむ	①十勝地方の家のつくりを見て，気付いたことを話し合いましょう。 ・屋根の角度が急だ。 ・窓が二重になっている。 ・寒さや雪に対して他にはどのような工夫があるのだろう。	・十勝地方の家のイラスト ・気温，降水量のグラフ	・家を通して，十勝地方の寒さや雪の多さに気付き，寒い土地のくらしに興味をもてるようにする。	1
	寒い気候の十勝地方ではどのようなくらしをしているのだろう。			
調べる	②寒い気候に合わせた十勝地方のくらしの工夫について調べましょう。 ・【文化・行事】アイヌ文化・かまくら ・【農産物】輪作。広大な土地を生かしたじゃがいもやてんさいなどの栽培 ・【産業】牧場や自然，雪を生かした観光。雪を米の保存に利用した米づくり	・北海道のガイドブック，パンフレット ・地図帳 ・各種資料集	・児童の問題意識に合わせ【文化・行事】【農産物】【産業】のグループに分かれて調べるようにする。 ・可能な限りの資料を用意し，児童が必要に応じて選択できるようにする。	2 3 4
まとめる	③十勝地方のくらしのよさや工夫と大変さをＫＪ法で分類しましょう。 ・家のつくりが違う。 ・同じ観光産業でも自分たちの地域と違い，北海道は自然を生かしている。 ④本小単元の学習を振り返り，十勝地方のくらしについてアピールできるようなキャッチコピーをつくり，交流する。	・ＫＪ法のための用紙と付箋 ・これまでの学習でまとめてきたもの	・ＫＪ法で分類する際，付箋を使って，何度も移動させられるようにする。 ・キャッチコピーを考えることで，寒い土地のくらしをまとめられるようにする。	5 6

エ　豆知識

雪をエネルギーとして，冷蔵や冷房，発電などに利用されてきている。国は「新エネルギー利用等の促進に関する特別措置法」を改正し「雪氷」を太陽光発電などと同じように新エネルギーとして正式に認めた（平成14年）。

雪の冷気を利用して貯蔵した米や農作物などは，糖度や旨味が増すようだ。

2　我が国の食料生産に関する内容

> **Q**　「我が国の農業や水産業における食料生産」に関する内容と指導のポイントについて教えてください。

(1)　本内容の捉え方と押さえどころ

ア　内容の構造と改訂のポイント

　本内容は，社会の仕組みや働きの視点から指導するものであるが，歴史的な視点や地理的環境の視点が関連している。ここでは，次のような構造になっている。

　我が国の食料生産の概要に関しては，まず，食料生産物の種類や分布，生産量の変化，輸入など外国との関わりなどを地図帳や地球儀，各種の資料を活用して調べ，それらの結果を白地図や図表などにまとめる。次に，まとめたことを基に，食料生産の概要を捉え，さらに食料生産が国民生活に果たす役割を考える。このことを通して，我が国の食料生産は自然条件を生かして営まれていることや，国民の食料を確保する重要な役割を果たしていることを理解できるようにする。

　食料生産に関わる人々に関しては，生産の工程，人々の協力関係，技術の向上，輸送，価格や費用などを地図帳や地球儀，各種の資料を活用して調べ，それらの結果を図表などにまとめる。次に，まとめたことを基に，食料生産に関わる人々の工夫や努力を捉え，さらにその働きを考える。このことを通して，食料生産に関わる人々は，生産性や品質を高めるよう努力したり輸送方法や販売方法を工夫したりして良質な食料を消費地に届けるなど，食料生産を支えていることを理解できるようにする。

イ　身に付ける資質・能力

　ここで身に付ける資質・能力は次のように集約できる。

> （我が国の食料生産の概要について）
> ・我が国の食料生産物の種類や分布，生産量の変化，輸入など外国との関わりなどに関する具体的な知識を習得する。
> ・我が国の食料生産は自然条件を生かして営まれていることや国民の食料を確保する重要な役割を果していることを理解する。
> ・調べたことを関連付け，食料生産が国民生活に果たす役割を考え，その結果を表現する力を身に付ける。
>
> （食料生産に関わる人々について）
> ・食料生産の工程，人々の協力関係，技術の向上，輸送，価格や費用などに関する具体的な知識を習得する。
> ・食料生産に関わる人々は，生産性や品質を高めるよう努力したり，輸送方法や販売方法を工夫したりして，良質な食料を消費地に届けるなど，食料生産を支えていることを理解する。
> ・調べたことを関連付け，食料生産に関わる人々の働きを考え，その結果を表現する力を身に付ける。
>
> （我が国の食料生産の概要，食料生産に関わる人々において）
> ・地図帳や地球儀，各種の資料で調べる技能や，白地図や，図表などにまとめる技能を身に付ける。

　これらのほか，学年目標の(3)に示されている態度に関する目標を育成することを目指して指導する。

ウ　指導のポイント

　ここでは，食料生産が国民生活に果たしている役割や食料生産に関わる人々の働きを，消費者や生産者の立場から多角的に考えさせる。

　本内容の学習の終末では，これからの農業や水産業の発展について考え，討論を行ったり文章でまとめたりする。その際，質の高い生産物の輸出，農業法人化や六次産業化の動きなどを取り上げる。

(2) 小単元「国民生活を支える食料生産」の指導計画

ア 目標

- 我が国の食料生産について、我が国では様々な食料を生産していること、土地や気候を生かして生産地が広がっていることを基に我が国の食料生産の概要を理解するとともに、地図帳や地球儀を用いて、位置や広がり、分布などを読み取る技能を身に付ける。
- 生産物の種類や主な生産地の分布、輸入など外国との関わりなどの知識を基に、食料生産の概要を捉え、食料生産が国民生活に果たす役割を考え、表現する。
- 意欲的に問題解決に取り組み、国土の自然に対する愛情をもつようになる。

イ 指導のアイデア

- 「早寝早起き朝ごはん」の標語を提示し、子供の健康のために朝ごはんが欠かすことのできないものであることに気付かせ、食料と自分との関わりが意識できるようにする。
- 白地図に食料の産地をまとめる際には、グループごとに担当する食料を割り当て（例えば、Aグループは野菜）、グループで協力して調べたことをまとめる。
- 地球儀には食料の産地が分かるように、食料ごとに小さなシール（例えば、野菜は緑）を貼る。
- 食料の産地をまとめた分布図のそれぞれに、食料の産地と自然との関わりが端的に表現されたタイトルを考える。
- 「朝ごはん」を支えているものについて話し合ったことを基にして、「早寝早起き朝ごはん」のシンボルマークにイラストを加筆し、自分の考えを表現する。

ウ　指導計画（5時間扱い）

	主な発問・指示と学習内容	資料等	指導上の留意点	時
学習問題をつかむ	①朝ごはんのメニューを調べて、使われている主な食料を分類して表にまとめ、国民1人1日当たりの食料の消費量のグラフと比較し、気付いたことを話し合おう。 ・食料の種類や消費量 ・自分の生活と食料との関わり	・早寝早起き朝ごはんの標語 ・国民1人1日当たりの食料の消費量のグラフ	・学級の実態等に配慮し、先生の朝ごはんのメニューを提示してもよい。 ・大きく米、野菜、果物、畜産物、水産物に食料を分類して表にまとめるようにする。	1
	私たちが食べている食料は、どこから集められているのだろう。			
調べる	②食料の生産地を地図帳や地球儀、スーパーマーケットのチラシや包装紙の表示を活用して調べ、白地図にまとめよう。 ・食料の主な産地と分布 ・外国との関わり	・地図帳 ・地球儀 ・チラシ ・包装紙 ・日本、世界の白地図	・地図帳の巻末統計を活用する。 ・産地が外国の場合は地球儀で位置を確認する。 ・白地図への着色、チラシを活用してまとめる。	2 3
まとめる	③それぞれの食料の産地をまとめた分布図と土地利用図などを比較し、自然との関わりについて話し合おう。 ・自然環境との関わり ・我が国の食料生産の概要	・食材ごとの産地分布図 ・土地利用図	・気候区分図なども活用し、自然との関わりについて大まかな傾向を捉える。	4
	④本小単元の学習を振り返り、自分たちの健康に必要な「朝ごはん」を支えているものについて話し合おう。 ・様々な食料 ・我が国の国土や豊かな自然	・早寝早起き朝ごはんのシンボルマーク	・学習内容を活用して考えることで、食料やそれを生み出す国土や自然に目が向くようにする。	5

エ　豆知識

　国連食糧農業機関によると、「GAP」は農業生産の環境的、経済的及び社会的な持続性に向けた取組であり、結果として安全で品質のよい食用及び非食用の農産物をもたらすものとある。「グローバルGAP」は国際標準のGAPで、取得のためには農薬や肥料の使い方、水質や土壌の安全性や環境への影響、働く人の安全など生産工程についての様々な審査がある。グローバルGAPの取得により、生産工程の効率化、環境保全、販路拡大、信頼確保などのメリットが考えられる。2012年のロンドン五輪では、グローバルGAP認証は食材調達基準であった。

(3) 小単元「稲作の盛んな地域」の指導計画
ア 目標
- 我が国の稲作について，良質な米を生産し出荷するために品質を高める努力をしたり輸送方法を工夫したりして，国民の主食を確保し国民の食生活を支えていることを理解するとともに，地図帳や各種の資料で調べ，まとめる技能を身に付ける。
- 米の生産工程や費用，農業試験場などとの協力，品種改良などの技術の向上についての知識を基に，自然条件を生かし消費者の需要に応え生産する人々の働きを考え，表現する。
- 意欲的に問題解決に取り組み，我が国の農業の発展を願い我が国の将来を担う国民としての自覚をもつようになる。

イ 指導のアイデア
- 家庭科の調理実習でごはんを炊いた際に，模擬食味検査（香り・外観・味・粘り・固さ）に取り組み，学習への意欲を高める。
- 庄内平野で米づくりが盛んなわけについて話し合う際には，それぞれの資料から分かることをカードに書き，種類の違うカードを複数枚関連付けて説明するようにする。
- 調べた米づくりの主な工程は，それぞれ短冊カードにまとめ，拡大した日照時間のグラフに貼り付けると，作業時期と気象条件との関わりが分かる。
- 農家，農業協同組合，農業試験場との共同でできることやその利点を足し算にまとめる（例：農家＋農場試験場＝新品種の誕生）。
- 今後の米づくりについて「生産」「加工」「販売」グループに分かれて解決策を考え，その理由を互いに説明し合う。

ウ　指導計画（7時間扱い）

	主な発問・指示と学習内容	資料等	指導上の留意点	時
学習問題をつかむ	①米の生産量が多い都道府県や食味ランキングにおいて受賞している都道府県の米の銘柄を調べ，学習問題を考えよう。 ・主な米の産地 ・米の生産量と品質	・地図帳 ・都道府県別米の生産量 ・食味ランキング	・前単元で作成した米の産地分布図を活用してもよい。 ・食味検査の評価が書かれた米袋を用意する。	1
	庄内平野では，どのようにして品質のよい米をたくさん生産し，消費者に届けているのだろう。			
	②庄内平野の様子から稲作が盛んなわけについて話し合い，学習問題について予想し学習計画を立てよう。 ・土地利用の様子 ・地形や気候条件との関わり	・土地利用図と平野の写真 ・降水量 ・平均気温と日照時間	・様々な資料について他の地域と比較することで庄内平野の地形や気候の特色を見付ける。	2
調べる	③稲作における主な作業や消費地に届けるまでの仕事について調べよう。 ・生産から出荷までの仕事の工程 ・機械化による作業の効率化 ・輸送先や輸送方法	・教科書の資料集や書籍 ・インターネット ・地図帳	・だれが，いつ，どんな仕事をしているかという視点を押さえて調べる。 ・電話や手紙で取材して調べるのもよい。	3 4
まとめる	④品質のよい米をたくさんつくるために農家だけでは困難なことを考えて図にまとめ，学習問題について話し合おう。 ・農業協同組合や農業試験場の働き ・共同経営や共同作業の必要性	・圃場整備や大型設備などの写真 ・品種改良（米の系譜図）	・共同する理由について話し合い，費用や作業効率，技術の向上などの面での利点に目が向くようにする。	5
	⑤米の生産量や消費量の減少から，消費者の求めに合わせた取組について調べ，人々の働きを考えよう。 ・米の生産量と消費量の変化 ・安全，高品質，環境への配慮など，消費者に合わせた米づくりの工夫や努力	・生産量と消費量のグラフ ・新品種誕生の記事 ・ブランド米の袋	・新品種の特徴やブランド米との違いに着目し，食生活や消費者の意識の変化に気付かせる。	6
	⑥農業人口の減少から，これからの米づくりで大切なことを話し合い，その解決方法について考えよう。 ・生産，加工，販売の工夫 ・国民の食生活を支えている。	・外国でのPR ・酒造好適米 ・新形質米 ・米粉の利用 ・ネット通販	・今後の農業人口を予想し，国民の食生活を支える大切な産業であることに気付かせ，解決策を考えるようにする。	7

(4) 小単元「水産業の盛んな地域」の指導計画
ア 目標
- 我が国の水産業について，新鮮な水産物を生産し出荷するために品質を高める努力をしたり輸送方法を工夫したりして，国民の食料を確保し国民の食生活を支えていることを理解するとともに，地図帳や各種の資料で調べ，まとめる技能を身に付ける。
- 水産業の盛んな地域の分布，水産物の種類や漁獲量の変化，漁業協同組合などとの協力，輸送方法や価格についての知識を基に，自然条件を生かし消費者の求めに応え生産する人々の働きを考え，表現する。
- 意欲的に問題解決に取り組み，我が国の水産業の発展を願い我が国の将来を担う国民としての自覚をもつようになる。

イ 指導のアイデア
- 現在の寿司だけでなく，日本の寿司の起源と言われ千年以上も前から食されてきた「フナ寿司」を紹介することで，日本人の食生活と水産物との関わりの深さが感じられるようにする。
- 「さばの生き腐れ」という言葉を伝え，他の魚よりも腐敗が早いことから，新鮮に届けるための工夫に目が向くようにする。
- 漁に使用する網の大きさや長さを実感させるために，校区地図に実際の網の周囲や長さを書き込ませる。
- 調べたことをまとめる際には，イラスト（難しい場合には写真の切り抜き）を描くことで，誰がどんな仕事をしているのか捉えられるようにする。また，それらを活用してかかった費用を考え，「請求書」として箇条書きでまとめる。
- 国語科の学習を生かして，「これからの水産業で大切なこと」をテーマに考えをまとめ，調べた資料を活用して討論会を行う。

ウ 指導計画（7時間扱い）

	主な発問・指示と学習内容	資料等	指導上の留意点	時
学習問題をつかむ	①寿司の歴史やネタに使われる水産物，各国の1人あたりの水産物年間消費量を調べ，水産物と国民の食生活との関わりを話し合おう。 ・国民の食生活と水産物との関わり	・地図帳 ・寿司の写真 ・年間消費量の資料	・寿司ネタ以外の水産物を想起させることで，水産物には海藻や加工品なども含まれることを確認する。	1
	②海流，主な漁港と水揚げ量，主な水産物から学習問題を考えよう。 ・自然条件と水産物の産地との関わり	・海流の様子 ・漁港の水揚げ量の資料	・白地図に海流や漁港，水揚げ量などを加筆し，自分で資料を作成する。	2
	長崎県の漁港ではどのようにしてさばをたくさんとり，新鮮なまま消費者に届けているのだろう。			
調べる	③海から漁港に届くまでをイラストで表して予想し，学習問題について調べよう。 ・魚に合わせた漁法 ・機械化による効率化，安全の確保 ・鮮度を保つための施設	・漁港の写真や見取り図 ・教科書，資料集，地図帳	・漁や漁港の様子が分かる映像資料を用意しておくとよい。	3
	④漁港から消費者に届くまでをイラストで表して予想し，学習問題について調べよう。 ・水産加工施設や市場の様子 ・市場での価格や情報のやりとり ・輸送方法や輸送経路，輸送先	・水産加工施設や市場の写真や見取り図 ・教科書，資料集，地図帳	・輸送経路を調べる際には，高速道路網や鉄道網，航路などを確認する。 ・様々な市場の経由から，出荷する場所，量，種類，時期を判断していることに気付かせる。	4
まとめる	⑤調べてまとめたイラストを順に並べ，学習問題について話し合い，人々の働きや費用について考えよう。 ・消費者に届くまでの仕事の工程と費用 ・漁業協同組合，水産加工業者，輸送業者などとの協力，人々の工夫や努力	・調べてまとめたイラスト	・イラストを並べることで多くの人の手を経由していることに気付かせるとともに，どんな費用がかかっているのかを考えるようにする。	5
	⑥ブランド魚について調べ，消費者の求めに合わせた取組について考えよう。 ・高品質，希少性など消費者の求めに合わせた取組	・ブランド魚の写真と価格 ・出荷までの取組や様子	・価格の違いの理由を資料から見付け，消費者のニーズを考えるようにする。	6
	⑦漁獲量の減少から，新たな取組について調べ，持続可能な水産業についての考えをまとめよう。 ・外国からの輸入 ・最新の技術と水産資源の保護 ・国民の食生活を支えている	・漁獲量，輸入量のグラフ ・養殖，栽培，資源管理，販売の工夫などの資料	・インターネットなども活用し，様々な取組を調べた上で自分の考えを文章で表現できるようにする。	7

(5) 小単元「野菜づくりの盛んな地域」の指導計画

ア 目標

- 我が国の農業について，新鮮な農産物を生産し出荷するために品質を高める努力をしたり輸送方法を工夫したりして，国民の食料を確保し国民の食生活を支えていることを理解するとともに，地図帳や各種の資料で調べ，まとめる技能を身に付ける。
- 野菜づくりの盛んな地域の分布，野菜の種類や収穫量の変化，農業協同組合などとの協力，輸送方法や価格についての知識を基に，自然条件を生かし消費者の求めに応え生産する人々の働きを考え，表現する。
- 意欲的に問題解決に取り組み，我が国の農業の発展を願い，我が国の将来を担う国民としての自覚をもつようになる。

イ 指導のアイデア

- 「サラダ」「サンドイッチ」「ハンバーガー」などを例に，レタスが生で使用されることが多いことに気付かせるとともに，レタスの産地が示されたハンバーガーショップなどの看板を資料として提示し，産地から遠く離れたところで使用されていることから，学習問題を考える。
- 電話取材を行い，主な生産工程を調べるのもよい。その際，代表の子供に教室から先生の携帯電話を使用し，直接取材交渉を行わせる学習活動も考えられる（事前に相手先に連絡が必要）。
- 調べてまとめたイラストに，例えば農協と市場のやり取りを吹き出しに書くことで，価格交渉への理解を深める。
- 農業が抱える問題を解決する取組について調べたことを，「生産」「販売」「関心を高める」などに分類し，テーマごとに持続可能な農業について話し合う。

ウ　指導計画（7時間扱い）

	主な発問・指示と学習内容	資料等	指導上の留意点	時
学習問題をつかむ	①主な野菜の種類や産地，生産量を調べ，野菜づくりの特色について話し合おう。 ・産地の分布と自然環境や消費地などの社会条件との関わり	・地図帳 ・産地や生産量の資料	・既存の資料に地図帳の巻末統計で調べたことを加筆する。 ・地図帳の資料を基に特色を考えるようにする。	1
	②生で食べることが多いレタスに着目し，その生産量や出荷先が分かる資料から学習問題を考えよう。 ・国民の食生活と農産物との関わり	・レタス畑の写真 ・生産量と出荷先の資料	・出荷先までの距離や移動にかかる時間を提示することで，問題意識を高める。	2
	茨城県ではどのようにしてたくさんのレタスを生産し，新鮮なまま消費者に届けているのだろう。			
調べる	③主な生産工程を予想し，学習問題について調べ，まとめよう。 ・野菜や土地の自然条件に合わせた農法 ・機械化による効率化 ・収穫量の増加	・教科書，資料集，地図帳 ・取材	・生活科や理科の学習を想起させ，野菜づくりに必要なことを予想する。 ・電話やファックスで質問するのもよい。	3
	④畑から消費者に届くまでをイラストで表して予想し，学習問題について調べ，まとめよう。 ・包装施設や予冷施設の様子 ・農家，農協，市場，卸売業者，小売店の働きと協力，人々の工夫や努力 ・輸送方法や輸送経路，輸送先	・教科書，資料集，地図帳 ・インターネット	・調べる際には，図書館も積極的に活用する。 ・輸送経路を調べる際には，高速道路網や鉄道網，航路などを確認する。	4
まとめる	⑤調べてまとめたイラストを順に並べ，学習問題について話し合い，人々の働きや価格について考えよう。 ・出荷量や出荷時期と価格との関係 ・生産者や農協と市場，市場と卸売業者との価格や情報のやり取り	・調べてまとめたイラスト ・月別出荷量や価格の資料 ・新聞の卸相場の切り抜き	・月別の出荷量や価格の違いについて話し合うことで，出荷する場所，量，種類，時期を判断していることに気付かせる。	5
	⑥ブランド野菜について調べ，消費者の求めに合わせた取組について考えよう。 ・高品質，希少性など消費者の求めに合わせた取組	・ブランド野菜の写真と価格 ・出荷までの取組や様子	・価格の違いの理由を資料から見付け，消費者のニーズを考えるようにする。	6
	⑦農業人口の減少から，新たな取組について調べ，持続可能な農業についての考えをまとめよう。 ・最新の技術，生産や販売の新たな取組 ・国民の食生活を支えている	・農業人口のグラフ ・野菜工場や地産地消などの資料	・インターネットなども活用し，様々な取組を調べた上で，自分の考えを文章で表現できるようにする。	7

(6) 小単元「これからの食料生産を考える」の指導計画

ア 目標

・我が国の食料生産について，食料の生産量は国民生活と関連して変化していること，外国から輸入しているものがあることから食料生産の役割について理解するとともに，地図帳や地球儀，各種の資料で調べ，表現する技能を身に付ける。

・生産物の生産量の変化，輸入など外国との関わりなどの知識を基に，消費者や生産者の立場から，生産性や品質を高める工夫や，これからの食料生産の発展について考え，表現する。

・意欲的に問題解決に取り組み，将来を担う国民としての自覚をもつようになる。

イ 指導計画（2時間扱い）

	主な発問・指示と学習内容	資料等	指導上の留意点	時
生かす	①昔と今の給食の食材の種類や量と，主な食料の自給率・輸入量の変化を比べ，学習問題を考えよう。 ・国民の食生活の変化 ・食料自給率の変化 ・食料輸入量の変化 ・輸入品目や輸入相手国	・昔と今の給食の写真 ・食料自給率，食料輸入量の資料 ・輸入品目と輸入相手国	・食生活，食材の種類や量の変化，自給率低下から外国との関わりの必要性と，自給率低下の問題点に気付くようにする。 ・地図帳などで輸入相手国の位置を確認する。	1
	日本の食料自給率を上げるためには，どうすればよいのだろう。			
	②これまでの学習を生かし，生産者・食品加工業者・小売業者・飲食業者・消費者の立場に分かれて，学習問題について議論しよう。 ・生産，加工，販売を関連付けた「6次産業化」の必要性 ・消費者としてよりよい社会を実現していこうとする自覚	・稲作，水産業（または農業）で学習した内容（ノートや側面掲示など）	・議論の際には，違う立場の者同士で新グループをつくり，「米」「野菜」「魚」「肉」からテーマを一つ決め，考えを持ち寄って具体的に話し合う。	2

3　我が国の工業生産に関する内容

> **Q** 「我が国の工業生産」に関する内容と指導のポイントについて教えてください。

(1)　本内容の捉え方と押さえどころ

ア　内容の構造と改訂のポイント

　本内容は，我が国の工業生産について，主として社会の仕組みや働きの視点から指導するものである。一部に歴史的な視点や地理的環境の視点が関連している。ここには，我が国の工業生産の概要と工業生産に関わる人々の働き，貿易や運輸に関する三つの内容から示され，それぞれ次のような構造になっている。

　我が国の工業生産の概要に関しては，まず，工業の種類，工業の盛んな地域の分布，工業製品の改良などを地図帳や地球儀，各種の資料を活用して調べ，それらの結果を白地図や図表などにまとめる。次に，まとめたことを基に，工業生産の概要を捉え，さらに工業生産が国民生活に果たす役割を考える。このことを通して，我が国では様々な工業生産が行われていることや，国土には工業の盛んな地域が広がっていること，工業製品は国民生活の向上に重要な役割を果たしていることを理解できるようにする。

　工業生産に関わる人々の働きに関しては，まず，製造の工程，工場相互の協力関係，優れた技術などを各種の資料を活用して調べ，それらの結果を白地図や図表などにまとめる。次に，まとめたことを基に，工業生産に関わる人々の工夫や努力を捉え，さらにその働きを考える。このことを通して，工業生産に関わる人々は，消費者の需要や社会の変化に対応して，優れた製品を生産するよう様々な工夫や努力をして，工業生産を支えていることを理解できるようにする。

貿易や運輸に関しては，まず，交通網の広がり，外国との関わりを地図帳や地球儀，各種の資料を活用して調べ，それらの結果を白地図や図表などにまとめる。次に，まとめたことを基に，貿易や運輸の様子を捉え，さらにそれらの役割を考える。このことを通して，貿易や運輸は，原材料の確保や製品の販売などにおいて，工業生産を支える重要な役割を果たしていることを理解できるようにする。
　ここには，我が国の工業生産を多角的に捉える観点から，工業製品の改良など歴史的な視点に関わる社会的事象が付け加えられた。

イ　身に付ける資質・能力

　ここで身に付ける資質・能力は次のように集約できる。

（我が国の工業生産の概要について）
・我が国の工業の種類，工業の盛んな地域の分布，工業製品の改良などに関する具体的な知識を習得する。
・我が国では様々な工業生産が行われていることや，国土には工業の盛んな地域が広がっていること，工業製品は国民生活の向上に重要な役割を果たしていることを理解する。
・調べたことを関連付けたり総合したりして，工業生産が国民生活に果たす役割を考え，その結果を表現する力を身に付ける。

（工業生産に関わる人々について）
・製造の工程，工場相互の協力関係，優れた技術などに関する具体的な知識を習得する。
・工業生産に関わる人々は，消費者の需要や社会の変化に対応して，優れた製品を生産するよう様々な工夫や努力をして，工業生産を支えていることを理解する。
・調べたことを関連付けたり総合したりして，工業生産に関わる人々の働きを考え，その結果を表現する力を身に付ける。

(貿易や運輸について)
・交通網の広がり,外国との関わりなどに関する具体的な知識を習得する。
・貿易や運輸は,原材料の確保や製品の販売などにおいて,工業生産を支える重要な役割を果たしていることを理解する。
・調べたことを関連付けたり総合したりして,貿易や運輸の役割を考え,その結果を表現する力を身に付ける。
(すべての内容において)
・地図帳や地球儀,各種の資料で調べる技能や,白地図や図表などにまとめる技能を身に付ける。

　これらのほか,学年目標の(3)に示されている態度に関する目標を育成することを目指して指導する。
ウ　指導のポイント
　ここでは,①我が国の工業生産の概要と役割,②工業の盛んな地域の具体的事例による従事している人々の工夫や努力,③貿易や運輸の役割の順で単元構成することができるが,工業生産を支えている条件という観点から,後者の②と③を関連付けて扱うこともできる。
　上記の①には,工業の種類,工業地域の分布,製品の改良に関して理解させる事項が三つある。これらを関連付け,問題解決的な学習を展開することが困難だと判断される場合には,それぞれ個別に取り上げ,作業的な学習を中心に構成することも考えられる。
　本内容の学習の終末では,これからの我が国の工業の発展について自分の考えをまとめ,討論を行ったり文章でまとめたりする。その際,新しい技術や工業製品の輸出や,高齢化社会や環境問題に対応した工業製品の開発など新しい取組を取り上げるようにする。

(2) 小単元「国民の生活を支える工業生産」の指導計画

ア 目 標

- 我が国の工業生産について，工業製品は国民生活の向上に重要な役割を果たしていることを理解し，工業の種類や工業製品の改良などを調べるのに必要な地図や各種の資料を読み取り，図表などにまとめる技能を身に付ける。
- 工業製品の改良などの知識を基に，我が国の工業生産の概要を捉え，工業生産が国民生活に果たす役割を考え，表現する。
- 意欲的に問題解決に取り組み，我が国の産業の発展を願い，我が国の将来を担う国民としての自覚をもつようになる。

イ 指導のアイデア

- 家の中や町にある工業製品をカードに書く際には，これまでに学習した食料生産の単元やこれから学ぶ工業生産の単元などの教科書を資料とし，産業で使われる工業製品も取り上げるようにする。
- 工業製品の移り変わりの事例（洗濯機など）を示すときには，教師の使用した体験談を話すのも児童の関心を高めることにつながる。
- 移り変わりを調べる工業製品については，個人が関心をもったものについて調べてまとめるようにする。その際に，製品が改良されてできるようになったことや改良されるきっかけについてもまとめるようにする。
- 工業製品のない頃や昔の製品を使用しての感想などについては，家族の聞き取りができる。ただ，十分に児童の実態への配慮をしたい。
- わたしたちのくらしをよりよくした工業製品ベスト３を選び，その理由をグループや学級全体で話し合うことで国民生活を支えていることを表現できるようにする。

ウ　指導計画（5時間扱い）

	主な発問・指示と学習内容	資料等	指導上の留意点	時
学習問題をつかむ	①家の中や町にある工業製品を調べ、種類ごとに分類し、気付いたことを話し合いましょう。 ・原材料、工業、工業製品 ・工業製品と工業の種類	・現在の家の中や町の様子のイラストや写真 ・工業の種類の表	・生活だけでなく産業にも機械が使われていることにふれる。 ・機械・金属・化学・繊維・食料品・その他に分けるようにする。	1
	②約70年前や40年前のくらしの様子や日本の工業生産額の変化のグラフから気付いたことを話し合いましょう。 ・工業製品の少ない頃のくらし ・日本の工業生産額の変化 ・工業製品の移り変わりの事例	・日本の工業生産額の変化のグラフ	・70年前や40年前の様子のイラストとグラフを合わせ、当時のくらしの様子やその後の変化を話し合うようにする。	2
	日本の工業生産はわたしたちのくらしとどのように関わってきているのだろう。			
調べる	③工業製品の移り変わりとわたしたちのくらしの変化を調べ、ワークシートにまとめましょう。 ・工業製品の変化（生活・産業） ・わたしたちのくらしの変化（時間・空間・労力等） ④ワークシートにまとめたものを交流し、工業製品とわたしたちのくらしの関わりについて話し合いましょう。 ・製品の改良（消費者のニーズ） ・くらしの変化→社会の変化 ・問題点（安全・公害・仕事の変化）	・図鑑 ・教科書 ・インターネット ・聞き取り ・自作のワークシート ・交通事故数の変化のグラフ、写真	・児童の実態への配慮は必要であるが、くらしの様子の変化については家族の聞き取りもできることを伝える。 ・便利さについて具体的な説明をうながすようにする。 ・工業製品が増えたことによる問題点にも気付くように資料を提示する。	3 4
まとめる	⑤これまでの単元の学習を踏まえて、わたしたちのくらしを支え、よりよくした工業製品のベスト3について話し合いましょう。 ・工業製品と国民生活	・自作のワークシート	・ベスト3に選んだ理由を考えることで、工業製品が国民生活を支えていることを表現する。	5

エ　豆知識

　製品の開発・改良を行うときに大切になるのが、消費者のニーズの理解である。そのために、販売所での消費者との対話やアンケート、モニター調査、座談会などを行っている。また、インターネットを活用して、消費者の意見を集めているものもある。消費者は、製品を活用するだけでなく、その開発や改良にも関わっている。

(3) 小単元「工業の盛んな地域」の指導計画
ア 目標
- 我が国の工業生産について，様々な工業生産が行われていることや国土には工業の盛んな地域が広がっていることを基に我が国の工業生産の概要を理解し，種類や分布などを調べるのに必要な地図や各種の資料を読み取り，白地図や図表などにまとめる技能を身に付ける。
- 我が国の工業の種類，工業の盛んな地域の分布などの知識を基に，我が国の工業生産の概要を捉え，工業生産が国民生活に果たす役割を考え，表現する。
- 意欲的に問題解決に取り組み，我が国の産業の発展を願い，我が国の将来を担う国民としての自覚をもつようになる。

イ 指導のアイデア
- 工業製品の生産地が海外の場合は，白地図と共に地球儀も活用して場所を確認する。その資料を残しておき，貿易と運輸の単元で活用していきたい。
- 個人やグループで工業地域・工業地帯を選び，その特色を調べる。その際，調べる項目（生産額，種類の割合等）を揃えておき，後で比べられるようにする。また，統計資料の読み取りだけでなく，地図帳（製品記号など）を活用した調べも行うようにする。
- 立地条件を考える際には，土地利用図，交通網図などの資料を準備しておき，工業地域・工業地帯の分布図と関連付けられるようにする。
- 中小工場の高い技術力を捉えるために，実物や写真の他に，映像資料や工場のホームページを電子黒板に掲示するなどの工夫をしたい。

ウ　指導計画（6時間扱い）

	主な発問・指示と学習内容	資料等	指導上の留意点	時
学習問題をつかむ	①日本の工業生産の盛んな地域を白地図にまとめ，工業地域や工業地帯の様子を調べ，気付いたことや考えたことを話し合いましょう。 ・工業製品の種類別表 ・身の回りの工業製品の生産地 ・都道府県別工業生産額 ・工業地域，工業地帯とその分布	・都道府県別工業生産額 ・白地図 ・地球儀 ・工業地域・工業地帯の分布図や航空写真	・地図帳の地名の索引の調べ方を指導する。 ・地図帳の巻末統計資料を活用する。 ・白地図に色を塗り，工業の盛んな地域について調べる。	1
	日本の工業の盛んな地域にはどのような特色があるのだろう。			
調べる	②工業地域や工業地帯別に現状を調べ，ワークシートにまとめましょう。それらを交流し，共通点について話し合いましょう。 ・工業製品の種類の割合 ・工業生産額 ・工業種類別の生産額の変化 ・立地条件 　（自然環境，交通網，労働力，歴史） ・交通網との関連 ・太平洋ベルト地域 ・内陸部の工業地域	・工業製品の種類別の生産額 ・工業地域・工業地帯の分布図 ・種類別の生産額の変化のグラフ ・交通網図 ・土地利用図	・地図帳の製品記号や各種統計資料の見方を指導する。 ・分布図や各種統計資料を見て，工業生産の概要を捉えるようにする。 ・工業地域や工業地帯の立地条件について，交通網図と合わせて考えるようにする。	2 3 4
	③大工場と中小工場の割合やその様子について調べ，それぞれの役割について話し合いましょう。 ・工場数，労働者数，生産額の割合 ・組立工場と関連工場 ・中小工場の高い技術	・大工場と中小工場の工場数，労働者数，生産額の割合 ・組立工場と関連工場の関係図	・生産額の違いから，それぞれの製品を調べ，役割について考えるようにする。 ・中小工場の高い技術の事例を示し，それらが工業生産を支えていることを考えるようにする。	5
まとめる	④日本の工業生産の特色について，報告書にまとめましょう。 ・日本の工業地域，工業地帯の分布 ・工業種類 ・立地条件 　（交通網，自然環境，歴史） ・大工場，中小工場 ・高い技術	・報告書のワークシート ・学習で使った地図資料や統計資料のコピー	・キーワードを示し，それらを活用してまとめるようにする。 ・分布図や統計資料などを選んで切り貼りできるようにする。	6

(4) 小単元「自動車工業の盛んな地域」の指導計画

ア 目標

- 工業生産に従事している人々が，消費者や社会の多様なニーズにこたえ，環境に配慮しながら，優れた製品を生産していることを理解するとともに，調べるために必要な様々な資料を集め，読み取り，活用する技能を身に付ける。
- 工業生産に従事している人々が様々な工夫や努力をしていることなどの知識を基に，それらが消費者の生活だけでなく，地球環境や社会を支えていることについて考え，表現する。
- 意欲的に問題解決に取り組み，日本の工業生産に対する誇りをもつようになる。

イ 指導のアイデア

- 自動車メーカーのカタログを準備し，たくさんの車種の中から「自分の乗りたいクルマ」を1台選び，なぜそのクルマを選んだのかを話し合う活動を行うことで，「一つ一つの製品が異なる」という点において他の工場と異なることを理解するとともに，「消費者のニーズが多岐にわたる」ことを実感することができる。
- 工場の見学が可能であれば，行うことが望ましい。なお，見学の日時については単元構成の最も効果的な場面で行うように設定する。見学時には，高速道路を走るキャリアカーや積み込みの船，周囲の関連工場などにも目を向けるようにしたい。
- 単元の終末では，合理的で効率的に製造を行っているはずの自動車メーカーが，製造や販売とは一見関わりのない社会貢献に力を注いでいる事実と出会うことで，「なぜ？」という疑問を生み出す。主体的で対話的な活動を通して，深い学び，つまり企業として「自己の幸福と社会の幸福」の両立が目指されていることにたどりつけるようにしたい。

ウ　指導計画（7時間扱い）

	主な発問・指示と学習内容	資料等	指導上の留意点	時
学習問題をつかむ	①自動車とわたしたちの生活との関わりについて話し合おう。 ・日本では自動車産業が盛ん。 ・自動車は生活になくてはならない。	・日本の工業生産額の割合のグラフ	・日本では機械工業，とりわけ自動車工業が盛んであることを振り返る。	1
	②カタログから自分の好きなクルマを選び，その理由を話し合おう。 ・消費者のニーズは一人一人異なる。 ・自動車工場は1台1台異なる自動車を生産している。	・自動車メーカーのカタログ	・車種だけでなく，カラーやオプションなども考えることで，学習問題づくりにつなげるようにする。	2
	自動車工場は1台1台異なる大量の自動車をどのようにして早く正確につくっているのだろう。			
調べる	③自動車の生産工程について調べよう。 ・組立ラインでは分担して作業している。 ・ロボットを使って作業が進められる。 ・人が作業しているところもある。	・映像資料 ・見学	・各種資料を活用して情報収集し，ノートにまとめていくように促す。	3
	④組立ラインに見られる工夫について調べよう。 ・不良品を出さない工夫をしている。 ・異なるクルマが同じラインに乗っていても間違えない工夫をしている。 ・作業の単純化や作業員が疲れない工夫をしている。	・映像資料 ・見学	・映像資料の音声を消すなどの工夫をしながら，早く正確につくるための工夫を見つけ出すようにする。	4
	⑤部品工場について調べよう。 ・組立工場の近くにたくさんの部品工場がある。 ・組立工場から受けた指示どおり，必要な時間に合わせて運んでくる。 ・組立工場と部品工場が協力して自動車を生産している。	・組立工場の周辺の地図・航空写真 ・映像資料	・組立工場と関連工場の関係から，部品の一つでも不具合が出ると，組立ラインが止まる可能性があることが捉えられるようにする。	5
まとめる	⑥消費者のニーズにこたえる新しい自動車の開発について調べよう。 ・人や環境にやさしい自動車づくり。 ・消費者の感性価値に沿った自動車づくり。	・自動車メーカーのパンフレット ・見学	・最新の開発について指導者がつかんでおくようにする。	6
	⑦自動車メーカーが自動車づくりとは一見関係のない環境づくりの取組を進めている理由について話し合おう。 ・持続可能な地球・社会づくりを目指すことで社会に貢献しようとしている。 ・メーカーは「人や環境にやさしい自動車に乗りたい」というニーズを創り出そうとしている。 ・自己実現と社会貢献の両立が目指されている。	・自動車メーカーのホームページ ・自動車メーカーのCM ・自動車メーカーの人の話	・自動車メーカーだけでなく，多くの会社が地球・社会の持続可能な発展を目指した社会貢献活動（CSR）に取り組んでいることにふれる。	7

(5) 小単元「貿易と運輸の働き」の指導計画

ア 目標

- 貿易や運輸を通して日本の工業生産の特徴を理解するとともに、そのために必要な複数の資料を比較・関連させながら読み取り、活用する技能を身に付ける。
- 運輸の特徴や貿易額の推移の知識を基に、日本の工業生産には、高い技術を生かした製造に強みがある一方で、様々な問題点があることについて考え、表現する。
- 意欲的に問題解決に取り組み、これからの日本の工業生産に対する問題意識をもつようになる。

イ 指導のアイデア

- 本単元の導入と終末では、前後の単元と内容を関連させるようにすることで、児童の問題意識が連続するようにする。
- 「工業の盛んな地域」の単元で学習した知識と数十年前の「盛んな地域」とでは違いが見られることから、日本の工業生産には変化があることが考えられる。本単元では、日本の工業生産の現状を理解するために、工業生産に関わる運輸や輸出・輸入について調べていくような展開とする。与えられた資料をそのまま読み取るのではなく、読み取ったことから考えられることについて、見方や考え方を働かせながら話し合うことができるようにしたい。
- 電化製品の多くが輸入されている資料については、電器店の許可を得て、製品の製造国を撮影させてもらうことも有効である。児童は「made in Japan」の製品のあまりの少なさに驚くとともに、輸入額の内の機械類の割合の増加理由について理解を深めることができると考えられる。

ウ　指導計画（6時間扱い）

	主な発問・指示と学習内容	資料等	指導上の留意点	時
学習問題をつかむ	①つくられた製品はどのようにして運ばれるのか調べよう。 ・国内ではトラック運送が盛んである。 ・海外へは飛行機や船舶で運ばれている。 ・製品の大きさや行先によって，適切な運輸の手段が選ばれている。		・前単元の自動車の運搬を導入に，様々な工業製品が長所を生かした効果的な運搬手段で消費者に届けられていることに目を向ける。	1
	②日本の工業の盛んな地域が運搬に便利な海沿いから内陸に広がってきている理由について考えよう。 ・土地が広くコストが安い。 ・道路網が発達してきている。 ・日本が得意としている工業製品が変わってきている。	・数十年前と現在の工場地帯・工業地域の様子 ・内陸に移転している工場の写真またはインタビュー	・関東内陸工業地域には，京浜工業地帯にあった工場が次々に移転してきているが，近隣の地域でも内陸に工業団地ができるなど，同じような事例があれば例示するようにする。	2
	日本の工業生産はどのように変化してきているだろう。			
調べる	③日本の工業製品の輸出の変化について調べよう。 ・自動車などの高額な製品や原料をあまり使わない製品をつくる工業が盛んになっている。 ・高い知識や技術が必要な工業製品が他国に対する強みになっている。	・主な輸出品の取扱額の変化 ・日本の自動車が海外で評価されている記事	・自動車の割合が増え，繊維品の割合が減っているように，高度な技術が必要な工業製品の輸出が増えていることに気付くことができるようにする。	3
	④日本の工業製品の輸入の変化について調べよう。 ・原料や燃料の割合が高い。 ・輸入している機械類の中には部品や海外生産の製品も多い。	・主な輸入品の取扱額の変化 ・いろいろな電化製品	・日本のメーカーであっても，電化製品のほとんどが海外製であることに驚きをもたせるようにする。	4
	⑤現地生産について調べよう。 ・コストの面で有利である。 ・日本の技術を広げることができる。 ・国内の工場の経営が厳しくなる。	・自動車メーカーの人の話	・現地生産には多くのメリットがある一方で，デメリットにも気付かせるようにする。	5
まとめる	⑥日本の工業生産の現状について調べよう。 ・日本の工場数や就労人数が年々減ってきている。 ・特に小さな工場の倒産が多い。	・工場数や就労人数の推移 ・ＧＤＰの推移	・日本の工業生産の厳しい現状を理解することで，次の単元への問題意識を高めるようにする。	6

(6) 小単元「これからの工業生産を考える」の指導計画

ア 目標

・工場数や就労人口の減少，国内GDPの低下など，我が国の工業生産が様々な問題点を抱えていることを基に，これからの工業生産について考え，表現する。
・問題解決に向けて前向きに取り組んでいる工場で働く人々の姿から，これからの工業生産への関心を育み，高い技術をもつ我が国の工業生産に誇りをもつようになる。

イ 指導計画（2時間扱い）

	主な発問・指示と学習内容	資料等	指導上の留意点	時
生かす	日本の工業生産の問題を解決するにはどのようにしたらよいのだろう。			1
	①日本の工業はこれからどのように向かっていけばよいか話し合おう。 ・自動車工場のように人や環境にやさしい製品をさらに開発していく。 ・人の役に立つロボットを開発していく。 ・海外の工場を国内に戻し，働く人を増やしていく。	・新聞記事 ・パンフレット	・学習問題についての意見を本時までに考えておくようにする。 ・児童の予想する内容に関わる新聞記事やパンフレット等の資料を準備しておく。	
	②現状を克服しようと努力している中小工場について調べよう。 ・伝統的な技術や最新技術などそれぞれの得意分野を集め，あらゆる注文に対応しようとしている。 ・インターネットを利用して世界中から注文を受けている。 ・企業から依頼された世界に一つもない試作品を製造したり，企業の研究開発を請け負ったりしている。 ③大単元全体を通しての感想を書こう。	・高い技術を生かして前向きに取り組んでいる工場のホームページや映像資料	・どの国でも同じ品質の製品を造ることができるようになってきた今日，「試作品づくり」などのように，中小工場においても高度な技術やアイデアなどの強みを生かした新しい工場のかたちが目指されていることを理解できるようにする。	2

4　我が国の産業と情報との関わりに関する内容

> **Q**　「我が国の産業と情報との関わり」に関する内容と指導のポイントについて教えてください。

(1) 本内容の捉え方と押さえどころ

ア　内容の構造と改訂のポイント

　本内容は，我が国の産業と情報との関わりについて，主として社会の仕組みや働きの視点から指導するものであるが，情報を生かした産業の発展など一部に歴史的な視点が関連している。ここには，放送，新聞などの産業と大量の情報や情報通信技術の活用に関する内容の二つから示され，それぞれ次のような構造になっている。

　放送，新聞などの産業に関しては，まず，情報を発信するまでの工夫や努力などを聞き取り調査したり，映像や新聞など各種の資料を活用したりして調べ，それらの結果を図表などにまとめる。次に，まとめたことを基に，これらの産業の様子を捉え，さらに国民生活に果たす役割を考える。このことを通して，放送，新聞などの産業は国民に大きな影響を及ぼしていることを理解できるようにする。

　大量の情報や情報通信技術の活用に関しては，まず，情報の種類，情報の活用の仕方などを聞き取り調査，映像や新聞など各種の資料を活用して調べ，それらの結果を図表などにまとめる。次に，まとめたことを基に，産業における情報活用の現状を捉え，さらに情報を生かして発展する産業が国民生活に果たす役割を考える。このことを通して，大量の情報や情報通信技術の活用は我が国の様々な産業を発展させ，国民生活を向上させていることを理解できるようにする。

　ここでの改訂のポイントは，従来の情報化した社会の様子に代わって，大量の情報や情報通信技術の活用に関する内容に変更されたこと

である。これは我が国の情報化社会の進展に対応したものである。

イ　身に付ける資質・能力

ここで身に付ける資質・能力は次のように集約できる。

(放送，新聞などの産業について)
・情報を集め発信するまでの工夫や努力などに関する具体的な知識を習得する。
・放送，新聞などの産業は，国民生活に大きな影響を及ぼしていることを理解する。
・調べたことを関連付け，これらの産業が国民生活に果たしている役割を考え，その結果を表現する力を身に付ける。

(大量の情報や情報通信技術の活用について)
・情報の種類，情報の活用の仕方などに関する具体的な知識を習得する。
・大量の情報や情報通信技術の活用は，我が国の様々な産業を発展させ，国民生活を向上させていることを理解する。
・調べたことを関連付け，情報を生かして発展する産業が国民生活に果たす役割を考え，その結果を表現する力を身に付ける。

(放送，新聞などの産業，大量の情報や情報通信技術の活用)
・聞き取り調査する技能や，映像や新聞など各種の資料で調べる技能，図表や関連図などにまとめる技能を身に付ける。

これらのほか，学年目標の(3)に示されている態度に関する目標を育成することを目指して指導する。

ウ　指導のポイント

ここでは，販売や運輸，観光，医療，福祉などの産業を事例にして，消費者や交通，気象などのビッグデータと言われる情報を有効に生かしながら，様々な新しいサービスを提供し，国民の利便性を高め，生活を向上させてきたことを具体的に調べるようにする。

(2) 小単元「放送局で働く人々」の指導計画

ア 目標

- 放送の産業は，国民生活に大きな影響を及ぼしていることを理解するとともに，図や関連図などにまとめるために必要な聞き取り調査や，映像などの各種資料で調べる技能を身に付ける。
- 情報を集め発信するまでの工夫や努力などの知識を基に，これらの産業の様子を捉え，放送産業が国民生活に果たす役割を考え，表現することができる。
- 意欲的に問題解決に取り組み，情報の送り手と受け手の立場から多角的に考え，受け手として正しく判断することや送り手として責任をもとうとする態度を養う。

イ 指導のアイデア

- 学習問題をつかむ場面において，東日本大震災での被災者が必要としていた情報を手掛かりに，情報の入手から発信まで具体的に調べていくことで主体的な学びへとつながっていく。
- 予想の場面において，一人一人が学習問題に対する予想を出し合い，学習問題を解決するために必要なことを話し合っていくことで，学習計画を立てていく。その際，情報の入手と発信の流れを意識的に板書に分類していくことで学習計画が立てやすくなる。
- 調べる場面では，地震情報や被害情報，生活情報などを収集していること，それを意図的に編集，加工し，様々なメディアを通して国民に伝えていることに着目させて調べることで，放送局の人々が多様な情報を分かりやすく伝える工夫や努力に気付かせていく。
- 放送局から発信される情報と自分たちの生活を関連付けて，放送の産業が国民生活に果たす役割を考えさせることで，国民生活との関わりとしての社会的な見方・考え方を養っていくことができる。
- インターネットを利用するときには，ルールやマナーを心掛けることが大切であるといった情報モラルにふれる。

ウ　指導計画（6時間扱い）

	主な発問・指示と学習内容	資料等	指導上の留意点	時
学習問題をつかむ	①東日本大震災について調べ，学習問題をつくりましょう。 ○東日本大震災の被害について調べる。 ○被害や私たちが必要な情報の種類と入手方法を調べる。 必要な情報 ・被災者情報　・生活情報など 入手方法 1位テレビ　2位ラジオ　3位パソコン ○緊急地震速報を基に，情報の届けられ方を調べる。 ・すぐに放送される仕組みになっている。 放送局の人々は，どのようにわたしたちの元へ情報を届けているのだろうか。	・避難所の写真 ・東日本大震災の被害の様子（写真） ・被害範囲（地図） ・被災者数（グラフ） ・情報の入手手段（グラフ） ・被災者がテレビを見ている様子（写真） ・緊急地震速報が届くまで ・放送局の人の話	・東日本大震災の被害状況から，情報に目を向けさせる。 ・情報の入手と発信という視点で学習問題を設定する。	1
	②予想をし，学習計画を立てましょう。 ・情報の入手について ・情報の発信について			2
調べる	③放送局の人々は，どのように必要な情報を入手しているのでしょう。 ○情報の入手の仕方を調べる。 ・情報が集められ，取材を決定する。 ・ヘリコプターで上空から撮影をした。 ○放送局の人々がどのような思いで情報を集めていたのかを考える。	・被災者の必要だった情報（グラフ） ・情報の入手手段 ・放送局の人の話	・どのように情報を入手していたか簡単に予想をさせる。 ・放送局の人々の思いに迫ることで，意図や目的を考えさせる。	3
	④放送局の人々は，どのように情報を発信しているのでしょう。 ○入手した情報を発信するまでの工夫や努力を調べる。 ・耳の不自由な人や外国人向けに放送 ・生命やくらしに関わる情報から優先 ○放送局の人々がどのようなことを考えて発信しているか考える。 ・大切な情報をいち早く届けたい。	・情報の入手から発信までの流れ ・放送局の人の話	・発信者としての責任の重要性に気付かせる。	4
まとめる	⑤これまでの学習を振り返り，学習問題に対する自分の考えをまとめましょう。 ○これまでの学習を振り返り，調べたことを整理する。 ・学習問題・予想・調べてきたこと ○放送局がわたしたちの生活の中でどのような役割を果たしているか考える。 ○学習問題に対する自分の考えをまとめる。	・これまで調べてきたノートや作品	・国民生活と放送局の働きの関連を考えさせる。 ・受信者と発信者の立場から，情報の在り方を考えさせる。	5 6

(3) 小単元「新聞社で働く人々」の指導計画

ア 目標

・新聞の産業は，国民生活に大きな影響を及ぼしていることを理解するとともに，図や関連図などにまとめるために必要な聞き取り調査や，新聞などの各種資料で調べる技能を身に付ける。
・情報を集め発信するまでの工夫や努力などの知識を基に，これらの産業の様子を捉え，新聞産業が国民生活に果たす役割を考え，表現することができる。
・意欲的に問題解決に取り組み，情報の送り手と受け手の立場から多角的に考え，受け手として正しく判断することや送り手として責任をもとうとする態度を養う。

イ 指導のアイデア

・学習問題をつかむ場面で，日頃読んでいる記事に着目させたり，新聞に掲載されている情報の種類を提示したりすることで，新聞を購読していない子供にも興味をもたせられるようにする。
・新聞の記事に着目し，なぜその記事に着目したのかについて考えることで，自分たちが必要な情報を選択して受け取っていることを児童同士の話し合いの中から気付かせていく。
・学習問題に対する予想を出し合い学習計画を立てることで，学習の見通しをもたせることになり，主体的な学びへとつながっていく。
・追究の視点として「情報の入手の仕方」や「情報の発信の仕方」に着目して調べることで，正確に分かりやすく伝えるための工夫や努力に気付かせていく。
・まとめの場面では，調べたことを羅列することないよう情報の入手や発信についてそれぞれ大事なことをキーワード化させたのち，国民生活との関わりを考えさせることで，情報産業における私たちの生活の中での役割に気付かせ概念的な知識を身に付けさせていく。

ウ 指導計画（6時間扱い）

	主な発問・指示と学習内容	資料等	指導上の留意点	時
学習問題をつかむ	①新聞について調べ，学習問題をつくりましょう。 ○読んでいる新聞の記事から，読む理由を考える。 ・スポーツ ・テレビ欄 ・天気など ○各社の新聞から伝え方の違いから，伝え方の違いを考える。	・新聞(実物) ・新聞の項目 ・同じ出来事の会社ごとの新聞	・同じ出来事を伝えているのに伝え方が違うことに気付かせる。	1
	新聞社の人々は，どのようにわたしたちの元へ情報を届けているのだろうか。			
	②予想をし，学習計画を立てましょう。 ・情報の入手について ・情報の発信について		・予想を基に整理しながら学習計画を立てる。	2
調べる	③新聞社の人々は，どのように必要な情報を入手しているのでしょう。 ○情報の入手について調べる。 ・必要な情報を数多く集める。 ・すぐに対応できるよう待機している。 ○新聞社の人々の思いについて考える。 ・正確に情報を伝えたい。	・必要な情報の取材の仕方 ・新聞記者の話	・正確な情報を伝えるための工夫に気付かせる。	3
	④新聞社の人々は，どのように必要な情報を発信しているのでしょう。 ○情報が届くまでについて調べる。 ・新聞が届くまで ・編集部の人の話 ○新聞社の人々がどのようなことを考えて情報を発信しているのか考える。	・新聞が届くまで ・編集部の人の話	・正しい情報を分かりやすく伝えようとしていることに気付かせる。	4
まとめる	⑤これまでの学習を振り返り，学習問題に対する自分の考えをまとめましょう。 ○これまでの学習を振り返る。 ・学習問題 ・はじめの予想 ・調べてきたこと ○調べたことを情報の入手と発信に整理して，キーワードで表す。 ○学習問題に対する自分の考えを書く。 ○新聞以外のメディアにはどのような特徴があるのか調べる。 ⑥情報の受け手と発信者の立場から情報活用の大切さを話し合いましょう。	・これまで調べてきたノートや作品 ・テレビ，ラジオなどの特徴	・キーワード化することで正確に分かりやすく伝えていることに気付かせていく。 ・様々なメディアの特徴から情報の受け手として大切なことに気付かせていく。	5 6

(4) 小単元「情報を活用している販売業」の指導計画

ア　目　標

- 大量の情報や通信技術の活用は、様々な産業を発展させ、国民生活を向上させていることを理解するとともに、聞き取り調査や各種資料で調べてまとめる技能を身に付ける。
- 情報の種類、情報の活用などの知識を基に、産業における情報活用の現状を捉え、情報を生かして発展する産業が国民生活に果たす役割を考え、表現することができる。
- 意欲的に問題解決に取り組み、多角的な思考や理解を通して、我が国の産業の発展を願い、我が国の将来を担う国民としての自覚を養う。

イ　指導のアイデア

- コンビニエンスストアで情報機器を扱う店員の仕事の様子から、情報の活用に目を向けさせる。情報活用の前後を比べることで、私たちの生活がどのように変化してきたのかという問題意識をもたせ、学習問題を設定する。情報機器の活用前後を比較することで、産業の発展と国民生活の向上について捉えやすくすることができる。
- 予想を整理して学習計画を立てることで、学習の見通しをもたせ、めあてに対する振り返りもしやすくなり、現在の学習がどこまで解決できたか捉えやすくなる。
- 販売業としてコンビニエンスストアを事例として取り上げることで、販売業に加え、輸送業との関連も考えられる。また、販売業と輸送業の両方の立場から多角的に考えさせることもできる。
- まとめの場面で、情報を生かして発展する産業と、国民生活を関連付けて考えさせることで、産業の発展が国民生活を支えていることや国民生活を向上させていることを捉えられるようにする。

ウ 指導計画（6時間扱い）

	主な発問・指示と学習内容	資料等	指導上の留意点	時
学習問題をつかむ	①コンビニエンスストアでの情報活用について調べましょう。 ・コンビニエンスストアでの情報管理について調べる。	・端末機器を扱う店員さん ・情報が活用される前のコンビニエンスストア	・情報を活用する前と後のコンビニエンスストアの様子から，どのように情報を活用してきたか捉えさせる。	1
	②情報の活用がされる前と情報が活用されてからのコンビニエンスストアの様子を比べ学習問題をつくりましょう。	・情報が活用されているコンビニエンスストアの様子		2
	私たちの生活の中で情報はどのように活用されているのだろうか。			
	③学習問題に対する予想をし，学習計画を立てましょう。		・予想を整理することで，調べることを明らかにしていく。	
調べる	④コンビニエンスストアでは，何の種類の情報をどのように集めているのでしょう。 ・情報の種類や情報の収集の仕方などの仕組みを調べる。 ・情報を活用することでコンビニエンスストアがどのように変化してきたかを考える。	・情報の種類 ・入荷量，出荷量の変化 ・情報の入手の仕組み（POS）	・情報を活用する仕組みに目を向けさせる。	3
	⑤コンビニエンスストアでは，集めた情報をどのように活用しているのでしょう。 ・情報の収集に関する対象，活用の目的，活用場面を調べる。 ・コンビニエンスストアで働く人々の情報の活用に対する考えを話し合う。	・集めている対象 ・情報の活用の目的 ・情報の活用場面	・情報活用の仕組みづくりから，活用場面を考えさせる。	4
	⑥情報を活用することで，コンビニエンスストアはどのように変化してきたのでしょう。 ・情報機器通信技術の活用やサービスの向上について調べる。 ・情報の活用によって私たち生活の変化を考える。	・情報の利用 ・コンビニエンスストアでのサービスの変化	・情報機器の発達からサービスの向上に気付かせる。	5
まとめる	⑦学習を振り返り，学習問題に対する自分の考えをまとめましょう。 ・調べてきたことを整理する。 ・情報を活用した産業の変化と発展が人々の生活にどのような関連があるか考える。	・これまで調べてきたノートや作品	・情報活用してきた産業と国民生活との関連を考えさせる。	6

(5) 小単元「情報を活用している運輸業」の指導計画

ア 目標

・大量の情報や情報通信技術の活用は，我が国の様々な産業を発展させ，国民生活を向上させていることを理解するとともに，聞き取り調査や各種の資料を活用して調べ，それらの結果を図表などにまとめる技能を身に付ける。

・運輸業における情報活用の現状を捉え，情報を生かして発展する産業が国民生活に果たす役割を考え，その結果を表現する。

・意欲的に問題解決に取り組み，よりよい社会を考えようとする態度を養うとともに，情報産業の発展を願う態度を育てる。

イ 指導のアイデア

・具体的にはカーナビゲーションシステムや倉庫管理システム等の活用を教材化することが考えられる。

・具体的な生活場面において，大量の情報を活用していなかったときと活用できるようになった現在では，人々の生活がどのように変化しているのか，比較することで問題意識を醸成する。

・大量の情報を収集したり分析したりする様子については，資料として調べることが難しいと予想される。担当者をゲストティーチャーとして招いたり，事前に取材をして児童に分かりやすい資料に加工したりする準備が必要である。

・カーナビゲーションシステムの情報と埼玉県での取組を関連付けたり，他の運輸の事例を比較したりする学習を位置付ける。

・まとめる場面においては，大量の情報をどのように活用しているのか，活用前と後で比較しながら図に表すと分かりやすい。一人で考えた後，グループで話し合って一つの作品にするとよい。

ウ 指導計画（6時間扱い）

	主な発問・指示と学習内容	資料等	指導上の留意点	時
学習問題をつかむ	①この資料（カーナビゲーションシステムデータを活用した交通安全対策の結果）から，気付いたことは何ですか。感想や疑問はありますか。 ・みんなの意見を整理して学習問題をつくる。	・急ブレーキ総数や人身事故発生件数の変化のグラフ	・安全対策前と後を比較し，カーナビゲーションシステムの情報が交通安全に役立っていることに関心をもたせ，学習問題に結び付ける。	1
	大量の情報が集まることで，交通安全対策はどのように変わってきているのだろうか。			
	②学習問題に対してどのようなことを予想しますか。 ・予想を分類して調べる内容と方法を考える。			2
調べる	③自動車会社はどのように情報を集めて分析しているでしょうか。 ・調べて分かったことや考えたことを発表する。	・インターナビ文章資料，概要図 ・担当者の話	・HPの資料だけでは理解することが難しいことが予想されるので，担当者にGTとして来校いただく。（資料として用意する。）	3
	④埼玉県はどのように情報を活用しているでしょうか。 ・調べて分かったことや考えたことを発表する。	・埼玉県の交通安全対策の写真資料，文章資料 ・担当者の話	・埼玉県の担当者にGTとして来校いただき（資料として用意し），活用の効果について具体的に理解できるようにする。	4
	⑤他にどのような情報活用をしているでしょうか。 ・調べて分かったことや考えたことを発表する。	・入庫から出庫までの図と文章資料	・他の事例を調べて，大量の情報を活用することで，生活や産業が大きな影響を受けていることを理解できるようにする。	5
まとめる	⑥大量の情報を活用することで運輸業や人々の生活はどのように変わったでしょうか。 ・変化の様子を図やキーワードでまとめる。	・これまでの資料	・渋滞の解消にも触れ，人々の生活だけでなく，運輸業にも影響を与えていることについて理解できるようにする。	6

エ 豆知識

・活用したHP

①カーナビデータを活用した埼玉県の交通安全対策

②ビッグデータの活用　カーナビデータによる道路危険個所の解消

③倉庫管理システム（WMS）：NECのEXPLANNER/Lg

(6) 小単元「情報を活用している観光業」の指導計画

ア 目標

・大量の情報や情報通信技術の活用は，我が国の様々な産業を発展させ，国民生活を向上させていることを理解するとともに，聞き取り調査や各種の資料を活用して調べ，それらの結果を図表などにまとめる技能を身に付ける。

・観光業における情報活用の現状を捉え，情報を生かして発展する産業が国民生活に果たす役割を考え，その結果を表現する。

・意欲的に問題解決に取り組み，よりよい社会を考えようとする態度を養うとともに，情報産業の発展を願う態度を育てる。

イ 指導のアイデア

・基地局情報，GPSデータ，SNSデータなど様々なデータを活用して，観光動態調査を行っており，それらの大量の情報を活用して観光業に役立てている。

・SNSデータの分析が観光業の発展に役立っている事実を把握することで，問題意識を醸成する。

・基地局情報，GPSデータ，SNSデータの全てを調べるのではなく，いくつかの事例を精選する。

・いくつかのデータを比較したり，データを旅行会社が活用する様子を関連付けたりする活動を位置付ける。

・大量の情報を活用する前と現在，また未来の活用を比較することで，産業の発展や人々の生活の変化について考えることができるようにする。

・大量の情報を活用する前と後の生活の違いについて，図に表してまとめていくことで，イメージをつかみやすくする。

・観光客の発展の様子から，人々の生活への影響を考えさせる流れにした方が分かりやすいと考えられる。

ウ　指導計画（6時間扱い）

	主な発問・指示と学習内容	資料等	指導上の留意点	時
学習問題をつかむ	①この資料（外国人観光客のSNS活用の資料）から気付いたことは何ですか。感想や疑問はありますか。 ・みんなの意見を整理して学習問題をつくる。	・SNSを活用した外国人観光客が関心をもった観光地等（見るもの，買うもの，食べ物）の表	・SNSによる情報が観光に役立っていることに関心をもたせ，学習問題に結び付ける。	1
	大量の情報が集まることで，観光業で働く人々の仕事はどのように変わってきているでしょうか。			
	②学習問題に対してどのようなことを予想しますか。 ・予想を分類して調べる内容と方法を考える。			2
調べる	③観光庁はどのように情報を集めて分析しているでしょうか。 ・調べて分かったことや考えたことを発表する。 ④大量の情報はどのように活用しているでしょうか。 ・調べて分かったことや考えたことを発表する。	・基地局情報，GPSデータ,SNSデータの分析図 ・調査の概要 ・文章資料 ・旅行会社の活用概略図 ・文章資料	・文章資料については内容が難しいので，教師による補足説明，解説を行う。 ・現在の取組だけでなく，これからの取組についても調べ，変化についての視点をもてるようにする。	3 4 5
まとめる	⑤大量の情報を活用することで，観光業や人々の生活はどのように変わったでしょうか。 ・変化の様子を図やキーワードでまとめる。	・これまでの資料	・観光業界だけでなく，利用する人々の生活にも影響を与えていることについて理解できるようにする。	6

エ　豆知識

・活用したHP

　①ICTを活用した訪日外国人の観光動態（調査結果概要）

　②ビッグデータを用いた観光動態把握とその活用

　③報告書「観光ビッグデータを活用した観光振興／GPSを活用した観光行動の調査分析」

(7) 小単元「情報をくらしに生かす」の指導計画

ア 目標

・様々な情報や情報通信技術の活用は，国民生活を向上させていることを理解するとともに，聞き取り調査や各種の資料を活用して調べ，それらの結果を図表などにまとめる技能を身に付ける。
・情報のメリットとデメリットを捉え，情報が国民生活に果たす役割を考え，その結果を表現する。
・意欲的に問題解決に取り組み，よりよい情報活用の在り方を考えようとする態度を養うとともに，情報産業の発展を願う態度を育てる。

イ 指導計画（3時間扱い）

	主な発問・指示と学習内容	資料等	指導上の留意点	時
生かす	①この資料（熊本地震や東日本大震災の風評被害）から気付いたことは何ですか。感想や疑問はありますか。 ②風評被害はなぜ起こるのだと思いますか。 ・原因について話し合う。	・熊本地震と東日本大震災における風評被害の新聞記事 ・観光客数の変化や農作物の売上高の変化のグラフ（表）	・熊本における有感地震の回数や福島におけるセシウムなどの測定結果が通常の数値になっていることにも触れ，関連させて見たり考えたりできるようにする。	1
	③情報のメリットとデメリットを整理し，図や表にまとめて話し合おう。	・これまでに使用した資料	・単元全体を振り返り，情報活用のメリットにも目を向ける。 ・個人情報の流出にも触れる。	2
	④情報を活用する上で注意しなければいけないことを考え，これからの情報活用の在り方について話し合おう。	・前時にまとめた図表	・情報を発信する立場にも立たせることで，これからの情報活用の在り方を様々な視点から考えることができるようにする。	3

5 我が国の国土の自然環境に関する内容

「我が国の国土の自然環境と国民生活との関連」に関する内容と指導のポイントについて教えてください。

(1) 本内容の捉え方と押さえどころ
ア 内容の構造と改訂のポイント

本内容は、我が国の国土の自然環境について、地理的環境の視点から指導するものであるが、自然災害に対する防災対策や公害防止の取組など、社会の仕組みや働きに関する視点も関連している。また、災害や公害の発生時期や経過なども取り上げることから、歴史的な視点とも関連している。国土の自然環境を多角的に扱うようになる。

ここには、自然災害の防止、森林資源の働き、公害の防止に関する三つの内容から示され、それぞれ次のような構造になっている。

自然災害の防止に関しては、まず、災害の種類や発生の状況の位置や時期、防災対策などを地図帳や各種の資料で調べ、それらの結果を白地図や年表などにまとめる。次に、まとめたことを基に、国土の自然災害の状況を捉え、さらに自然条件との関連を考える。このことを通して、自然災害は国土の自然条件などと関連して発生していることや、自然災害から国土を保全し国民の生活を守るために国や県などが様々な対策や事業を進めていることを理解できるようにする。

森林資源の働きに関しては、まず、森林資源の分布や働きなどを地図帳や各種の資料で調べ、それらの結果を文章や図表などにまとめる。次に、まとめたことを基に国土の環境を捉え、さらに森林資源が果たす役割を考える。このことを通して、森林は、その育成や保護に従事している人々の様々な工夫と努力により国土の保全などに重要な役割を果たしていることを理解できるようにする。

公害の防止に関しては，まず，公害の発生時期や経過，人々の協力や努力などを地図帳や各種の資料で調べ，それらの結果を文章や図表などにまとめる。次に，まとめたことを基に公害防止の取組を捉え，さらにその働きを考える。このことを通して，関係機関や地域の人々の様々な努力により公害の防止や生活環境の改善が図られてきたことを理解するとともに，公害から国土の環境や国民の健康な生活を守ることの大切さを理解できるようにする。

イ 身に付ける資質・能力

ここで身に付ける資質・能力は次のように集約できる。

（自然災害の防止について）
・災害の種類や発生の状況の位置や時期，防災対策などに関する具体的な知識を習得する。
・自然災害は国土の自然条件などと関連していることや，自然災害から国土を保全し国民の生活を守るために国や県などが様々な対策や事業を進めていることを理解する。
・調べたことを関連付け，自然環境との関連を考え，その結果を表現する力を身に付ける。

（森林資源の働きについて）
・森林資源の分布や働きなどに関する具体的な知識を習得する。
・森林は育成や保護に従事している人々の様々な工夫と努力により国土の保全などに重要な役割を果たしていることを理解する。
・調べたことを関連付け，森林資源が果たす役割を考え，その結果を表現する力を身に付ける。

（公害の防止について）
・公害の発生時期や経過，人々の協力や努力などに関する具体的な知識を習得する。

> ・関係機関や地域の人々の様々な努力により公害の防止や生活環境の改善が図られてきたことや,公害から国土の環境や国民の健康な生活を守ることの大切さを理解する。
> (すべての内容において)
> ・地図帳や各種の資料で調べる技能,白地図や年表,図表などにまとめる技能を身に付ける。

 これらのほか,学年目標の(3)に示されている態度に関する目標を育成することを目指して指導する。

ウ 指導のポイント

 自然災害については,第4学年においても県内等の事例が取り上げられている。ここでは,それらとの関連も図りつつ,国土全体に目を向け,国土保全の観点から国土に対する理解を深めるようにする。

 そのためには,まず,我が国の国土ではどのような自然災害が,いつ,どこで発生しているか,自然災害の種類と時期と場所を調べ,日本の白地図や年表に整理させることによって,概要を捉えることができるようになる。その上で,様々な自然災害を取り上げ,防災対策について調べる。

 森林資源の働きについても,国土保全の観点から重要な役割を果たしていることを考えさせるが,豪雨や地震などによって土砂崩れが発生することがあり,森林があれば安全だとは言えない。森林による自然災害の防止には限界があることに気付かせることが重要である。

 第5学年の理科で,流れる水の働きや土地の変化,天気の変化について扱われており,これらの学習内容との関連を図るようにする。

 本内容に関する学習の終末には,国土の環境を保全するために自分たちにできることを考えさせ,それらをレポートにまとめたり議論したりして,我が国の国土に対する関心を高めるようにする。

(2) 小単元「自然災害を防ぐ」の指導計画

ア　目　標

- 我が国の自然災害は国土の自然状況などと関連していることや，自然災害から国土を保全し国民の生活を守るために国や県などが様々な対策や事業を進めていることを理解するとともに，地図帳や統計資料を用いて，災害の種類や発生状況の位置や時期，防災対策などを読み取る技能を身に付ける。
- 災害の種類や発生の状況や位置や時期，防災対策などに関する知識を基に，国土の自然災害の状況を捉え，自然条件との関連を考え，表現する。
- 意欲的に問題解決に取り組み，自然災害に対する防災意識をもつようになる。

イ　指導のアイデア

- 「災害年表」を提示し，時間軸（発生時期）・空間軸（発生場所）で自然災害を捉え，いつどこで起こるか分からないということに気付けるようにする。
- グループごとに災害年表を読み取りながら，白地図にシールを貼っていく。
- 自然災害の発生した地域の地形図を活用し，自然災害の発生と自然環境との関わりが深いことに気付かせる。
- 「わたしたちの町で自然災害が発生したら」というテーマのもと，どうすれば防災できるかクラス防災会議で話し合いながら，学習したことを基に自分の考えを表現する。その際，地域防災に携わる方から話を聞いておくとよい。
- 第5学年の理科では，「流れる水の働き」「土地の変化」「天気の変化」について扱われている。これらの学習内容と関連付ける。

第3節　第5学年の指導のポイントと指導計画

ウ　指導計画（5時間扱い）

	主な発問・指示と学習内容	資料等	指導上の留意点	時
学習問題をつかむ	①自然災害の状況を示す写真資料から，どのような災害が起こっているか調べましょう。 ②災害年表から，災害が起きた場所と年代を調べ，白地図にシールを貼ってまとめ，気付いたことを話し合いましょう。 ・毎年のように様々な場所で災害が起きている。 ・多くの被害を出す災害もある。	・自然災害の様子（写真） ・災害年表 ・日本の白地図	・災害年表については，情報過多にならないよう，提示する災害の数の配慮を行う。 ・災害年表からわかることを白地図にまとめることで，災害はどこでも起こることを捉える。	1
	自然災害から私たちの命やくらしを守るために，国や都道府県，地域ではどのような取組がなされているのだろう。			
調べる	③自然災害に対して，国や都道府県，地域や家庭がどのような取組を行っているか調べましょう。 ・堤防，砂防ダム，地下放水路など ・ハザードマップ ・特別警報 ・避難訓練	・教科書や資料集 ・国や都道府県のHP ・インタビュー	・国や都道府県，地域，家庭でそれぞれの防災への取組を表や図式化によって整理していく。 ・防災に取り組む人の話を聞き，防災への意識を高める。	2 3
まとめる	④調べて分かったことを日本地図や土地利用図と比較しながら，自然環境との関わりについて話し合いましょう。 ・自然環境との関わり ・国や都道府県，地域，家庭との関わり	・地形図	・地形図と発生する自然災害を関連付けることで，自然環境と関わりがあることに気付かせるようにする。	4
生かす	⑤「クラス防災会議」を開き，自然災害の被害から身を守るために必要なことを話し合いましょう。		・学習内容を活用して話し合うことで，一人一人の防災意識を高めるようにする。	5

エ　豆知識

　防災科学研究所（茨城県つくば市）は過去約1600年間に国内で起きた自然災害を地図上に示し，被害の概要などを簡単に知ることができるウェブサイト「災害年表マップ」を公開している。

(3) 小単元「森林資源の働き」の指導計画

ア 目標

- 森林資源の働きについて，森林は育成や保護に従事している人々の様々な工夫と努力により国土の保全などに重要な役割を果たしていることを理解するとともに，写真資料や統計資料を用いて，複数の資料を関連付けて読み取る技能を身に付ける。
- 森林資源の分布や働きなどの知識を基に，我が国の国土の環境を捉え，森林資源が果たす役割について考え，表現する。
- 意欲的に問題解決に取り組み，環境保全に対して協力する意識をもつようになる。

イ 指導のアイデア

- 「宇宙から見た日本」の写真を提示し，日本の国土のほとんどが森林であることを視覚的に捉えさせる。また，統計資料と関連付けることで，国土の様子を客観的にも捉えるようにする。
- 森林資源の働きが多岐にわたることが一目で分かるように図にすることで，森林資源の働きの全体像をつかませる。
- 森林に関する複数の写真資料（世界自然遺産に指定された白神山地の様子，林業に従事する人の様子，土砂災害の起きた山の様子，木づかい運動の様子など）を用意し，どのような写真資料を選択するか，またどのような順番でまとめるか判断させる。
- 「林業活性化カード」を用意し，グループで話し合いながら「守り育てる」ための取組と「伐って使う」ための取組に分類する。
- 第3，4学年の社会科「水はどこから」の学習内容を想起させる。また，「自然災害を防ぐ」の学習内容と関連付ける。

ウ　指導計画（5時間扱い）

	主な発問・指示と学習内容	資料等	指導上の留意点	時
学習問題をつかむ	①森林資源の広がりについて，国土の衛星写真や統計資料から調べ，日本の国土の全体的な特色を話し合いましょう。 ②天然林と人工林の写真から，気付いたことを話し合いましょう。 ・天然林は世界自然遺産にもなっている場所もあるし，木を切ってはいけないのだろうか。 ・人工林は木が真っ直ぐになっている。木材として使われるのだろうか。 　森林にはどのような働きがあるのだろう。 ③森林資源の働きについて予想を考え，調べる計画を立てましょう。	・衛星写真 ・日本の土地利用の割合 ・世界各国の森林率 ・天然林と人工林の写真	・航空写真と統計資料を関連付けながら，国土の大半が森林であることに気付かせる。 ・白神山地や屋久島のように，世界自然遺産に指定されている森林があることを，写真から気付けるように資料提示を工夫する。	1
調べる	④森林資源の働きについて調べ，図にまとめましょう。 ・水をたくわえる・きれいな水や空気を生む・土砂崩れを防ぐ・生物のすみか・木材・防風林など ⑤森林資源を守り育てる人々の工夫や努力を調べましょう。 ・林業に従事する人々の取組 ・林業の抱える課題	・教科書や資料集 ・国や都道府県のHP ・インタビュー ・地形図	・森林の働きが複数あることが分かるように，図に示して整理する。 ・統計資料から，林業で働く人の減少や，国産材より輸入材が多いことに気付かせる。	2 3
まとめる	⑥学習したことを基に，4コマ漫画にまとめ，森林資源の働きについて考えましょう。		・林業，天然林と人工林，工夫や努力というキーワードを踏まえてまとめるようにする。	4
生かす	⑦林業を活性化させる取組についての資料を活用しながら国土の環境を保全する上で大切なことを話し合いましょう。 ・守り育てるだけでなく，伐って使う必要もある。 ・わたしたちも国土の環境保全に関わることができる。	・林業活性化の取組カード	・緑の募金や木づかい運動など，「守り育てる」ための活動と，「伐って使う」ための活動に分けることで，国土の環境保全と自分たちの生活との関わりに気付かせる。	5

(4) 小単元「公害からくらしを守る」の指導計画

ア 目標

・公害の防止について，関係機関や地域の人々の様々な努力により公害の防止や生活環境の改善が図られてきたことや，公害から国土の環境や国民の健康な生活を守ることの大切さを理解するとともに，写真や統計資料などから公害の発生時期や経過，人々の様々な取組などを読み取る技能を身に付ける。

・公害の発生時期や経過，人々の協力や努力などに関する知識を基に，国土の環境保全をするために自分たちにできることを考え，表現する。

・意欲的に問題解決に取り組み，我が国の国土に対する関心を高めるようになる。

イ 指導のアイデア

・実物の〇〇川の水と，水質汚濁が激しかった水（色水で作成。当時の汚れた川を見ている人に監修してもらうとよい）を比較することで，問題意識を高める。

・「〇〇川の水質の経年変化のグラフ」を提示する際には，①汚れがひどくなった期間，②きれいになった期間，③きれいに保たれている期間，の三つの期間を隠し，子供の反応を引き出しながら順番に提示するようにする。

・水質汚濁の原因であった産業排水と経済成長期を関連させることで，社会の変化と公害には，関わりがあることに気付かせる。

・地域にある〇〇川を美しくするための団体の多くは高齢化を迎えている（水質汚濁と団体設立の時期はどこも同じような時代である場合が多い）。それら団体の年齢構成を資料化することで，未来は自分たちが中心となって環境保全に努めなければならないことを考えさせる。

ウ　指導計画（5時間扱い）

	主な発問・指示と学習内容	資料等	指導上の留意点	時
学習問題をつかむ	①資料を基に，○○川の水質の変化について話し合いましょう。 ・○○川の水は，昔は魚も多く生息する美しい川だった。 ・なぜ1960年代に水がとても汚れているのだろうか。 ・なぜ，水はきれいになり，保たれているのだろうか。	・○○川の変化の様子（写真） ・お年寄りの話 ・○○川の水質の経年変化グラフ	・地域にある○○川と自分たちのくらしとの関わりについて想起させる。 ・○○川についての子供たちの印象と，お年寄りの○○川についての話を比べて，水質の変化への関心を高める。	1
	地域の人々は，○○川をどのようにきれいにし，どのように守っているのだろう。			
	②誰がどのような取組をしているかという視点で予想を考え，学習計画を立てましょう。			
調べる	③○○川を美しくしようとする地域や関係諸機関の人々の取組について調べましょう。 ・水質汚濁の原因 ・行政や企業の取組 ・地域の人々の運動や活動	・教科書や資料集 ・関係者の話 ・写真や広報誌，当時の新聞・川とくらしの年表	・行政，企業，地域の人々という視点で調べられるように，資料を工夫する。 ・現地でのインタビューをしたり，関係者を招いたりしながら，生の声で学習できるようにする。	2 3
まとめる	④○○川を美しくする取組を新聞にまとめながら，行政・企業・地域の人々のそれぞれの働きについて考えましょう。 ・それぞれが役割を果たすことで，○○川を美しくし，今も守り続けている。 ・自分たちにもできることがありそうだ。		・行政，企業，地域の人々の関係性が分かるように図示しながら新聞にまとめる。	4
生かす	⑤資料から水質汚濁の原因が生活排水であることを捉え，自分たちにできることを話し合いましょう。 ・家族のみんなにも伝えることで，生活排水を減らすことができそうだ。 ・私たちの生活と公害は関わりが深いので，まず自分の生活を見直したい。	・生活排水と水質汚濁の関係	・資料から水質汚濁の原因が生活排水であることを捉え，水質汚濁と自分たちの生活との関わりを考えやすくする。	5

第4節 第6学年の指導のポイントと指導計画

1 我が国の政治の働きに関する内容

Q 「我が国の政治の働き」に関する内容と指導のポイントについて教えてください。

(1) 本内容の捉え方と押さえどころ

ア 内容の構造と改訂のポイント

本内容は、我が国の政治の働きについて、社会の仕組みや働きの視点から指導するものである。ここでは、日本国憲法と国や地方公共団体の政治に関する内容について次のような構造になっている。

日本国憲法に関しては、まず、日本国憲法の基本的な考え方を各種の資料を活用して調べ、それらの結果を文章や図表などにまとめる。次に、まとめたことを基に、我が国の民主政治を捉え、さらに日本国憲法が国民生活に果たす役割や、国会、内閣、裁判所と国民との関わりを考える。このことを通して、日本国憲法は国家の理想、天皇の位置、国民としての権利及び義務など国家や国民生活の基本を定めていることや、現在の我が国の民主政治は日本国憲法の基本的な考え方に基づいていることとともに、立法、行政、司法の三権がそれぞれ役割を果たしていることを理解できるようにする。

なお、この内容は、日本国憲法の特色や役割と我が国の政治の仕組みの二つに分けて単元を構成することができる。

国や地方公共団体の政治に関しては、まず、政策の内容や計画から

実施までの過程，法令や予算との関わりを見学・調査したり各種の資料を活用したりして調べ，それらの結果を文章や図表などにまとめる。次に，まとめたことを基に，国や地方公共団体の政治の取組を捉え，国民生活における政治の働きを考える。このことを通して，国や地方公共団体の政治は，国民主権の考え方の下，国民生活の安定と向上を図る大切な働きをしていることを理解できるようにする。

　ここでは，これまでと同様に，社会保障，自然災害からの復旧や復興，地域の開発や活性化などの事例から選択して取り上げる。

　今回の改訂では，日本国憲法の特色を学び，我が国の政治の基本的な考え方をまず押さえてから，現在の政治の仕組みや働きについて具体的に学んでいく。

イ　身に付ける資質・能力

　ここで身に付ける資質・能力は次のように集約できる。

（日本国憲法について）
・日本国憲法の基本的な考え方に関する具体的な知識を習得する。
・日本国憲法は国家の理想，天皇の地位，国民としての権利及び義務など国家や国民生活の基本を定めていることを理解する。
・現在の我が国の民主政治は日本国憲法の基本的な考え方に基づいていることを理解する。
・調べたことを関連付けたり総合したりして，日本国憲法が国民生活に果たす役割や，国会，内閣，裁判所と国民との関わりを考え，その結果を表現する力を身に付ける。

（国や地方公共団体の政治について）
・政策の内容や計画から実施までの過程，法令や予算との関わりに関する具体的な知識を習得する。
・国や地方公共団体の政治は，国民主権の考え方の下，国民生活

> の安定と向上を図る大切な働きをしていることを理解する。
> ・調べたことを関連付けたり総合したりして，国民生活における政治の働きを考え，その結果を表現する力を身に付ける。
>
> （いずれの内容においても）
> ・見学・調査したり各種の資料で調べたりする技能や，文章や図表などにまとめる技能を身に付ける。

　これらのほか，学年目標の(3)に示されている態度に関する目標を育成することを目指して指導する。

ウ　指導のポイント

　今回の改訂では政治先習に変わった。従来，歴史学習において，大和朝廷とか鎌倉幕府，江戸幕府，明治政府のほか，政治の仕組み，選挙（権），租税などの用語が先に登場してきたが，子供たちはその意味することを理解していない状況が見られた。今後は，我が国の政治の現状を捉え，基礎的な知識を習得させたあとに，各時期や時代の主として政治や文化に焦点を当てて歴史を学んでいく。

　第6学年においては，日本国憲法についての学習からスタートするが，日本国憲法をいかに身近に感じさせ，いかに政治に関心をもたせるか。教材の開発と指導方法の工夫が求められる。単なる条文の解釈や抽象的な学習に陥ることがないよう，日常生活との関連を図るようにすることが大切である。

　国会，内閣，裁判所に関しては，それぞれの働きを国民生活と関連付けて押さえるとともに，三権相互の関連とその意味について扱う。ここでは，作業的な学習を中心に展開することが効果的である。

　本内容に関する学習の終末には，政治への関心を高めるため，納税や選挙，裁判員制度など国民としての政治への関わり方について考えさせ，自分の考えを文章にまとめたり討論したりする活動を組み入れる。

(2) 小単元「日本国憲法」の指導計画
ア 目標
- 日本国憲法は国家の理想，天皇の地位，国民としての権利及び義務など国家や国民生活の基本を定めていることや，現在の我が国の民主政治は，日本国憲法の基本的な考え方に基づいていることを理解するとともに，資料を使って調べ，文章や図表などにまとめる技能を身に付ける。
- 調べたことを関連付けたり総合したりして，日本国憲法が国民生活に果たす役割を考え，その結果を表現することができる。
- 日本国憲法と国民生活との関連に関心をもち，進んで調べようとするとともに，日本国憲法を大切にしようという気持ちをもつ。

イ 指導のアイデア
- 第6学年のスタートが，本小単元の学習になったことで，今まで以上に日本国憲法をいかに身近に感じさせるかが重要になった。そのため，本小単元では，「つかむ」段階で，義務教育の無償化を取り上げ，日本国憲法が自分たちの生活と密接に結び付いていることを意識することができるようにする。
- 「調べる」段階で，区報や区のホームページ・新聞記事で行政などの取組を調べることで，身近で行われている豊かで安全な生活のための取組が，日本国憲法の三原則に基づいていることを意識させる。また，学校や児童館などの憲法につながる掲示物を示して身近なくらしと三原則との関連を考えさせると，より憲法を身近に感じさせることができる。
- 「まとめる」段階で，憲法の精神が十分に生かされていない現実の課題を示し，憲法の目指す社会を実現するためには，どんなことが大切なのかを考え，意見文を書くようにする。日本国憲法の理想を実現するためには，自分たちで考え，よりよい選択をしたり，社会の様々な問題に対して関心をもち続けたりすることが大事だという

ことを感じさせたい。

ウ　指導計画（6時間扱い）

	主な発問・指示と学習内容	資料等	指導上の留意点	時
学習問題をつかむ	①義務教育の無償化は，どのような考え方で行われているのだろう。 ・小学生1人に対して年間84万円も費用がかかっている。 ・教育を受ける権利と義務がある。 ・日本国憲法の考え方に基づく。 ②日本国憲法と国民生活との関わりを調べるための学習問題をつくり，調べる計画を立てよう。	・財務省キッズページ ・教育の権利と義務	・「基本的人権の尊重」に関わる取組であることを，押さえる。 ・図書館や博物館など教育の環境を整えるための取組が他にもあることを伝える。	1
	日本国憲法は，私たちの生活とどのように関わっているのだろう。			
	【調べること】 ・基本的人権の尊重　・国民主権 ・平和主義　・国民の義務		・日本国憲法の三原則を基に，調べる計画を立てる。	
調べる	③基本的人権の尊重，国民主権，平和主義は，私たちの暮らしとのようにつながっているのだろう。 ・子育て支援　・働く権利と義務 ・生活保護　・18歳選挙権 ・パブリックコメント　・納税の義務 ・ユニセフ募金　・平和都市宣言 ・平和へのつどい	・日本国憲法の条文 ・区報や区のホームページ ・新聞記事	・資料を基に，取組をカードに書き出し，三原則に整理するとともに憲法の条文を確認する。 ・国民の義務を果たすことで権利が保障されることに気付かせる。	2 3 4
まとめる	④今までの学習を基に，学習問題を解決しよう。 ・日本国憲法と様々な立場の人々が暮らす私たちの生活は，選挙や日常まで多方面で関わっている。	・これまでに使ってきた資料	・考えをまとめる前に，これまでに考えてきたことを話し合う時間を確保する。	5
	⑤「憲法が目指す社会を本当に実現するためには，どのようなことが大切か」というテーマで意見文を書いてみよう。	・いじめの問題や格差社会の新聞記事	・憲法の理想が実現されない現状を基に考えるようにする。	6

(3) 小単元「政治のしくみ」の指導計画
ア 目標
・我が国の政治には，国会に立法，内閣に行政，裁判所に司法という三権があることや国会・内閣・裁判所は相互に関連し合ってそれぞれの役割を果たしていることを調べ，我が国の政治の仕組みについて理解するとともに，資料を使って調べ，文章や図表などにまとめる技能を身に付ける。

・立法，行政，司法の三権のそれぞれの役割についての知識を基に，国会，内閣，裁判所と国民との関わりを考え，結果を表現することができる。

・我が国の民主政治と国民生活との関わりに関心をもち，進んで調べようとするとともに，国の政治について自分たちにできることを考えようとしている。

イ 指導のアイデア
・「つかむ」段階では，児童がグループごとに，政治に関する新聞記事を切り取って「国会に関すること」「内閣に関すること」「裁判所に関すること」に整理する活動を取り入れる。教師側では，できる限り内容を分かりやすく解説する。こうした活動を通して，ニュースなどで耳にしたことのある政治に関する報道をより身近に感じさせたり，国会や内閣，裁判所がどのような働きをしているのか大まかな見通しがもてたりできるようにする。

・国会，内閣，裁判所の働きについて分かったことを基にキャッチコピーを考え，ガイドブックにまとめる。「まとめる」段階では，学習して分かったことを関連図にまとめる。そして，三権それぞれに対して自分（国民）がどのように関わっているかを表現させることで，三権と国民生活との関連を視覚的に捉えられるようにする。

・「まとめる」段階で関連図を作成した後に，児童同士で関連図について説明し合う活動を取り入れる。対話的な学びを通して，国会，

内閣，裁判所と国民との関係をより深く考えられるようにする。

ウ　指導計画（5時間扱い）

	主な発問・指示と学習内容	資料等	指導上の留意点	時
学習問題をつかむ	①政治に関する新聞記事の内容を，「国会」「内閣」「裁判所」に整理し，分かったことや疑問に思うことを発表しよう。 ②国会や内閣，裁判所の仕事や国民との関係を調べる計画を立てよう。 国会・内閣・裁判所の役割や国民生活との関係について調べ「政治ガイドブック」をつくろう。 ・それぞれの役割や関係，国民生活との関係について調べ，ガイドブックにまとめていく。	・約1か月程度の政治に関する新聞記事	・グループで整理したものを見ながら，国会，内閣，裁判所がどのようなことを行っているのか見通しを立てる。また，国民にとってどんな関わりがあるのか調べることを確認する。	1
調べる	③国会には，どのような役割があるのか調べよう。 ・国会では，予算や法律をつくる。 ・国会議員は，18歳以上の国民の選挙によって選ばれる。 ④内閣には，どのような役割があるのか調べよう。 ・内閣総理大臣を中心に国民のくらしなどに関わる仕事をしている。 ⑤裁判所には，どのような役割があるのか調べよう。 ・法律に基づき裁判を行う。 ・裁判員制度により国民も参加	・衆議院と参議院 ・国会の主な仕事 ・内閣の主な仕事 ・予算の内訳 ・三審制 ・裁判員制度 ・三権分立	・関連図をつくるときに，自分との関わりを表現できるように，「国会」「内閣」「裁判所」について調べた後に，自分たちの生活との関わりを毎時間考える場面を設定する。 ・それぞれの働きについて調べた後に，キャッチコピーを考えさせる。	2 3 4
まとめる	⑥これまでに学習してきた内容を関連図に整理し，それぞれの関係や国民との関わりについて考えよう。 ・国会，内閣，裁判所は，重要な役割を，分担している。 ・それぞれがチェックし合って政治が進められている。 ・選挙で代表者を選び，国会に送ったり，裁判員制度で裁判に参加したりしている。	・ガイドブック ・関連図	・これまでに調べてきたことを，関連図に整理させる。 ・関連図を作成した後に，なぜその図になったのかを，児童同士で説明するようにする。	5

(4) 小単元「国民の願いを実現する政治」の指導計画
ア 目　標
- 国や地方公共団体の政治は，国民主権の考えの下，国民生活の安定と向上を図る大切な働きをしていることを理解するとともに，国民生活における政治の働きを考えるために，資料を使って調べ，文章や図表などにまとめる技能を身に付ける。
- 政策の内容や計画から実施までの過程，法令や予算との関わりに関する知識を基に，国民生活における政治の働きを考え，表現することができる。
- 国や地方公共団体の政治の働きと国民生活との関わりに関心をもち，進んで調べようとするとともに，政治への関わり方について考えようとしている。

イ　指導のアイデア
- 本小単元では，学童クラブの建設と運営を教材化した。子供たちにとって身近な事例を取り上げ，具体的に調べていくことによって，人々の願いが政治の働きによって実現していく過程を実感させたい。そのため，学童クラブに通わせている保護者や学童クラブ建設に携わった区役所の方の話を聞く活動を設定した。
- 「調べる」段階で関係図を作成させることで，学童クラブ建設のために，住民，区役所，都や国がどのように関係しているかを，視覚的に捉えられるようにする。そして「まとめる」段階で，作成した関係図を使って説明し合う活動を設定することで，政治の働きについての理解を深める。
- 児童が国の政治について関心を高めることができるように「生かす」段階では，日本国憲法の三原則の大切さをそれぞれに公約として主張する候補者の中から，自分だったら誰に投票するかを考えさせる活動を設定する。単に模擬投票を行うのではなく，様々な立場の人が暮らす実際の社会に近い状況を想像した上で選挙に参加する

必要性を考えることができるようにする。

ウ　指導計画（8時間扱い）

	主な発問・指示と学習内容	資料等	指導上の留意点	時
学習問題をつかむ	①学童クラブを利用している子供や保護者には，どのような思いがあるのだろう。 ・思い切り遊べてうれしい（子） ・子供の居場所がわかり安心（保） ・区が施設をつくってくれてありがたい（保） ②疑問に思ったことをまとめて，学習問題をつくり，学習計画を立てよう。 　学童クラブは，どのようにしてつくられたのだろう。 ・区役所について　・税金	・学童クラブの写真 ・利用者の声をまとめた資料	・学童クラブに通わせている保護者にGTとして来ていただく，もしくは保護者にインタビューしておき，願いが実現していることを実感させる。	1 2
調べる	③学童クラブ建設に関して，区の働きを調べよう。 ・区民からの要望で計画を立てた。 ・計画を基に議会で話合いが行われ，決定する。 ・区役所で働いている人は，住民の願いをかなえようとしている。 ④学童クラブの建設・運営の費用について調べよう。 ・補助金は税金で賄われている。 ・都や国からも補助を受けている。 ⑤これまで調べてきたことを整理して，関係図と説明文にまとめよう。	・区議会の仕組み ・区役所の方の話 ・学童クラブ建設・運営費用 ・税金の仕組み ・関係図	・区役所の方に話をしてもらい，住民の願いを実現しようとしている人がいることを捉えさせる。 ・区が都や国から援助を受けていることを知り，連携して取り組んでいることを捉えさせる。	3 4 5 6
まとめる	⑥関係図を説明しながら，国や区所の働きについて，考えよう。 ・私たちの願いは，議会で話し合われ，区役所の人たちによって実現している。そして，国もそれを支えている。	・関係図	・関係図はなるべく少ない語句で書かせ，説明する際，言葉で補足させるようにする。	7
生かす	⑦模擬投票の活動を通して，これからの政治への関わり方を考えよう。 ・自分たちにとってよりよい生活をするためには，選挙に参加して，少しでも政治に関わることが大切だ。	・3人の候補者の主張 「国民の権利」「投票率」「世界平和」のいずれかに公約として重点をおく	・「日本国憲法」の学習を想起させ，3人の候補者の主張の内容を考えさせる。	8

2 我が国の歴史に関する内容

 「我が国の歴史上の主な事象」に関する内容と指導のポイントについて教えてください。

(1) 本内容の捉え方と押さえどころ

ア　内容の構造と改訂のポイント

　本内容は，我が国の歴史の視点そのものから指導するものである。ここでは，次のような構造になっている。

　我が国の歴史について，世の中の様子，人物の働きや代表的な文化遺産を博物館や資料館を訪ねて遺跡や文化財を観察・見学したり，地図や年表などの資料を活用したりして調べ，それらの結果を文章や図表などにまとめる。次に，まとめたことを基に，我が国の歴史上の主な事象を捉え，さらに我が国の歴史の展開を考える。

　本内容は，11の項目から構成されており，それぞれについて，各時代の典型的な事象を手掛かりに，人物の働きや代表的な文化遺産を通して各時代の様子を捉えさせる。これらを結び付けることにより，我が国の大まかな歴史の流れを理解させる。また，関連する先人の業績，優れた文化遺産を理解し，歴史を学ぶ意味を考えさせる。

　鎌倉時代と平安時代が，戦国時代と江戸幕府がそれぞれ分割されたこと以外は，構成に大きな変更はない。人物の働きや代表的な文化遺産を中心に学ぶようになっていることも従来どおりである。

　なお，用語に次のような変更が見られる。

- 大和朝廷の成立や拡大の時期を広く捉える意味から，大和政権とも言われていることから，「大和政権」がかっこ書きで示された。
- 日華事変が起こった頃，中華人民共和国は成立していなかったことから，日華事変が「日中戦争」に変更された。

・「明治維新」は，当時の世の中を広く言い表したものであることから，調べる対象から省かれ，「廃藩置県や四民平等などの改革」と示された。
・オリンピックの開催にパラリンピックが付け加えられた。昭和39 (1964) 年の東京オリンピックで「パラリンピック・国際身体障害者スポーツ大会」が同時開催されたことを受けたものである。

イ 身に付ける資質・能力
ここで身に付ける資質・能力は次のように集約できる。

＊各時期や時代の学習で身に付ける知識や理解事項
（むらからくにへ）
・狩猟・採集や農耕の生活，古墳，大和朝廷（大和政権）による統一の様子に関する具体的な知識を習得する。
・むらからくにへ変化したことを理解する。
（天皇による政治）
・大陸文化の摂取，大化の改新，大仏造営の様子に関する具体的な知識を習得する。
・天皇を中心とした政治が確立されたことを理解する。
（貴族の文化）
・貴族の生活や文化に関する具体的な知識を習得する。
・日本風の文化が生まれたことを理解する。
（武士による政治）
・源平の戦い，鎌倉幕府の始まり，元との戦いに関する具体的な知識を習得する。
・武士による政治が始まったことを理解する。
（室町文化）
・京都の室町に幕府が置かれた頃の代表的な建造物や絵画に関す

る具体的な知識を習得する。
・今日の生活文化につながる室町文化が生まれたことを理解する。
（天下統一）
・キリスト教の伝来，織田・豊臣の天下統一に関する具体的な知識を習得する。
・戦国の世が統一されたことを理解する。
（江戸幕府の成立）
・江戸幕府の始まり，参勤交代や鎖国などの幕府の政策，身分制に関する具体的な知識を習得する。
・武士による政治が安定したことを理解する。
（町人の文化と新しい学問）
・歌舞伎や浮世絵，国学や蘭学に関する具体的な知識を習得する。
・町人の文化が栄え，新しい学問が起こったことを理解する。
（明治維新）
・黒船の来航，廃藩置県や四民平等などの改革，文明開化などに関する具体的な知識を習得する。
・我が国が明治維新を機に欧米の文化を取り入れつつ近代化を進めたことを理解する。
（国際的地位の向上）
・大日本帝国憲法の発布，日清・日露の戦争，条約改正，科学の発展などに関する具体的な知識を習得する。
・我が国の国力が充実し国際的地位が向上したことを理解する。
（日中戦争と戦後の暮らし）
・日中戦争，我が国に関わる第二次世界大戦，日本国憲法の制定，オリンピック・パラリンピックの開催などに関する具体的

> な知識を習得する。
> ・戦後我が国は民主的な国家として出発し，国民生活が向上し，国際社会の中で重要な役割を果たしてきたことを理解する。
>
> （全ての時期や時代の項目に関連して）
> ・遺跡や文化財を観察・見学する技能や，地図や年表などで調べる技能，調べたことや考えたこと，理解したことをまとめる技能を身に付ける。
> ・調べたことを比較・関連付けたり総合したりして，我が国の歴史の進展を考え，その結果を表現する力を身に付ける。
> ・歴史の学習を通して，歴史を学ぶ意味を考え，その結果を表現する力を身に付ける。

これらのほか，学年目標の(3)に示されている態度に関する目標を育成することを目指して指導する。

ウ　指導のポイント

小学校における歴史学習は，各時期や時代において，示されている歴史的事象を取り上げ，関連する人物や代表的な文化遺産を中心に展開するところに特色がある。事象の因果関係を細かく追っていく通史学習ではない。そのため，人物の肖像画やエピソードによって親しみをもたせ，業績を考えさせたり事象の移り変わりを年表や図表に整理したりして，楽しい学習を展開するようにする。

内容の(イ)から(サ)の事象を取り上げる際には，当時の我が国の状況を広く世界的な視野から捉えることができるように，例えば次のような地図や資料を活用するなどして，世界との関わりにも目を向けるようにする。大陸文化の摂取では遣隋使の交通図，元との戦いではモンゴル帝国の広がりや元軍の進路，キリスト教の伝来ではヨーロッパ諸国の世界進出，黒船の来航ではヨーロッパのアジア進出やペリーの航

路，日清・日露の戦争では日清戦争や日露戦争の戦場，日中戦争では中国との戦争の広がり，我が国に関わる第二次世界大戦では太平洋戦争の主な戦地などを取り上げる。

　これらの歴史的事象はこれまでの指導でも一部扱われてきたが，今回の改訂ではグローバル化の視点から一層重視されている。背景には，高等学校の地理歴史科において世界史が必履修科目でなくなったことがある。ここでは，当時の日本を取り巻く世界に目を向けるよう，世界やアジア地区の歴史地図をいかに提示し活用するかがポイントになる。歴史学習においても地図帳の効果的な活用が求められる。

　歴史に関する指導の過程では，「国を治める」「力をもつ」「国づくりを進める」などの抽象的な表現や，「政権」「幕府」「政府」「年貢」「地租」「選挙や選挙権」「国会や内閣」など政治に関する基本的な用語が数多く登場する。そのようなときには，既に学んでいる日本国憲法や政治の仕組み，政治の働きに関する学習で習得している知識と関連付け，子供たちの理解が深まるよう配慮する。政治先習のよさや学習成果を生かした歴史学習を展開することが求められる。

　歴史学習の終末では，これまでの学習を振り返り，歴史を学んできた意味について総合的に考えさせ，自分の考えをレポートにまとめたり討論したりする場面を取り入れる。また，将来に目を向け，我が国の将来の発展を考えさせるようにする。

(2) 小単元「むらからくにへ」の指導計画

ア 目標

・農耕の始まりによって,それまでの生活や社会が大きく変化したこと,各地に大きな力をもつ豪族が現れ,やがて大和朝廷(大和政権)によって国土が統一されていったことを理解するとともに,遺跡や文化財,地図や年表などの各種資料を適切に調べ,まとめる技能を身に付ける。

・「調べる」場面で調べたそれぞれの時代の様子などの知識を基に,比較・関連・統合させ,「むら」から「くに」へ,そして全国が統一されていく過程を考え,表現することができる。

・意欲的に問題解決に取り組み,当時の人々も生活を向上させるために様々な工夫や努力をしていたことに関心をもつようにする。

イ 指導のアイデア

・我が国の歴史に関する学習の初めとなるこの単元では,「自分と歴史とは,つながっている」という意識を子供たちがもてるようにしたい。今回は青森県の「三内丸山遺跡」,佐賀県の「吉野ヶ里遺跡」,大阪府の「大仙古墳」を「学習問題をつかむ」場面での教材として取り上げたが,子供たちの住む地域により身近な遺跡や古墳があれば,そちらを教材として取り上げることが考えられる。それにより,「何千年も前に,私たちの地域で生活をしていた人がいた」と自分たちと歴史とをつなげて考えやすい。また,身近に感じることで,問題を解決する意欲にもなり,主体的に学習に取り組む姿にもつながる。

・「学習問題をつかむ」場面では,まず第一時に縄文時代の狩猟・採集の生活の様子を調べ,理解する。第二時では「三内丸山遺跡」「吉野ヶ里遺跡」「大仙古墳」を時系列に並べ,様子が変化していることを読み取ることによって,「時代によってどのように変化したのだろう」と時間的な見方を働かせて考える。

・「調べる」場面で「米づくりの伝来」「古墳をつくる技術」など大陸から文化や技術が我が国に伝わったことを調べる際に，地図資料を，位置や空間的な広がりに着目して見るようにし，我が国が大陸からの影響を受けて変化したり発展したりしていることを捉えられるようにしたい。

ウ　指導計画（7時間扱い）

	主な発問・指示と学習内容	資料等	指導上の留意点	時
学習問題をつかむ	①三内丸山遺跡の人々の生活の様子を調べてみよう。 ・狩りや採集が中心で，自然の道具を工夫し，生活をよりよくしていた。 ②縄文時代の人々の生活や社会は，この後，どう変わっていったのだろう。 　縄文時代の生活や社会の様子は，どのように変化していったのだろう。 ・生活の変化　・社会の様子の変化	・年表，地図 ・縄文時代のくらしの想像図 ・三内丸山遺跡，米づくりの様子，古墳づくりの想像図	・縄文時代の人々も様々な工夫をして生活をよりよくしようとしていたことに気付かせる。 ・三つの想像図を比べ，生活や社会の様子がどのように変化していったのか予想し，話し合い，学習問題をつくる。	1 2
調べる	③米づくりのむらの人々の生活の様子について調べてみよう。 ・かしらを中心に集団で生活 ④「むら」から「くに」への様子の変化を調べよう。 ・争いでむらからくにに発展する。（吉野ヶ里遺跡，邪馬台国・卑弥呼） ⑤古墳づくりの作業や目的を調べる。 ・多くの人を集め，渡来人から技術を教わり古墳をつくった。 ・王や豪族の力の強さを示す。 ⑥大和政権の力の広がりを調べる。 ・大和から各地に勢力を広げ，ほぼ国土を統一した。	・米づくりの伝来経路の地図資料 ・米づくりのむらの様子の想像図 ・吉野ヶ里遺跡 ・矢じりの刺さった人骨 ・古墳づくりに関わる人数や金額 ・ワカタケル大王の名が記された鉄刀や鉄剣	・縄文時代からの変化にも着目させる。 ・米づくりの伝来など大陸との関わり，大和政権の勢力の広がりなどについて，どこから伝わったのか，どのように広がっていったのか捉えるようにする。 ・神話や伝承を活用し，当時の人々の考え方に関心をもたせる。	3 4 5 6
まとめる	⑦学習問題を解決しよう。 ・米づくりが始まり生活は安定したが身分の差が生まれた。むらとむらが争ってくにになりやがて大和政権が国土を統一した。	・三つの想像図が入ったワークシート	・調べて分かったことを関連させ，どのように変化してきたか文章でまとめる。	7

(3) 小単元「天皇による政治」の指導計画

ア 目標

・大陸文化の摂取，大化の改新，大仏造営の様子を手がかりに，天皇を中心とする政治の仕組みが確立されたことを理解するとともに，文化財，地図や年表，各種資料などを適切に調べ，まとめる技能を身に付ける。

・大陸の進んだ文化を取り入れたことや天皇中心の国づくりの様子，大仏造営に込められた聖武天皇の願いや大仏造営の様子について，調べて分かったことを関連付けたり総合したりして，天皇中心の政治の仕組みが確立されたことを考え，文章などに表現することができる。

・意欲的に問題解決に取り組み，天皇中心の国づくりがどのように行われたのか関心をもつようにする。

イ 指導のアイデア

・大化の改新によって，租・庸・調といった税が全国各地から運ばれてきていることを表す地図や聖武天皇が国分寺を全国に置いたことを示す地図などを活用し，国分寺の置かれた位置などの空間的な広がりに着目して，天皇中心の政治の仕組みが整ってきたことを捉えさせたい。

・大仏造営のための材料が送られてきた産地の地図から，当時，天皇の力がどのあたりまで及んでいたのか考えるようにする。また，大仏造営に動員された人数や使われた材料の量などから，そうしたものを集めることのできた当時の天皇の力の大きさを考えるようにする。

・聖武天皇のつくらせた大仏の大きさを実感させるために，例えば，実際の目の大きさを模造紙などで示すようにする。するとなぜ，聖武天皇は，巨大な大仏をつくらせたのかという疑問が出てくる。そこで当時の世の中の出来事を示した年表から，聖武天皇の頃，天災や疫病，貴族たちの争いや反乱があり，不安な世の中だったことから仏教の力で平安な世をつくろうとしたことを考えるようにする。

・「遣隋使の航路図」「遣唐使の航路図」「正倉院の宝物のふるさと」

などの地図資料から，当時の日本が大陸から進んだ技術や文化を取り入れようとしていたことなどに気付かせ，海外との関わりについて捉えられるようにする。

ウ　指導計画（6時間扱い）

	主な発問・指示と学習内容	資料等	指導上の留意点	時
学習問題をつかむ	①法隆寺と東大寺，飛鳥大仏と奈良の大仏について調べ，分かったことや疑問に思うことを基に学習問題をつくり，その予想を基にして学習計画を立てる。 ・なぜ同じような取組をしているのだろう。 ・どのような国にしたかったのだろう。	・文化財についての文書資料 ・文化財の写真	・時代が違っても共通した取組があることに気付かせる。 ・共通したねらいがあるのではないかと考えさせる。	1
	聖徳太子や聖武天皇は，どのような国づくりを目指したのだろう。			
調べる	②聖徳太子の国づくりを調べる。 ・十七条の憲法，冠位十二階 ・遣隋使の派遣	・政策が分かる年表 ・政策についての文書資料 ・遣隋使の航路図などの地図 ・平城京から発見された木簡	・「遣隋使の交通路」などの地図を使って，大陸のすぐれた文化を取り入れ，国づくりに役立てようとしていることなどを空間的に捉えるようにする。 ・調べた事実から当時の為政者の国づくりへの思いを考える。	2
	③中大兄皇子や中臣鎌足の国づくりを調べる。 ・大化の改新 ・律令制度，租・庸・調			3
	④聖武天皇の国づくりを調べる。 ・大仏づくりの目的や行基の働き ・国分寺の設置の目的 ・遣唐使や鑑真の働き	・国分寺が置かれた場所（地図資料） ・大仏の大きさ ・大仏づくりのために集められた人や物資 ・聖武天皇の頃の年表 ・遣唐使の航路図 ・正倉院の宝物のふるさと		4 5
まとめる	⑤学習問題を解決する。 ・聖徳太子が目指した国づくりは，中大兄皇子や中臣鎌足によって引き継がれ，聖武天皇の頃には，天皇中心の政治の仕組みが整った。	・「調べる」で使用したワークシート	・調べたことで共通することを基に，学習問題の解決を文章にまとめる。	6

(4) 小単元「貴族の文化」の指導計画
ア 目標
- 貴族の生活や文化について調べ，貴族のくらしの中から日本風の文化が生まれたことを理解するとともに，文化財や当時の生活の様子が分かる絵画などの資料を適切に調べまとめる技能を身に付ける。
- 貴族の服装や建物，日常の生活や行事などの様子や紫式部や清少納言の作品について，関連付けたり総合したりして，この頃の文化の特色を考えて表現することができる。
- 意欲的に問題解決に取り組み，先人によってつくり出され，受け継がれてきた我が国の伝統や文化を大切にしようとする心情を養う。

イ 指導のアイデア
- 「つかむ」段階では，約1000年も前に生まれ，現在では世界30か国語以上に翻訳されている『源氏物語』という有名な日本の文学が平安時代の貴族のくらしの中から生まれたことに驚きをもたせるようにする。また，当時，大きな力をもっていた貴族の藤原道長が，源氏物語の愛読者で，作品を心待ちにしていたというエピソードも紹介し，源氏物語への関心を高めるようにする。そして，どんな内容の文学だったのか，また，この頃，源氏物語の他には，どんな文化が生まれたのかという問題意識を高め，学習問題につなげるようにする。
- この頃生まれた「かな文字」が現在でも使われていることや平安貴族の女性が身に付けていた十二単が現在の女性の和服の基になっていること，貴族の年中行事から生まれた七夕やひな祭り，葵祭などが今の季節の行事になっていることなどから，この頃の貴族のくらしの中から生まれた文化が，長い時間の中で人々に大切に受けつがれて今につながっていることを考えられるようにする。
- 「まとめる」段階では，貴族の文化のよさを和歌にして詠み合ったりする活動を設定する。

ウ　指導計画（3時間扱い）

	主な発問・指示と学習内容	資料等	指導上の留意点	時
学習問題をつかむ	①平安時代の貴族たちは，どのようなくらしをしていたのだろう。 ・貴族は，大きな寝殿造の屋敷でくらし，広い庭で遊びのようなことをしている。 ・貴族は，はなやかなくらしをしていた。 ・この頃貴族が政治の中心を担い，藤原道長が大きな権力をもっていた。 ②この時代に生まれた世界的にも有名な文学を紹介しましょう。 ・『源氏物語』が30か国以上で読まれている。 ・他にはどんな文化が生まれたんだろう？ ③学習問題を立て予想を話し合おう。 貴族が栄えていたころ，どのような文化が生まれたのだろう？ ・想像図の様子から，はなやかな文化が生まれたのではないかな。	・寝殿造の想像図 ・藤原道長の肖像画や望月の歌 ・貴族の活躍が分かる文書資料 ・源氏物語の愛読者のエピソード ・外国で売られている本の表紙『THE TALE OF GENJI』の写真	・寝殿造の想像図から，屋敷の広さや人の多さ，建物の様子などを読み取らせる。 ・この時代の文化に興味をもたせるため，1000年以上も前の日本の文学が30か国語以上に翻訳されているという数字にも着目させ，世界的にも有名な『源氏物語』を簡単に紹介する。	1
調べる	④貴族のはなやかなくらしの中から，どのような文化が生まれたのだろう。 ・貴族の生活が分かる大和絵が描かれ，和歌がつくられた。 ・漢字からかな文字がつくられた。 ・清少納言もかな文字の文学作品『枕草子』を書き著した。 ・女性の着物である十二単は，今の着物の基になった。 ・寝殿造の代表的な建築物は，宇治の平等院鳳凰堂。	・大和絵 ・百人一首 ・かな文字のでき方 ・清少納言と紫式部のエピソード ・『枕草子』 ・十二単 ・宇治平等院鳳凰堂	・貴族のくらしや文化について書かれた資料を並べたコーナーを設けたり，ICTを活用したりして，児童が自分で資料を選んで調べる活動も考えられる。	2
まとめる	⑤貴族の年中行事から生まれ，今に伝わっている行事には，どんなものがあるのだろう。 ・七夕やひな祭り ・蹴鞠や曲水の宴，葵祭 ⑥学習問題についてまとめよう。 ・貴族のくらしの中から，はなやかで今にも受け継がれる日本風の文化が生まれた。	・貴族の年中行事 ・今も行われる蹴鞠や曲水の宴の写真 ・調べたノート	・今も受け継がれる貴族の年中行事から自分たちの生活とのつながりに気付かせる。 ・和歌風にまとめ読み合う。	3

(5) 小単元「武士による政治」の指導計画

ア 目標

・武士の始まりやくらし，源平の戦い，鎌倉幕府の始まり，元との戦いについて，それらに関わる人物の働きや代表的な文化遺産などを調べることを通して，武士による政治が始まったことを理解するとともに，地図や年表，当時の様子が分かる資料などを適切に選択し調べまとめる技能を身に付ける。

・武士が台頭してきたことや源平の戦い，源頼朝による鎌倉幕府が開かれたこと，元との戦いなどの出来事を比較したり関連付けたりして考え，この頃の世の中の様子について表現することができる。

・意欲的に問題解決に取り組み，源頼朝が武士のための政治が長く続くように工夫したり北条時宗が全国の武士を動員し元の襲来を退けたりしたことなどに関心をもつ。

イ 指導のアイデア

・「つかむ」段階では，平治物語絵巻の武士を貴族がよけている場面の絵を提示し，その意味を考えたり，武士が治めていた土地の広がりについて資料を調べたりすることで，なぜそれまで政治の中心にいた貴族よりも武士が力をもつようになったのかという問題意識をもてるようにする。

・最盛期の平氏の力について当時の平氏の言葉や勢力図から考えるとともに，平治の乱で負けて力の差があったのにもかかわらず，頼朝がどのようにして平氏を滅ぼしたのか関心がもてるようにする。

・毎時間，学習の振り返りで，「清盛に対して」「頼朝に対して」「元寇後の幕府に対して」の武士たちの思いという形で調べたことを基に表現させる。人物になりきって書くことで，1時間ごとの課題に対して学んだ知識の羅列でなく児童の考えを表現できる。また，政治を行う立場とともに，武士という立場でも考えることで，多角的に考えることができる。児童同士で武士役と聞き役となってインタ

ビューし合う時間を設けることで，学んだ成果を子供同士が共有するとともに，学びの成果を確認し合うこともできる。

ウ 指導計画（6時間扱い）

	主な発問・指示と学習内容	資料等	指導上の留意点	時
学習問題をつかむ	①武士と貴族の生活を比べて気付いたことを発表しよう。 ・武士は戦いに備えたくらし ・華やかなくらしではない。 ②武士の勢力の広がりからこの当時の武士の立場について考えよう。 ・武士の領地は全国に及んでいる。 ・貴族の力はどうなったのか。 ③疑問を出し，学習問題をつくろう。 どのようにして，武士は世の中の中心となったのだろう。 ④予想を出し合い，年表を基に学習計画を立てよう。 【調べること】・源平の戦い ・鎌倉幕府 ・元との戦い	・武士の館と貴族の寝殿造 ・平氏の管理した地域 ・平治物語絵巻 ・年表（平安時代末～鎌倉時代）	・何のために戦いに備えているのか武士の思いに目を向けさせる。 ・武士の勢力の大きな広がりから，貴族から武士の世になったことを感じさせる。 ・年表に記された武士中心の世の中になったことに関わる内容を調べる学習計画を立てるようにする。	1 2
調べる	⑤源平の戦いについて調べよう。 ・平氏が朝廷や貴族の争いに関わって力をもった。 ・平氏は朝廷の役職を独占した。 ・源氏が平氏に不満をもつ武士を仲間にして平氏を滅ぼした。 ⑥鎌倉幕府について調べよう。 ・京都から離れた鎌倉での政治 ・守護，地頭を全国に配置 ・源頼朝による「御恩と奉公」 ⑦元との戦いについて調べよう。 ・当時のモンゴル帝国の勢力 ・元寇 ・元との戦いによるほうびの土地がもらえず幕府と御家人の関係が崩れた。	・当時の平氏の権力が分かる絵や文書資料 ・平氏，源氏の分布図 ・御恩と奉公 ・守護，地頭配置図 ・蒙古襲来絵詞や戦いの様子 ・モンゴル帝国勢力図 ・元軍の進路	・平氏への不満だけでなく，武士としての手腕にも着目させる。 ・将軍の力が全国に及んでいることを捉えさせる。 ・全国の武士が動員された戦いであったことに着目させる。 ・御恩と奉公が果たせなかったことに触れる。	3 4 5
まとめる	⑧調べたことを整理し，学習問題に対する考えをまとめ，話し合おう。 ・武士は戦いを通して朝廷や貴族を超える力を付けていった。源頼朝が鎌倉幕府を開き，御恩と奉公の関係を築き，全国に影響するような武士中心の政治が始まった。	・それまでに調べたことをまとめたノート	・調べたことを比較・関連付けたり総合したりして，武士が政治の中心になったことをまとめさせる。	6

(6) 小単元「室町文化」の指導計画
ア 目標
- 京都の室町に幕府が置かれた頃の文化について，代表的な建造物や絵画とそれに関わる人物の働きを手掛かりに，今日の生活文化につながる室町文化が生まれたことを理解するとともに，写真や絵画，地図，年表などの資料を適切に調べまとめる技能を身に付ける。
- 武士や民衆の中から生まれた室町文化が，今日も多くの人々に親しまれていることについて考え，表現することができる。
- 意欲的に問題解決に取り組み，室町時代と今日の生活文化との関わりについて関心をもつようにする。

イ 指導のアイデア
- 「つかむ」段階では，平安時代の寝殿造と室町時代を代表する建築物である金閣・銀閣・東求堂を年表で確認したり比べたりすることで，時代の移り変わりとともに新しい文化が成立していったことに気付かせたい。また，東求堂の内部と現在の伝統的な和室を比較し共通点に気付かせることで，児童がその他の室町文化について調べる際も，室町文化と現在の生活とのつながりを意識するようにする。
- 本事例では，小単元を通してパンフレット型のワークシートを活用することで，作業的に学び進める方法を例示した。ワークシートは3頁構成として，1頁目は「つかむ」段階の資料からの気付きや学習問題，予想等を記入する。2頁目は「調べる」段階で必要に応じて絵図や地図を貼りながら調べた内容や分かったことを記入し，3頁目は「まとめる」段階で学習問題に対する考えを記入するようにした。このようなワークシートを活用することで，常に学習問題や年表等の各種資料を確認しながら学習を進めることができる。
- 雪舟の水墨画を調べる際は雪舟のたどった旅を地図に表し，当時の中国（明）に渡り本格的な水墨画を学んだことや，各地で水墨画を描いたことから，京都から全国への文化の広がりに気付かせる。

ウ 指導計画（4時間扱い）

	主な発問・指示と学習内容	資料等	指導上の留意点	時
学習問題をつかむ	①平安時代の建物である伽羅御所（寝殿造）と室町時代の建物である金閣・銀閣を比べてみよう。 ・建造物のつくりが貴族の頃と室町時代で変わってきている。 ・貴族の文化の特ちょうに武士の文化や仏教の特ちょうが加わっている。 ②室町時代にできた東求堂の内部と今の日本の和室を比べてみよう。 ・東求堂の内部のつくりが今の伝統的な和室のもとになっている。 ③この頃生まれ、今の日本文化ともつながりのありそうな室町文化についてどんな文化なのか調べる学習問題をつくり、調べる計画を立てましょう。	・室町時代の年表 ・伽羅御所（寝殿造）の写真 ・金閣、銀閣の外観写真、内部の建築様式 ・東求堂の内部の写真 ・現代の代表的な和室の写真 ・水墨画や生け花、茶の湯、能、狂言の写真	・伽羅御所（岩手県奥州市）や金閣、銀閣のできた年を示し、時間の経過による建造物のつくりの変化に気付かせる。 ・東求堂の内部と現在の伝統的な和室の共通点から、当時の室町文化が今につながっていることに気付かせる。 ・パンフレット型ワークシートにまとめていくことを知らせる。	1
	室町文化とはどのようなものなのだろう。			
	【調べること】 ・水墨画　・生け花　・茶の湯 ・能　・狂言	・パンフレット型ワークシート		
調べる	④雪舟が完成させた水墨画とは、どのようなものだったのだろう。 ・雪舟は子供のころから絵が好きで上手だった。 ・中国に渡って水墨画を学んだ。 ・それまでの水墨画に自分の工夫を入れ、墨の濃淡だけで雄大な自然を描いた。 ・帰国後は、全国を旅して、各地で水墨画の傑作を描いた。	・雪舟のエピソード ・天橋立図 ・山水長巻 ・雪舟の創作の軌跡を記した地図	・水墨画が禅宗の影響を受けていることに気付かせる。 ・雪舟の創作の軌跡から、中国の影響や文化の全国への広がりに気付かせる。	2
	⑤そのほかの室町文化は、どのようなものなのか調べてみましょう。 ・戦乱をさけた都の貴族たちが地方に文化を伝えた。 ・今でも多くの人が親しんでいる。	・茶の湯、生け花、能や狂言等の資料	・都に生まれた文化が地方に広がったわけを押さえる。	3
まとめる	⑥室町文化とはどのようなものなのだろう。 ・貴族の文化と武士の文化や仏教の文化が混じり合ったもの ・地方にも広がった文化 ・今でも多くの人たちに親しまれている文化	・子供がまとめた室町文化のパンフレット	・それまで調べた室町文化の特色を整理する。	4

(7) 小単元「天下統一」の指導計画

ア 目標

- 織田信長，豊臣秀吉の働きについて，群雄割拠の状態から戦国の世が統一されたことを理解するとともに，地図や年表，当時の様子が分かる資料などを適切に選択し調べまとめる技能を身に付ける。
- 天下統一に向けて織田信長，豊臣秀吉が果たした役割について考え，表現することができる。
- 意欲的に問題解決に取り組み，群雄割拠の時代から天下統一を進め当時の社会を安定させるために織田信長と豊臣秀吉が大きな役割を果たしたことに関心をもつ。

イ 指導のアイデア

- 「つかむ」段階では，長篠の戦い時（天正3（1575）年）での長篠城の様子と，秀吉のつくった大坂城の様子（大坂夏の陣図屏風）を比べ，秀吉の頃は，平和になっている様子をつかませる。そして天正18（1590）年以前と以降での国内での大きな戦の数の差を示す（ドット図）ことで，どのようにして戦のない平和な世になったのかという問題意識を高めるようにする。
- 「調べる」段階で，毎時の振り返りを行う際，信長，秀吉それぞれの取組No.1を話し合って決めるという対話的な活動を取り入れる。なぜNo.1なのか理由も考えて話し合い，信長は新しい時代を切り開いた土台づくりの役割，秀吉は兵農分離の仕組みをつくり，武士による支配を確立し全国を統一したことを捉えられるようにする。
- 「まとめる」段階で，学習問題に対しての考えをまとめた後，信長，秀吉それぞれの優れている点をグループで話し合うようにする。そして話合いを生かして信長，秀吉どちらかに「○○賞」として，個人で表彰状をつくる。グループの中で授賞式を行うことで，戦国の世の統一に向けて果たした役割について学んだ成果を共有したり，学びの成果を確認したりすることができる。

ウ　指導計画（6時間扱い）

	主な発問・指示と学習内容	資料等	指導上の留意点	時
学習問題をつかむ	①長篠城図から，分かったことや気付いたことを発表しよう。 ・大勢の武士が争いをしている。 ②大坂城図と長篠城図を比較したり天正18（1590）年を境にした以前と以後の戦いの分布図を見たりして，違いを読み取ろう。 ・天正18（1590）年以降は，争いがなく平和になった。 ③世の中の様子が変わったことに着目し，学習問題をつくろう。 戦いの多い世の中から，どのようにして平和な世の中になったのだろう。 ④予想を出し合い，年表を基に学習計画を立てよう。 ・織田信長，豊臣秀吉について	・長篠城図の資料 ・大坂城図の資料 ・天正18（1590）年以前と以降の国内での大きな戦い ・年表（鉄砲伝来〜朝鮮侵略）	・争いの数に着目し時代を比べることで，平和な世の中になったことをつかませる。 ・年表からどのようにして戦のない世になったかについての内容を調べる学習計画を立てる。	1 2
調べる	⑤織田信長が果たした役割について調べよう。 ・鉄砲を大量に用いた戦い方の工夫　・仏教勢力との戦い　・南蛮との交流　・堺の支配　・キリスト教の保護 ⑥織田信長はどのようにして，収入を得ていたか調べよう。 ・楽市・楽座・関所の廃止，安土に拠点を移した理由 ⑦豊臣秀吉が果たした役割について調べよう。 ・大坂城築城　・検地　・刀狩 ・武士と百姓や町人を区別　・朝鮮出兵	・人物年表 ・肖像画 ・勢力図 ・安土城 ・信長の取組に関する文書資料 ・人物年表 ・肖像画 ・秀吉の取組に関する文書資料	・短い期間で信長が勢力を伸ばしたことを感じられるように資料提示する。 ・安土城の絢爛さと町の大きさを実感できるようにする。 ・検地では測量方法を統一したことの意味を考えさせる。	3 4 5
まとめる	⑧調べたことを整理し，学習問題に対する考えをまとめよう。 ・信長は新しい時代への土台づくり ・秀吉は，検地・刀狩により武士による支配をつくり上げた ⑨グループで信長と秀吉について，優れている点を話し合い，それを基に，信長か秀吉に向けて表彰状をつくろう。 ・信長，秀吉の優れている点	・それまでに調べたことをまとめたノート	・調べたことを比較・関連付けたり総合したりして，戦国の世が統一されたことをまとめさせる。	6

(8) 小単元「江戸幕府の成立」の指導計画

ア 目標

・江戸幕府の始まり，参勤交代や鎖国などの幕府の政策，身分制を手掛かりに，武士による政治が安定したことを理解するとともに，地図などの資料で歴史上の事象の位置や地域間のつながりなどを適切に読み取り，調べたことをまとめる技能を身に付ける。

・関ヶ原の戦い，江戸幕府の大名配置，参勤交代や鎖国などの幕府の政策，武士を中心とした身分制などを関連付けたり総合したりして，幕府の政策の意図や社会の様子を考えて表現することができる。

・意欲的に問題解決に取り組み，江戸幕府の政策について複数の立場からの多角的な思考や理解を通して，先人の働きにより当時の社会が平和で安定したことに関心がもてる。

イ 指導のアイデア

・「つかむ」段階では，徳川家康の将軍在任期間2年という短さと，その後の江戸幕府が260年続いたという長さとのギャップを生かし「将軍としてわずか2年だけなのにもかかわらず，どうして江戸幕府はそんなに長く続いたのだろう？」という問題意識を醸成する。予想する際には，略年表を活用して見通しをもたせる。

・「調べる」段階では，まず，家康や家光による幕府の大名統制から「厳しいきまりをつくって，幕府に逆らえなくした」という知識を児童にもたせるようにする。さらに，それを農民統制やキリスト教の取り締まりを調べる場面で活用し，「同じように，厳しいきまりをつくって逆らえなくしたのではないか」という見通しをもたせたり，幕府の政策の共通性を捉えさせたりする。そして，それらを総合し「幕府は厳しいきまりをつくって様々な人々を逆らえなくし，武士による支配を安定させた」とまとめるようにする。

・「鎖国」については，つながりのあった国の名称や位置などを，日本地図や世界地図を活用して確認し視野を広げる。

ウ　指導計画（6時間扱い）

	主な発問・指示と学習内容	資料等	指導上の留意点	時
学習問題をつかむ	①豊臣秀吉による天下統一から10年後の様子を見てみましょう。 ・天下分け目の関ケ原の戦いで徳川家康が勝利した。 ・征夷大将軍となり江戸幕府を開いた。 ②徳川家康が将軍だった時代は、どれくらい続いたのでしょうか？ ・わずか2年で将軍職をゆずっている。 ・でも、その後も江戸幕府は約260年も続いている。 江戸幕府は、どのようにして長い間、世の中を治めることができたのだろう。 ③江戸時代の略年表を基に予想を立て、学習計画を考える。 ・ライバルを倒した。 ・大名に対する政策を行った。 ・農民に対する政策を行った。 ・キリスト教を取り締まった。	・関ケ原の合戦図屏風 ・略年表①（家康の業績を中心に〜慶長8（1603）年） ・鎌倉、室町、江戸幕府が続いた長さを示す等尺年表 ・略年表②（家康・家光の主な業績を中心に慶長9（1604）〜慶応3（1867）年まで）	・江戸幕府の長さをつかませるために、鎌倉、室町と等尺年表で比較して視覚的に示す。 ・家康の将軍在任期間がわずか2年であるにもかかわらず、江戸幕府が約260年も続いたことから疑問をもたせる。 ・略年表には、家康・家光の主な業績を入れて、調べる見通しをもたせる。	1
調べる	④家康は、その後どのような役割を果たしたのだろう？ ・大坂の陣で豊臣氏を滅ぼす。 ・江戸城の建設と江戸の町づくり ・一国一城令 ⑤幕府（徳川家光）は、大名をどのように従えたのだろう。 ・大名配置を工夫　・参勤交代 ⑥幕府は、百姓や町人などをどのように支配したのだろう。 ・士農工商　・五人組　・お触れ書き ⑦幕府は、どのようにしてキリスト教を禁止したのだろう。 ・島原の乱　・鎖国令 ・キリスト教の禁止と踏み絵	・大坂の陣 ・江戸城 ・一国一城令 ・大名配置図 ・武家諸法度 ・参勤交代 ・お触れ書き ・島原の乱 ・鎖国令 ・踏み絵 ・四つの窓	・大名統制で、「きまりをつくって逆らえなくした」という知識をもたせ、それを他の場面で活用し見通しをもたせる。 ・鎖国中も「四つの窓」を通して外国と交流があったことをつかませ、地図で確認する。	2 3 4 5
まとめる	⑧調べて考えてきたことをまとめ、学習問題を解決しよう。 ・家康が江戸の町や幕府の政治の仕組みの基礎を整えた。 ・家光が大名や百姓・町人らを厳しいきまりをつくって支配し、武士による政治を安定させた。	・今まで調べてきた資料やノート	・大名、農民、キリスト教への政策に共通することを考えさせ、総合して考えるようにする。	6

(9) 小単元「町人文化と新しい学問」の指導計画

ア 目標

- 歌舞伎や浮世絵，国学や蘭学を調べることを通して，町人の文化が栄え新しい学問がおこったことを理解するとともに，歌舞伎や浮世絵などの作品や各種資料，地図や年表などの資料を適切に調べまとめる技能を身に付ける。
- 歌舞伎や浮世絵，国学や蘭学に関わった人物の業績とこのころの世の中の様子や人々の様子と関連させ，当時の人々のくらしや社会の発展に与えた影響を考え，表現することができる。
- 意欲的に問題解決に取り組み，この頃の町人文化が現在でも多くの人たちに親しまれ，海外でも愛好されていることから，こうした文化を大切にしていこうという自覚をもつようにする。

イ 指導のアイデア

- 江戸の町人文化や当時の新しい学問について「ガイドブック」に「どのような文化や学問だったのか」「活躍した人物」「当時の社会に与えた影響」といった項目で調べたこと・考えたことを記し，まとめの段階で，それぞれにキャッチコピーを付けるようにする。
- 人物のエピソードやどのような文化や学問だったのか，子供たちが興味を引く事実を示すようにする。町人文化については，歌舞伎劇場で多くの町人が芝居を楽しむ様子の絵，浮世絵が役者のブロマイドのようなものだったことや当時の旅ブームを引き起こしたこと，作家の近松門左衛門が，武士を捨てて作者の道に入ったことなどである。学問については，蘭学における解体新書の人体解剖図と当時の解剖図，伊能忠敬の日本地図と当時の日本地図を比較する。
- 歌舞伎や浮世絵が，時を超えて現在も多くの人たちに親しまれていることや，日本だけでなく，海外にも愛好者がいることを示す。そのことにより，江戸時代に生まれた町人文化のよさや特色を多角的に考えられるようにする。

ウ　指導計画（5時間扱い）

	主な発問・指示と学習内容	資料等	指導上の留意点	時
学習問題をつかむ	①江戸時代17世紀末から19世紀前半，町人たちは，どんな様子だったのだろう。 ・交通網が整備され，産業が発達し，町人たちが，力を付けてきた。 ②この頃どのような文化や学問が生まれたのだろう。 ・町人たちがたくさん歌舞伎を楽しんでいる。 ・それまでの学問とは違った学問がおこってきているようだ。 江戸時代，町人たちが力を付けるなかで，どのような文化や学問が生まれたのだろう。 ・どんな文化や学問だったのか ・活躍した人物	・大阪の蔵屋敷や日本橋のにぎわい ・産業や交通の発達 ・歌舞伎劇場の絵 ・解体新書と以前の解剖図 ・ガイドブック見本	・交通網が整備され，産業が発達する中で，町人たちが力を付けてきたことを捉えさせる。 ・町人たちが芝居を楽しむ様子や新しい学問が生まれていることから学習の見通しをもたせる。 ・ガイドブックにまとめることを伝える。	1
調べる	③歌舞伎は，どんな文化で，だれが活躍したのだろう ・町人が親しむ題材を芝居にした。 ・近松門左衛門が脚本を書いた。 ④浮世絵はどんな文化で，だれが活躍したのだろう。 ・多色刷りの木版画で，役者や美人，各地の風景が描かれた。 ・歌川広重や葛飾北斎，写楽などが絵師として活躍した。 ⑤このころの学問は，どのようなもので，だれが活躍したのだろう。 ・蘭学は，オランダから伝わってきた学問で，医学では，杉田玄白が解体新書を苦労して翻訳し，伊能忠敬は，日本中を測量し，精密な日本地図をつくった。 ・国学は，日本に古くからある考えを研究した学問で，本居宣長は，35年かけて古事記伝を完成させた。	・近松門左衛門のエピソード ・今の歌舞伎の写真 ・浮世絵のつくり方 ・浮世絵の代表作品 ・ゴッホの浮世絵 ・伊能忠敬の日本地図と行基図の比較 ・測量器具 ・本居宣長の文章資料 ・古事記伝	・歌舞伎と浮世絵については，今でも愛好者がいることや世界でも評価されている事実を示し，文化の特色について多角的に考えさせる。 ・蘭学や国学が，当時の社会や人々にどのような影響を与えたのか考えるようにする。	2 3 4
まとめる	⑥歌舞伎や浮世絵，蘭学と国学のキャッチコピーを考えよう。 ・町人に何より身近な歌舞伎 ・今も昔も親しまれる浮世絵 ・当時の社会を発展させた蘭学 ・古くからある日本らしい心を研究した国学	・町人文化や新しい学問について調べてまとめたガイドブック	・それぞれの文化や学問の特色をキャッチコピーで表現させ，ガイドブックに書き込ませる。	5

(10) 小単元「明治維新」の指導計画
ア 目標
- 黒船の来航，廃藩置県や四民平等などの改革，文明開化などを調べることを通して，我が国が明治維新を通して欧米の文化を取り入れつつ近代化を進めたことを理解するとともに，写真や絵画，文章資料，地図や年表などの資料を調べ，まとめる技能を身に付ける。
- 明治維新による諸改革や欧米の文化や考え方を取り入れた文明開化などによって，当時の社会や人々のくらしがどのように変化したのか，当時の人物の働きと関連付けて考え，表現することができる。
- 意欲的に問題解決に取り組み，当時の人々の新しい国づくりに対する思いや願いに触れながら，近代国家への歩みが現代社会につながる第一歩となったという自覚をもつようにする。

イ 指導のアイデア
- 「つかむ」段階では，日本橋の江戸時代末の様子と明治時代初めの様子を比較したり，明治時代初めの文化について調べたりし，なぜ短期間にこのような大きな変化が起きてしまったのかという疑問をもたせる。そして，このような変化のきっかけになった出来事やどのような人物が活躍して当時の社会を変えていったのかという問題意識を高めるようにする。
- 黒船来航の様子を表した資料とともに，アジアの各地に欧米諸国の勢力が伸びていたことを示す地図を示し，黒船の来航や各国と結ばれた不平等条約なども，そうした世界の流れの中で行われたことを捉えられるようにする。
- 「まとめる」段階では，明治政府の様々な改革と人物の働きについて調べて分かったことを関連図にまとめる。明治政府が行った「五か条の御誓文」「廃藩置県」「四民平等」「地租改正」「殖産興業」「徴兵令」などが富国強兵や近代国家につながることや，それらの改革に3人の人物がどのように関わり取り組んだのか説明する。

ウ 指導計画（7時間扱い）

	主な発問・指示と学習内容	資料等	指導上の留意点	時
学習問題をつかむ	①江戸時代末頃の日本橋と明治時代初めの日本橋の様子を比べて，気が付いたことを話し合おう。 ・服装が洋服になっている。 ・洋館のような建物ができている。 ・武士がいない。 ②江戸から明治に変わった経過と，明治時代の国づくりについて学習問題をつくり，調べる計画を立てよう。 明治維新では，どんな人々が，どのように国のしくみや社会を変えていったのだろう。 【調べること】 ・江戸から明治への世の中の変化 ・新しい政治のしくみと国づくり ・新しい文化と人々のくらし	・江戸時代末頃と明治時代初めの日本橋の様子をあらわした資料 ・維新の三傑 ・明治初めの年表	・江戸時代長い間変わらなかったのが，明治にかけて短期間に社会が変化したことから，誰がどのような思いや願いで国づくりを進めたのかを調べる学習問題を設定する。 ・幕末から明治への変化を予想し，明治の国づくりを調べる学習計画を立てる。	1 2
調べる	③黒船来航をきっかけに日本はどうなっていったのだろう。 ・開国による幕府への不満の高まり ・西洋諸国のアジアへの進出 ・大政奉還によって幕府が倒れる ・戊辰戦争で新政府の勝利 ④明治政府で，西郷隆盛や大久保利通，木戸孝允がどのような国を目指して改革を進めたのだろうか。 ・欧米の進んだ文化を取り入れながらそれまでのやり方を改めた。 ・様々な改革を行って，近代国家や富国強兵を目指した。 ⑤明治時代の文明開化とはどのようなものだったのだろう。 ・福沢諭吉の『学問のすすめ』が多くの人に読まれ，人々の考え方に影響を与えた。 ・大都市を中心に欧米の文化を取り入れたものやことが流行した。	・黒船来航 ・西洋諸国のアジア進出 ・不平等条約 ・倒幕への道のり ・五か条の御誓文 ・廃藩置県 ・四民平等 ・富岡製糸場 ・地租改正 ・徴兵令 ・開智学校 ・『学問のすすめ』 ・欧米の影響を受けて始まったもの	・当時の欧米諸国のアジア進出と国内の大きな変化を関連付けて考えるようにする。 ・それぞれの改革が，どのような国づくりを目指して行われたのか考えさせる。 ・文明開化に関わって，初めて欧米の文化に触れた当時の人々が失敗したエピソードも入れる。	3 4 5 6
まとめる	⑥学習問題について，調べたことを基に関連図にまとめよう。 ・明治政府の行った様々な改革における3人の人物の働き ・明治政府の行った改革と富国強兵の関係	・それまでに調べたノートや作品	・様々な改革と「富国強兵や近代国家づくり」が矢印でつなげられるように助言する。	7

(11) 小単元「国際的に地位を高めた日本」の指導計画

ア 目 標

- 大日本帝国憲法の発布や日清・日露の戦争，条約改正，科学の発展などについて調べることを通して，我が国の国力が充実し国際的地位が向上したことを理解するとともに，写真や絵画及び文章資料，年表や地図などから調べ，まとめる技能を身に付ける。
- 工業の発展や大日本帝国憲法の発布，議会政治の始まり，日清・日露戦争の勝利や条約改正などを関連させたり総合したりして，我が国の国力の充実や国際的地位の向上について考え，表現する。
- 意欲的に問題解決に取り組み，当時の先人たちや国民の努力によって我が国の国際的地位が向上したことに関心をもつ。

イ 指導のアイデア

- 「つかむ」段階では，ノルマントン号事件の25年後に条約の改正が完全に実現したことを年表で示しながら，その25年間の出来事をブラックボックスにしておき，この間に，条約改正につながるどんな出来事があったのか問題意識をもたせるようにする。そして，後で，この間にあった「憲法の発布」「国会の開設」「日清・日露戦争の勝利」「工業の発展」などの事実を示し，このような出来事が条約改正にどう関係したのか調べる学習問題を設定するようにする。
- ノルマントン号事件の風刺画，日清・日露戦争の風刺画，日本の西洋クラブへの仲間入りを描いた風刺画を通して，当時の日本は欧米諸国からどのように見られていたのか考えられるようにする。そして当時の日本がどのように国際的地位の向上を図ってきたのかとつなげて考えられるようにする。
- アジアで初の憲法や国会をもつ国，日清戦争と下関条約，日露戦争とポーツマス条約，工業の発展，科学の発展などと国力の充実や国際的地域の向上，条約改正との関連を図に整理し，日本の国際的地位の向上について多面的に考えられるようにする。

ウ 指導計画（7時間扱い）

	主な発問・指示と学習内容	資料等	指導上の留意点	時
学習問題をつかむ	①ノルマントン号事件を通して、当時の国民の不平等条約に対する不満は、どうだったのだろう。 ・不平等条約を改正してほしい。 ②ノルマントン号事件（明治19（1886）年）と不平等条約改正の達成（明治44（1911）年）の間には、どのようなことがあったのだろう。 ・この間に条約改正につながる出来事があったから、条約改正が実現できたのではないか。 日本はどのように不平等条約の改正ができる国になっていったのだろうか。 【調べること】 ・大日本帝国憲法の公布や国会開設 ・日清戦争や日露戦争の勝利 ・工業の発展　・条約改正	・ノルマントン号事件 ・条約改正の歩みと当時の主な出来事の年表（明治19（1886）年～明治44（1911）年をブラックボックスにしたもの） ・西洋クラブの仲間入り（風刺画）	・国際的な地位が低かったため実現しなかったのが、25年後には、条約改正が実現したことから、どんな出来事があったのか問題意識をもたせる。 ・この間の憲法公布や国会開設、日清・日露戦争の勝利などと、条約改正との関連を考える。	1 2
調べる	③大日本帝国憲法の作成や国会開設は、どのように行われ、日本にどのような影響を与えたのだろう。 ・自由民権運動の高まり ・憲法作成での伊藤博文の活躍 ・アジアで初の憲法と議会 ④日清戦争と日露戦争によって、日本と世界の国々との関係はどのように変わったのだろう。 ・日清戦争→アジアの大国清に勝利 ・日露戦争→戦費負担の増加と多くの戦死者　国際的地位の向上 ⑤この頃の工業や科学の発展により世界の中で日本の立場はどのように変わっていったのだろう。 ・繊維工場の発展　・八幡製鉄所 ・野口英世、北里柴三郎の活躍など ⑥条約改正は、どのように実現したのだろう。 ・陸奥宗光、小村寿太郎の活躍 ・日本の国力の向上を背景に実現	・自由民権運動の高まり ・伊藤博文の努力 ・憲法公布式典の絵 ・朝鮮をめぐる風刺画 ・日清・日露戦争の戦場 ・戦費と戦死者のグラフ ・八幡製鉄所 ・当時の工業生産額の変化 ・野口英世らの業績 ・条約改正の歩み	・アジアで初の憲法と議会をもったことは、外国からどのように評価されたか考えさせる。 ・それぞれの時間のまとめの場で、実現したことが、どのように国力の向上や条約の改正につながっていったのか、矢印と説明を入れて図で説明するようにする。	3 4 5 6
まとめる	⑦調べてきたことをまとめて学習問題を解決しよう。 ・大日本帝国憲法の発布や国会の開設、日清・日露戦争の勝利、工業や科学の発展などにより国力が充実し、国際的地位が向上したことを背景に、条約改正が実現	・今まで学習してきたノートや作品	・調べてきた事実を関連付けし、何によって条約改正が実現したのか考えさせる。	7

(12) 小単元「日中戦争と国民のくらし」の指導計画

ア 目標

- 我が国と中国との戦争が全面化したことや我が国が戦時体制に移行したこと，我が国がアジア・太平洋地域において連合国と戦って敗れたこと，国内各地への空襲，沖縄戦，広島・長崎への原爆投下などを調べることを通して，国民が大きな被害を受けたことを理解するとともに，遺跡や文化財，地図や年表，当時の生活の様子が分かる品物や図書資料などの資料を適切に調べまとめる技能を身に付ける。
- 戦争が国内だけでなくアジア諸国の人々に対しても多大な損害を与えたことや平和の大切さなどについて考え，表現することができる。
- 意欲的に問題解決に取り組み，当時の国民の思いや願いに触れながら，我が国がこれから平和を守ることが大切であることについて自覚をもつようにする。

イ 指導のアイデア

- 「つかむ」段階では，原爆投下前と投下直後の原爆ドームや破壊された広島のまちを比較したり広島の被害を調べたりし，なぜこのような大変な出来事が起きてしまったのかという疑問をもたせる。そして，当時中国や連合国と長い間戦争をしていたことを知り，戦争の経過や戦争中の国民生活の様子についての問題意識を高める。
- 戦争の拡大する様子を地図に表した資料を基に，我が国が広くアジアや太平洋地域で連合国と戦い，それらの地域の人々に被害を与えたことが考えられるようにする。
- 郷土資料館や地域の公立図書館などと連携し，戦争中の国民生活の様子が分かる生活用品や写真資料，図書資料などを貸していただき，戦時体制の下での国民生活の大変さについて，より具体的に捉えられるようにする。
- 戦時中の軍による天気予報の統制により，台風などの情報が国民に

第4節　第6学年の指導のポイントと指導計画

知らされなかったことで大きな被害があったことから，戦時体制が国民生活に与えた影響について多角的に考えられるようにする。

ウ　指導計画（6時間扱い）

	主な発問・指示と学習内容	資料等	指導上の留意点	時
学習問題をつかむ	①原爆投下前と投下後の広島の様子を比べて気付いたことを発表しよう。 ・原爆により広島のまちは破壊され，一瞬で約12万人の人が亡くなった。 ・なぜこんなことが起こったのか。 ②戦争の経過と当時の国民生活について学習問題をつくり，調べる計画を立てよう。 　我が国が中国や連合国と戦った戦争は，どのようなものだったのだろう。 【調べること】 ・戦争の経過や広がりの様子 ・戦争中の国民生活の様子	・原爆投下前と投下直後の広島の写真 ・広島の被害の様子 ・満州事変から終戦までの戦争に関わる年表	・この頃我が国は，長い間戦争をしていて，このような悲惨な出来事が起きたことから，この戦争がどのようなものだったのか調べる学習問題を設定する。 ・戦争の年表に記された主な出来事を調べる学習計画を立てる。	1
調べる	③戦争がどのように進み，広がっていったのか調べよう。 ・満州事変から日中戦争へ拡大 ・国内が全面的な戦時体制へ移行 ・太平洋戦争が始まり当初は勝利 ・連合国の反攻により負け続ける ・空襲の激化 ・沖縄戦の敗北 ・広島，長崎の原爆投下と終戦 ④戦争中の国民生活について調べよう。 ・様々な国民生活の制限と配給による厳しい生活 ・軍事訓練，工場などへの動員 ・空襲の激化と集団疎開の様子 ・国民には，正確な情報が伝えられなかったこと ・戦争に協力しないと非国民扱い	・アジア・太平洋に戦争が拡大する様子を表した地図 ・戦争の文章資料や写真・映像資料 ・当時の標語と配給 ・軍による情報の制限 ・生活用品 ・当時の写真や映像 ・戦争関連図書資料	・アジア・太平洋地域に戦争が拡大し戦場になったことからそこで暮らす人々に被害を与えたことに触れる。 ・軍による台風情報の非公開とその影響を取り上げる。 ・調べた事実から，当時の国民の思いを考える。	2 3 4 5
まとめる	⑤学習問題について，調べて分かったことを整理しよう。 ・戦争は，たくさんの人々の命を奪い，大きな被害を与えた。国民は戦争中の厳しい生活の中で必死に生き抜こうとしていた。 ⑥戦争に対する意見文を書こう。	・それまでに調べたことをまとめたノート	・戦争の様子，当時の人々の様子や思いを整理し，それを基に戦争に対しての自分の考えをまとめさせる。	6

(13) 小単元「戦後日本の発展」の指導計画
ア 目標
- 戦後我が国は，民主的な国家として出発し，国民生活が向上し，国際社会の中で重要な役割を果たしてきたことを理解するとともに，地域の高齢者に聞き取りをしたり地図や年表，各種資料などの資料を適切に調べまとめたりする技能を身に付ける。
- 戦後の民主的国家としての出発，国民の不断の努力による工業の発展と国民生活の向上，オリンピック・パラリンピックの開催などを関連付けたり総合したりして，我が国の政治や国民生活の変化や国際社会の中で果たしてきた役割を考え，文章などで表現する。
- 意欲的に問題解決に取り組み，今後，日本の国民の一人として我が国や国際社会のために努力しようとする自覚をもつようにする。

イ 指導のアイデア
- 近代オリンピックが初めて開催されたアテネから昭和39（1964）年の東京オリンピックまでの開催国を開催順に世界の白地図に記入していく。作業を通してオリンピックが戦争の影響を受けて中止になったこと，幻となった東京オリンピックがあること，位置や空間に着目した見方を通して，それまで欧米を中心に開催され，東京オリンピックがアジアで初めてだったことが分かる。東京オリンピックは，それまでで最大の参加国と選手数だったことを知らせ，当時の国民の喜びの気持ちを考えるようにする。
- 地域の高齢者に聞き取りし，東京オリンピック開催の頃の社会や国民生活の様子や変化，東京オリンピック開催を当時の人々がどんな思いで受け止めたのかなどについて調べる活動を取り入れる。
- まとめる段階で「日本国憲法の制定と戦後の民主改革」「工業の発展と国民生活の向上」「オリンピック・パラリンピック開催等による国際貢献」を中心にそれぞれに関わる出来事について，関連するものに矢印を引いたり関係を説明したりする活動を取り入れる。

ウ　指導計画（7時間扱い）

	主な発問・指示と学習内容	資料等	指導上の留意点	時
学習問題をつかむ	①我が国は，戦後，政治の進め方や国民生活，外国との関係などの面でどのように変わっていったのだろう。 | | 政治の進め方 | 国民生活 | 外国の関係 | | S18 | 軍が進める | 苦しい | 戦争 | | S39 | 民主的？ | 豊か？ | 協力？ | ・20年の間に，政治の進め方，国民生活，外国との関係は，大きく変わったようだ。 ・どのように変わっていったのだろう。 戦後，我が国の政治の進め方や国民生活，外国との関係は，どのように変わったのだろう。 ②調べる計画を立てよう。 ・政治の進め方は，どう変わったのか。 ・国民生活は，どう変わったのか。 ・外国との関係はどう変わったのか。	・明治神宮外苑競技場の出陣学徒壮行と東京オリンピック開会式の写真 ・戦後の主な出来事の年表	・2枚の写真のころの「政治の進め方」「国民生活の様子」「外国との関わり」を比べて表にまとめて戦後の20年でどのように変わったのか問題意識をもたせる。 ・戦後の歩みの年表に調べる内容を入れたものを用意する。	1
調べる	③戦後の様々な改革について調べよう。 ・日本国憲法制定　・男女に選挙権 ・男女平等　・教育制度の改革 ・言論，思想の自由　・労働者の権利　等	・日本国憲法と戦後の諸改革	・東京オリンピックの開催で日本の復興を世界に示そうと，東京の整備や高速道路・新幹線の開通が行われたことを捉えさせる。	2
	④国民生活の変化について調べよう。 ・工業生産額の変化　・三種の神器 ・新幹線や首都高速道路の開通	・三種の神器 ・新幹線		3
	⑤外国との関係の変化を表すイベントである東京オリンピックは，どんな大会だったのか調べよう。 ・アジアで初めて開催のオリンピック ・世界平和のために我が国が貢献した	・それまでのオリンピック開催国	・オリンピック開催国を世界の白地図に着色し，気付きを発表させる。	4
	⑥東京オリンピックの頃の社会の様子や国民の気持ちを聞き取りしよう。 ⑦その後の日本の主な出来事や課題について調べよう。	・地域の高齢者の話	・当時の人々の思いを，実感的に捉えるようにする。	5 6
まとめる	⑧「政治の進め方」「国民生活の向上」「世界への貢献」をワークシートで関連付けて整理し，戦争直後からどのように変わったのか考えを書こう。 ・戦後は，民主的な国家としてスタートし，工業が発展し国民生活も向上し，国際社会に貢献できるようになった。	・ワークシート	・三つの視点に関わる出来事を関連付けて整理し，そこから言えることを文に書かせる。	7

(14) 小単元「これからの日本を考える」の指導計画

ア 目標

・歴史学習全体を振り返り，我が国は長い歴史をもち，それぞれの時代において先人たちが伝統や文化を育んできたことや様々な課題を乗り越えて発展してきたことを理解する。
・過去の出来事を基に現在及び将来の発展を考えたりするなど歴史を学ぶ意味を考えることができる。
・今まで歴史について学んだことを基に，我が国のこれからの発展のためにできることは貢献しようという自覚をもつようにする。

イ 指導計画（3時間扱い）

	主な発問・指示と学習内容	資料等	指導上の留意点	時
生かす	①国際交流会のセレモニーで，今までの日本の先人やその働きについて海外の人に紹介する機会があれば，だれを紹介しようと思いますか。ノートに書いてみましょう。 ・人物名 ・紹介したい人物の業績や働き ・選んだ理由 ②友達とそれぞれが選んだ人物について話し合いましょう。 （例）福沢諭吉 （人物の働き）明治時代の日本に，近代化の進んだ西洋の様子や進んだ新しい考えを紹介し，多くの人たちに影響を与えた。 （選んだ理由）福沢諭吉が，『学問のすすめ』を書いたおかげで，当時の人たちの考え方も，近代的になったから	・これまでに日本の歴史について学習してきたノートや作品 ・教科書 ・選んだ人物について書かれたノート	・海外の人に紹介したい人物と働きについてベスト3を各自が選び，選んだ理由とともに，ノートに書かせる。 ・友達との学び合いを通して，自分が選んだ人物を変えたり，選んだ理由を付け足したりさせる。	1 2
	③今の自分たちのくらしと歴史学習で学んだ先人たちの働きがどのようにつながっているのか話し合いましょう。 ・先人たちが努力したり，よりよくしてくれたりしたおかげで社会が発展し，今のようになった。 ・先人たちに感謝したい。 ・自分たちもこれからの日本のためにできることは頑張りたい。	・これまでに学習してきた自分のノートや作品	・前時の話合いも生かして，日本の様々な歴史上の人物の働きにより，課題が解決され，我が国が発展してきたことを基に考えるようにする。	3

3 世界と日本の役割に関する内容

> **Q** 「グローバル化する世界と日本の役割」に関する内容と指導のポイントについて教えてください。

(1) 本内容の捉え方と押さえどころ

ア　内容の構造と改訂のポイント

　本内容は，グローバル化する世界と日本の役割について，主として社会の仕組みや働きの視点から指導するものである。ここでは，日本とつながりの深い国の人々の生活と国際社会における我が国の役割に関する内容について，それぞれ次のような構造になっている。

　我が国と経済や文化などの面でつながりの深い国の人々の生活に関しては，外国の人々の生活の様子を聞き取り調査したり，地図帳や地球儀，各種の資料を活用したりして調べ，それらの結果を文章や図表などにまとめる。次に，まとめたことを基に，日本の文化や習慣との違いを捉え，さらに国際交流の果たす役割を考える。このことを通して，我が国とつながりが深い国の人々の生活は多様であることや，スポーツや文化などを通して他国と交流し，異なる文化や習慣を尊重し合うことが大切であることを理解できるようにする。

　国際社会における我が国の役割に関しては，まず，地球規模で発生している課題や世界の国々が抱えている課題，それらの解決に向けた連携・協力などを地図帳や地球儀，各種の資料で調べ，それらの結果を文章や図表などにまとめる。次に，まとめたことを基に，国際連合の働きや我が国の国際協力の様子を捉え，さらに国際社会において我が国が果たしている役割を考える。このことを通して，我が国は平和な世界の実現のため国際連合の一員として重要な役割を果たし，諸外国の発展に援助や協力を行っていることを理解できるようにする。

イ 身に付ける資質・能力

ここで身に付ける資質・能力は次のように集約できる。

(我が国とつながりの深い国の人々の生活について)
・外国の人々の生活の様子に関する具体的な知識を習得する。
・外国の人々の生活は多様であることを理解する。
・スポーツや文化などを通して他国と交流し,異なる文化や習慣を尊重し合うことが大切であることを理解する。
・調べたことを比較したり総合したりして,国際交流の果たす役割を考え,その結果を表現する力を身に付ける。

(国際社会における我が国の役割について)
・地球規模で発生している課題や世界の国々が抱えている課題,解決に向けた連携・協力などに関する具体的な知識を習得する。
・我が国は,平和な世界の実現のために国際連合の一員として重要な役割を果たしたり,諸外国の発展のために援助や協力を行ったりしていることを理解する。
・調べたことを関連付けたり総合したりして,国際社会における我が国の役割を考え,その結果を表現する力を身に付ける。

(つながりの深い国の人々の生活と我が国の役割において)
・地図帳や地球儀,各種の資料で調べる技能や,白地図や図表などにまとめる技能を身に付ける。

これらのほか,学年目標の(3)に示されている態度に関する目標を育成することを目指して指導する。

ウ 指導のポイント

世界の人々が共に生きていくためには何が大切か。我が国が果たすべき役割は何かについて,様々な立場から多角的に考え,結果をレポートにまとめたり,討論したりする活動を位置付ける。

(2) 小単元「日本とつながりの深い国々」の指導計画

ア 目標
- 我が国と経済や文化などの面でつながりが深い国の人々の生活が多様であることや，スポーツや文化などを通して他国と交流し異なる文化や習慣を尊重し合うことが大切であることなどを理解するとともに，地図帳や地球儀，統計などの各種資料を用いて，適切に情報を集め，まとめる技能を身に付ける。
- 外国の人々の生活の様子などに着目して日本の文化や習慣との違いを捉え，国際交流の果たす役割を考え，表現する力を身に付ける。
- 意欲的に問題解決に取り組み，平和を願う日本人として世界の国々の人々と共に生きることの大切さについての自覚を養う。

イ 指導のアイデア
- 「つかむ」段階で，日本とのつながりの深い3か国を選択する際に，日本との関係を確認するとともに，国の位置を白地図に表し，それぞれの国の位置関係を空間的な視点でも捉えさせるようにする。
- 「まとめる」段階では，自分たちの国である日本のおせち料理や伝統的な正月行事に込められた願いを取り上げ，自分たちの調べた国の伝統行事や習慣に込められた思いや願いと比べる場を設定する。そのことを通して，行っていることは違っても，それに込められた思いや願いは共通するものがあることを考えるようにし，「生かす」段階での活動につなげるようにする。
- 「生かす」段階では，異なる文化や生活習慣をもった世界の人たちと仲良くするには，どのようなことが大切になってくるのかを考える活動を設定する。その際，スポーツや文化などによる国際交流を通して，相互理解を図っている事例を紹介し，異文化理解や人間理解を深めていくためには，相手の文化や習慣の尊重とともに，国際交流の大切さについても考えられるようにする。

ウ　指導計画（7時間扱い）

	主な発問・指示と学習内容	資料等	指導上の留意点	時
学習問題をつかむ	①これまでの学習や生活経験から，自分たちの生活と外国との関係について考えましょう。 ・五輪などスポーツ大会での交流 ・貿易　・歴史　・文化　・留学 ②つながりの深い3か国の位置を読み取り調べる国を選ぼう。 ③日本とつながりの深い国の人々の様子を基に学習問題や，調べる計画を立てましょう。 日本とつながりの深い国々の人々はどのような生活をしているのだろうか。	・リオオリンピックの写真 ・最近の国際大会の写真 ・主な貿易相手国 ・3か国の基本情報や写真，日本との関わり ・地図帳，白地図	・我が国が様々な面で海外の国々とつながりを深めていることを意識させる。 ・米国，中国，サウジアラビアの3か国に焦点化し，日本との関係を確認させる。 ・3か国の位置を白地図に着色し児童が空間的に捉えられるようにする。	1 2
調べる	④自分の選択した国について視点に沿って調べましょう。 ・生活や文化の特色，習慣（衣食住，習慣，くらしの様子など） ・伝統的な行事など ⑤異なる国を調べた人とグループをつくり調べたことを紹介しよう。	・日本とつながりの深い国々の生活の様子が読み取れる映像などの資料 ・図書資料 ・文書資料	・日本との相違点に着目して調べる。 ・グループ発表の際にも相違点を中心に話し合い，海外の人々の生活の多様さに気付くようにする。	3 4 5
まとめる	⑥日本と海外の国々の人々のくらしについて違いや共通点について話し合いましょう。 ・海外の国には，異なった生活習慣や独自の文化がある。 ・自分たちの文化や生活習慣を大切にしようとする気持ちやよりよく生きたい願いは共通する。	・日本の正月の伝統行事とその由来 ・それぞれが調べたノート	・それぞれの国の人々が自分たちの文化や伝統を大切にしていることを確認する。 ・伝統行事の内容は違うが，それに込められた願いは共通することに気付かせる。	6
生かす	⑦世界の国々の人々とともに生きていくために大切なことを考え話し合いましょう。 ・スポーツや文化などの国際交流を通して，お互いを理解し合う。 ・相手の文化や習慣を尊重する。	・スポーツや文化などを通した国際交流の事例や様子 ・今まで調べたノート	・スポーツや文化の交流を通して，相互理解を深めている様子を示し，国際交流の大切さを意識させるようにする。	7

(3) 小単元「世界における日本の役割」の指導計画
ア 目標
- グローバル化する国際社会における我が国の役割について理解するとともに，地図や地球儀，統計や年表などの各種の基礎的資料を通して，情報を適切に調べ，まとめる技能を身に付ける。
- 地球規模で発生している課題の解決に向けた連携・協力などに着目して，国際連合の働きや我が国の国際協力の様子を捉え，国際社会において我が国が果たしている役割を考え，表現することができる。
- 意欲的に問題解決に取り組み，平和を願う日本人として世界の国々の人々と共に生きることの大切さについて自覚をもつようにする。

イ 指導のアイデア
- 地球規模で発生している課題について言葉で知っている児童は多いが，その規模や深刻さを具体的に捉えている児童は決して多くはない。児童にこれらの課題をより具体的に捉えさせるために，「つかむ」段階で，紛争が起こっている地域，貧困の問題を抱えている地域を白地図に着色して提示する。地球規模で発生している課題を空間的に捉え，児童の問題意識を高めさせたい。
- 「調べる」段階では，まず，自分たちの学校で取り組んでいるユニセフ募金を取り上げ，国連との関わりや自分たちも国際協力に取り組んでいることを意識できるようにする。また，統計や年表などの資料を用い，紛争や貧困などの世界の抱える課題は現在だけでなく昔から続く課題であり，国際連合や日本は，その解決のために継続的に連携や協力を行っていることを時間的な視点で捉えさせる。
- 「生かす」段階では，地球規模で発生している課題の解決に向けた我が国の国際協力の様子と，過去に日本も世界の国々の協力に助けられた事実を関連付け，グローバル化する世界の中の日本人の一人として，これから社会とどのように関わっていくか考え，判断する活動を取り入れる。

ウ　指導計画（6時間扱い）

	主な発問・指示と学習内容	資料等	指導上の留意点	時
学習問題をつかむ	①世界の貧困と紛争の場所を表した地図を見て，気付いたことを発表しよう。 ・世界に貧困で悩む国が多くある。 ・世界の各地で紛争が起こり多くの人が亡くなっている。 ②世界で起こっている課題を解決するために活動する日本人が多くいることから，学習問題を立てましょう。 日本の人々は世界のためにどのようなことをしているのだろう？	・世界の貧困と紛争の場所の地図 ・動画「貧困・紛争」 ・世界で活躍する日本人の写真	・パワーポイント等を活用し，貧困や紛争の分布を分かりやすく示す。 ・飲料水の確保や学校建設などに取り組む人たちを取り上げる。	1
調べる	③日本も加盟している国際連合の働きを調べよう。 ・国連機関について ・ユニセフの働き ・ユネスコの働き　・日本の協力 ④平和な世界を実現させるために国連はどのようなことを行っているか調べよう。 ・国際紛争や戦争を予防する努力 ・PKOの派遣　・復興支援活動 ⑤世界の課題を解決するために日本が行っている取組を調べよう。 ・青年海外協力隊による教育支援活動	・ユニセフのチラシ資料 ・募金箱 ・国連と日本年表 ・元青年海外協力隊員の話	・ユニセフの募金箱実物を提示し，自分たちも関わっている実感をもたせる。 ・紛争の問題は現在だけでなく昔から続く問題であることを捉えられるようにする。	2 3 4
まとめる	⑥日本の人々が世界のために行っていることやそうした取組をする理由を話し合い，まとめよう。 ・世界の人々が平和で安心して暮らせるために様々な取組を行っている。	・今まで学習したノート	・日本が国際社会で果たしている役割について根拠を明確にしてまとめさせる。	5
生かす	⑦学習を振り返り，世界で生きる日本人として，どんなことを考えたり行動したりすることが大事なのか考えよう。 ・世界の出来事に目を向け，関心をもつ。 ・子供にもできることを調べ，世界の平和や人々の安全やよりよいくらしのために協力したい。	・昭和22(1947)年当時の給食風景 ・東日本大震災の際の援助国一覧	・日本もかつて外国の援助を受けていた事実を知り，これからの日本が果たすべき役割について考えさせる。	6

第5章

指導計画の作成と内容の取扱い

第5章 指導計画の作成と内容の取扱い

第1節
指導計画作成のポイント

Q 指導計画作成に当たってのポイントを教えてください。また，その際にどのような点に留意すべきですか。

1 資質・能力の育成

　社会科に求められている資質・能力を育成するためには，主体的・対話的で深い学びを実現していくことが求められる。これは，子供一人一人が自ら問題意識と見通しをもって，様々な方法を駆使しながら学習問題を追究・解決し，その過程において思考力，判断力，表現力などの能力を発揮することである。また，習得した具体的な知識を基に，社会的事象の特色や役割，意味などの概念を獲得していくことである。
　そのためには，次のような観点から社会科の指導計画を作成し，授業の充実を図るようにする。
　　○問題解決的な学習を充実させる
　　　・子供たちが学習問題を意識する場面の指導を重視し，予想し学習計画を立てる活動を通して，問題解決の見通しをもたせ，追究の意欲を高めるようにする。
　　　・問題解決の過程においては，すでに身に付けている「見方・考え方」を働かせ，社会や社会的事象に対する理解・認識を深めるようにする。

・学習の過程や成果を振り返ることにより，子供たちが学習の深まりを自覚し，学習に対して成就感を味わわせるようにする。

○習得・獲得させる知識・概念を明確にする

・社会科の授業が，単に学習活動を展開することで終わることがないよう，それぞれの単元や小単元において，子供たちに習得・獲得させる知識や概念を抽出する。

・授業で取り上げられる知識や概念は，多様であり，かつ階層的に関連していることから，各時間に扱われる用語や語句，具体的知識，単元などの終末で導き出される概念的知識（中心概念）を構造的に整理する。

・作成した「知識の構造図」を基に，問題解決的な学習の指導計画を作成し，知識や概念が確実に身に付くようにする。

○学習活動を通して思考と理解を深める

・対話的な学びとは，友達や教師，地域の住民など様々な人たちと関わりながら協働的に学ぶことである。ここでは，深まりのある学習を展開できるようにする。

・そのためには，例えば，グループによる共同作業，発表や説明などの場での交流活動，テーマを設定して議論し合う討論活動など友達と関わり合いながら，協働して学びを深めていく学習活動を組み入れるようにする。

・学習の過程に「見方・考え方」を働かせる活動を位置付け，社会的事象を多角的に捉えたり，概念化を図ったりする。このことによって，子供の思考や理解が深まりのあるものになる。

・学習活動が目的化しないよう，学習活動の目的を明確にして取り組ませるようにするとともに，取り組んだ結果，自らの考えや理解がどのように深まったか，なぜ変容したかを自覚させることがポイントである。

2　授業時数の配分

　これからの社会科授業においては，問題解決的な学習の充実をはじめ，追究の「視点や方法」といわれる見方・考え方を働かせることや主体的・対話的な学びを実現させること，体験的な活動や言語活動の充実など時間を必要とする取組が求められている。また，地理的環境，歴史，社会の仕組みや働きといった視点から，社会や社会的事象を多角的，総合的に学ぶようになったことから，内容や教材によっては，取り上げる学習事項が追加されている。ところが，各学年の年間授業時数は，従来どおりである。

　これからの社会科の指導計画を作成する際には，こうした課題にどう対処するかが問われる。年間の指導が授業時数の範囲で，効果的に行われるようにするためには，例えば次のような観点から，カリキュラム・マネジメントを発揮する必要がある。

- 同じような理解事項を身に付ける事例が複数示されている場合には，いずれかを重点的に扱うなど，指導時間に軽重を付ける。
- 類似した事例を取り上げる場合，ある事例を通して獲得した概念を応用・転移して学ぶようにして，指導時間の軽減を図る。
- 全ての小単元を問題解決的な学習に展開するという考え方を改める。小単元によっては，作業的，体験的な活動を中心にした小単元を設定する。また，博物館や資料館の利活用，映像資料の視聴，出前授業の実施なども考えられる。
- 他教科での学習内容や，総合的な学習の時間の学習活動との関連を図る。この場合には，相互に関連付けた指導計画（クロス・カリキュラム）を予め作成しておくようにする。

　さらに，学校独自の判断で，教育課程全般を視野に入れ，標準時数を超えた指導時間を設定することも考えられる。

3 47都道府県の指導

　学習指導要領には，第4学年に我が国の47都道府県の名称と位置について，第5学年に世界の大陸と主な海洋，主な国の位置について取り上げるように示されている。世界の大陸とは，ユーラシア大陸，北アメリカ大陸，南アメリカ大陸，アフリカ大陸，オーストラリア大陸，南極大陸の6大陸である。主な海洋とは，太平洋，大西洋，インド洋の三つを指している。さらに，主な国の位置についても取り上げるようになっている。

　これらの内容は，ほかの内容とは異なり，用語・語句のレベルのもので，調べたり考えたりする際に必要になる知識である。これらの知識について，地図帳や地球儀などで確認しながら，小学校を卒業するまでには確実に身に付け，活用できるようにする。

　用語・語句レベルの知識は，調べたり考えたりするというよりも，覚えるという性格のものである。必要な知識を暗記させることは決して悪いことではない。

　これらの指導には，例えば次のような方法が考えられる。
- 〇日々の社会科授業で，47都道府県の名称が登場したときに，その都度，地図帳などで確かめながら身に付ける。
- 〇一定の時間を設定して，集中的に覚えさせる。このとき，白地図に書き入れていく。都道府県のかるたで楽しむ，クイズをつくって答え合う，都道府県のジグソーパズルに挑戦するなど，楽しい学習活動を工夫するようにしたい。

　これらの用語に限らず，いったん覚えたものでも，それらを使わないと忘れ去られるものである。知識の剥落現象が起こる。社会科はもとより，理科や音楽科，総合的な学習の時間などほかの教科等においても，都道府県の名称が登場する場面を設けるようにする。

4　特別な配慮を要する子供の指導

　近年，通常の学級に，障害のある子供が多数在籍する現状が見られる。障害の種別や程度も多様である。
　海外から帰国した子供の中には学校生活に適応できなかったり，日本語が十分身に付いていなかったりする場合がある。これらの子供によっては，これまでに社会科の学習内容を学んでいないこともあり，学習につまずきがちな子供もいる。また，不登校がちな子供や長期にわたり欠席している子供がいる場合もある。
　さらに，日本語が十分に使えなかったり理解できなかったりする外国籍の子供が在籍していることもある。
　こうした特別な配慮を必要とする子供たちに，社会科の授業においてどのように対処するかが課題になっている。
　これらの子供たちに対しては，ほかの子供たちと同様に，一人一人の状況に応じた指導を徹底することである。個に応じた指導を原則にする。その際，学習活動において予想される困難さを想定し，事前に対応策を考えておくようにする。例えば，ヒントになる補助資料を用意したり，友達と学び合う場を設定したりする。また，これまでの学習を振り返る場面や繰り返す活動を設け，どの子供も意欲的に学習に取り組み，深まりのある学びが展開できるように配慮する。保護者の了解と協力を得ながら，その子供に応じたプリントや教材を作成して家庭での学習を促すこともできる。
　こうした子供たちもそれぞれによさや取り柄や得意分野をもっている。それらを社会科の学習内容と関連付け，子供の経験や見聞などを積極的に活用する。例えば，外国から帰国した子供や外国籍の子供には，その国や地域の様子を写真や現物などを使って紹介したり説明したりする機会を設けるようにする。

5 道徳教育との関連

(1) 社会科と道徳教育

　道徳教育は，全教育活動を通して推進する教育課題であり，社会科においても，道徳教育との関連を図った指導を進めることが求められる。各学校が作成する道徳教育の全体計画に社会科が位置付いているのはこうした趣旨からである。

　社会科の教科目標には「（前略）グローバル化する国際社会に主体的に生きる平和で民主的な国家及び社会の形成者に必要な公民としての資質・能力の基礎」を育成することを目指すと示されている。「公民としての資質・能力の基礎」とはこれまでの「公民的資質の基礎」と同義である。その内容は，平和で民主的な国家及び社会の形成者としての自覚をもつこと，自他の人格を互いに尊重し合うこと，社会的義務や責任を果たそうとすること，社会生活の様々な場面で多面的に考えたり，公正に判断したりすることであると説明されてきた。

　社会科は，日本人としての自覚をもって国際社会で主体的に生きるとともに，持続可能な社会の実現を目指して，よりよい社会の形成に参画する資質・能力の基礎を養うことを目指してきた。社会の形成に参画するとは，よりよい社会づくりに参加・貢献することであり，こうした社会的な実践力は，自己の生き方を考えさせ，道徳的な実践力を育てることを目指している道徳教育と軌を一にするものである。

(2) 社会科の「目標」「内容」と道徳教育との関連

　社会科の各学年の「目標」や「内容」には，道徳的な内容が示されている。学年の目標には，「地域社会に対する誇りと愛情，地域社会の一員としての自覚を養う」（第3学年，第4学年），「我が国の国土に対する愛情，我が国の産業の発展を願い我が国の将来を担う国民としての自覚を養う」（第5学年），「我が国の歴史や伝統を大切にして

国を愛する心情，我が国の将来を担う国民としての自覚や平和を願う日本人として世界の国々の人々と共に生きることの大切さについての自覚を養う」（第6学年）とある。

　社会科の学年の目標を実現させることによって，道徳教育の目標に迫ることができる。

　学習指導要領の「内容」を見ると，第3学年で，地域の生産や販売に関する仕事，地域の安全を守る人々の働き，第4学年では自然災害から人々を守る活動が取り上げられる。第5学年では，農業や水産業における食料生産や工業生産に従事している人々の工夫や努力について取り上げられる。これらの内容を通して，働くことの意味や働く人の役割を考えさせることができ，これらはキャリア教育や生き方教育にもつながるものである。

　また，第3学年で市区町村の様子の移り変わりを，第4学年で都道府県の伝統や文化，人々の生活の向上に尽くした先人の働きや苦心などを取り上げる。第6学年では，我が国の歴史について学ぶ。これらは，我が国の歴史や先人の働き，伝統や文化について理解と関心を深めるものである。さらに，我が国と経済や文化などの面でつながりの深い国の人々の生活の様子や我が国の国際社会における役割についての学習では，国際社会の中で日本人としての生き方を考えさせることができる。

　社会科において道徳教育との関連を図った指導を充実させるためには，指導計画に「道徳教育との関連」という項目を設定して明記するとよい。その観点には次の二つが考えられる。

- ○目標や内容，教材との関連など道徳教育との直接的な関連である。ここには，道徳教育の「集団や社会との関わりに関すること」が関連している。
- ○学習方法や学級経営との関連など授業の基盤として機能する間接的な関連である。ここには，「人との関わりに関すること」が関連している。

第2節 指導上の配慮事項

> **Q** 指導上配慮すべき事項にはどのようなものがありますか。

1 体験学習，表現活動の充実

　小学校における子供は，具体的な活動や体験を通して学ぶことを学びの特性の一つに挙げることができる。特に社会科においては，教師による知識を一方的に伝達する講義的な授業は馴染まない。「聞いたことは忘れ，見たことは覚える。行ったことは理解する」と言われるように，「なすことによって学ぶ（Learning by Doing）」ことは学びの原則である。

　社会科における体験的な活動には，例えば次のようなものがある。
　○学校の屋上から観察したり，地域を実際に歩いたりして調べること
　○工場や農家，清掃工場などの施設を見学すること
　○図書館や博物館などの学習施設を利活用すること
　○図表，文章，写真，地図，年表などの資料を活用すること
　○地域の人にインタビューするなど調査活動すること
　○ICTの情報機器を活用して調べたり発信したりすること
　○模型や立体地図，実物などを制作すること
　○実際に体験したり，模擬（疑似）体験したりすること

調べたこと，分かったこと，考えたことなどは表現することによって，自ら確認できるだけでなく，第三者に伝えることができる。そのためには，学習の過程に表現活動を組み入れることが大切である。

表現する手段や方法には，言語のほか，映像や音声，図表や地図，年表，さらに，ごっこ活動や劇化，動作化など身体表現がある。表現する際には，ノートやワークシートをはじめ，模造紙や画用紙，情報機器などを活用してまとめたり整理したりする。表現されたものは，掲示板などに掲示したり外部に発信したりすることができる。

2　言語活動の充実

各教科等の指導において，これまでも言語活動を充実させることが課題になってきた。ここではまず言語活動を充実させることが目的ではないことを確認したい。言語活動を充実させることによって言語能力を身に付け，社会科の目標や内容をどの子供にもより効果的に実現させることに目的がある。また，各教科で言語活動を充実させることにより，問題解決に必要な能力とされている思考力，判断力，表現力などを育てることを目指している。

一般に，言語活動には，読む，書く，聞く，話す活動がある。社会科の授業ではこれらの活動が子供たちと教師によって協働的に，かつ一体的に展開される。授業は，子供たちと教師の言語による「共同作品」である。この意味で，言語能力は子供だけでなく，教師にも求められている。

言語活動を充実させるポイントは，特に書く活動と話す活動にあると考える。

書くことによって，子供は学習成果を確認することができ，教師は学習状況を見きわめることができる。本時の終末や単元（小単元）のまとめの場面では十分に時間を取るようにしたい。書かせる際には，

国語科で学んだ学習成果と関連付け，一文で表す。定められた文字量でまとめる，長文でまとめるなど，時間と教材の内容，指導のねらいなどを踏まえて多様なまとめ方を体験させる。

　また，話す活動は，発表する，説明する，報告するといった一方向の発言を促したり，それらを双方に伝え合ったりするだけでなく，テーマに基づいて，立場や根拠をもって討論したり議論したりする場を設ける。学級やグループの中で，多様な考えや考え方を出し合い，自らの考えや理解を深めたり，みんなでよりよい考えを創り出したりする体験を味わわせたい。

　いずれにおいても重要なことは，社会的事象について知識を習得していることや理解を深めていること，自分の考えをしっかりもっていることなど表現する内容を身に付けることである。

3　図書館，地図帳の活用

　図書館には，学校図書館と公共の図書館がある。図書館には，社会科で扱われる教材に関わる図書が数多く配置されており，子供の学習を支援する機能を備えている。近年の図書館は，単に「本の館」だけでなく，「調べる館」として機能しているところが多い。

　また，学校図書館にも司書や図書ボランティアが配置されるようになってきた。図書館の整備が進み，子供たちにとっても使い勝手がよい学習環境になりつつある。

　ところが，国語科の時間には，図書の時間が設けられているが，社会科の授業では必ずしも十分に利活用されていない状況も見られる。

　図書館の利活用を促進することによって，社会科の学習成果をさらに高めることができる。また，利活用の必要性を子供たちに意識させるようにする。そのためには，教師がいま進行している学習内容や教材に関連した図書がどのように整備されているかを事前に把握してお

く必要がある。また，学級活動などの時間において，図書館の図書の構成，必要な図書や資料などの検索方法，利活用に当たってのルールやマナーなどについて指導しておきたい。

　図書館を利活用する習慣を身に付けることは，生涯にわたって利用しようとする意欲と態度を養うことにつながる。

　地図帳は，現在の第４学年から，第３学年で給付されるようになる。地図帳は各学年において必ずしも有効に活用されていない実態があり，６年の卒業間際になっても，真新しいままの地図帳も散見される。社会科の授業では各学年において，地図帳を活用する機会を日常的に設け，その必要性と利便性を実感させたい。

　また，地図帳は，社会科以外の教科等の授業や家庭でも活用するよう促すことが大切である。地図帳をいつでもどこででも活用しようとする意欲と態度と能力を育てたい。

4　博物館，資料館の活用

　学校の周りに目を転じると，ほとんどの地域に博物館や資料館（郷土資料館）などの生涯学習施設が整備されている。それらの種類や展示の内容は様々であるが，学校の教育活動において必ずしも有効に活用されていない状況が見られる。

　博物館，資料館などの内部は，歴史，文化や民俗，自然や地質，産業や暮らしなど，様々な要素やテーマを設定して構成されている。最近では，子供たちにも理解できるような展示や説明が工夫されていたり，ハンズオンの視点から実際に模擬体験などができるようになっていたりする。また，館内には，専門の学芸員が配属されていたり，ボランティアガイドが常駐したりしている。

　社会科の授業において活用する際には，博物館などの館内を全て観察し学習するというよりも，できれば，現在進行している学習内容や

教材に即して，ピンポイントで観察するほうがよい。

　活用する子供や学校教育の立場から，博物館などの関係者に展示の内容や方法などについてアイデアを提案することも考えられる。

　また，年度の始めに，見学のねらいや内容，時期などを年間指導計画に位置付け，できるだけ計画的に実施するようにしたい。

　博物館や資料館を活用して社会科の授業を展開する際には，施設の学芸員などの関係者と教師が共に授業を構想し，できれば共同で指導すると効果的である。これは「博学連携」と言われ，学校教育と社会教育との融合（学社融合）を推進するものである。

　博物館や資料館を活用して社会科授業を展開することによって，子供たちがそれらの施設の働きや役割を理解するようになる。さらに，ほかの地域の博物館や資料館を含め，それらを生涯にわたって活用しようとする意欲と態度を養うことにつながる。

5　教材の取り上げ方

　社会科の教材の取り上げ方を考えるポイントは，次のような社会科の教科特性にある。

　まず，社会科は産業や歴史や政治など大人の社会のことを学ぶ教科である。それらは子供たちの日常の生活と距離があることが多い。そのために子供たちにとって，社会科は難しい教科だと受けとめられている。

　また，社会科の教材は，その多くが地域社会や国土に根ざしたものが取り上げられる。それらには，様々な人たちが関わっており，それらの人たちの思いや願いは様々である。そのために，社会的事象に対する受けとめ方に多様な見解や価値観が存在し，時にはそれらが錯綜したり対立したりしている場合もある。

　さらに，教材として取り上げられる社会的事象は，場所によって

違っていたり，時間がたつと変わっていくものもある。たとえ昨年度の指導において効果的な教材であったとしても，すでに古くなってしまい，同じように使えなくなってしまうこともある。

　こうした社会科の教材に見られる特性を踏まえて，学習指導要領解説には次のような配慮事項が示されている。

　　○子供の発達の段階を考慮すること。
　　○多様な見解のある事柄，未確定な事柄を取り上げる場合には，有益適切な教材に基づくこと。
　　○特定の事項を強調し過ぎたり，一面的な見解を十分な配慮なく取り上げたりするなど，偏った取扱いにならないようにすること。
　　○子供が多角的に考えたり，公正に判断したりできるようにすること。

　授業において教材や資料を活用する際には，資料の出典や作成の時期，資料の用途，作成の仕方や経緯などを把握し，十分吟味することが求められている。

小学校学習指導要領
平成29年3月
〔抜粋〕

第2章　各教科
第2節　社　会
第1　目　標

　社会的な見方・考え方を働かせ，課題を追究したり解決したりする活動を通して，グローバル化する国際社会に主体的に生きる平和で民主的な国家及び社会の形成者に必要な公民としての資質・能力の基礎を次のとおり育成することを目指す。
(1)　地域や我が国の国土の地理的環境，現代社会の仕組みや働き，地域や我が国の歴史や伝統と文化を通して社会生活について理解するとともに，様々な資料や調査活動を通して情報を適切に調べまとめる技能を身に付けるようにする。
(2)　社会的事象の特色や相互の関連，意味を多角的に考えたり，社会に見られる課題を把握して，その解決に向けて社会への関わり方を選択・判断したりする力，考えたことや選択・判断したことを適切に表現する力を養う。
(3)　社会的事象について，よりよい社会を考え主体的に問題解決しようとする態度を養うとともに，多角的な思考や理解を通して，地域社会に対する誇りと愛情，地域社会の一員としての自覚，我が国の国土と歴史に対する愛情，我が国の将来を担う国民としての自覚，世界の国々の人々と共に生きていくことの大切さについての自覚などを養う。

第2　各学年の目標及び内容
〔第3学年〕
1　目　標

　社会的事象の見方・考え方を働かせ，学習の問題を追究・解決する活動を通して，次のとおり資質・能力を育成することを目指す。
(1)　身近な地域や市区町村の地理的環境，地域の安全を守るための諸活動や地域の産業と消費生活の様子，地域の様子の移り変わりについて，人々の生活との関連を踏まえて理解するとともに，調査活動，地図帳や各種の具体的資料を通して，必要な情報を調べまとめる技能を身に付けるようにする。
(2)　社会的事象の特色や相互の関連，意味を考える力，社会に見られる課題を把握して，その解決に向けて社会への関わり方を選択・判断する力，考えたことや選択・判断したことを表現する力を養う。
(3)　社会的事象について，主体的に学習の問題を解決しようとする態度や，よりよい社会を考え

資 料

学習したことを社会生活に生かそうとする態度を養うとともに，思考や理解を通して，地域社会に対する誇りと愛情，地域社会の一員としての自覚を養う。

2　内　容

(1)　身近な地域や市区町村（以下第2章第2節において「市」という。）の様子について，学習の問題を追究・解決する活動を通して，次の事項を身に付けることができるよう指導する。

　ア　次のような知識及び技能を身に付けること。

　　(ｱ)　身近な地域や自分たちの市の様子を大まかに理解すること。

　　(ｲ)　観察・調査したり地図などの資料で調べたりして，白地図などにまとめること。

　イ　次のような思考力，判断力，表現力等を身に付けること。

　　(ｱ)　都道府県内における市の位置，市の地形や土地利用，交通の広がり，市役所など主な公共施設の場所と働き，古くから残る建造物の分布などに着目して，身近な地域や市の様子を捉え，場所による違いを考え，表現すること。

(2)　地域に見られる生産や販売の仕事について，学習の問題を追究・解決する活動を通して，次の事項を身に付けることができるよう指導する。

　ア　次のような知識及び技能を身に付けること。

　　(ｱ)　生産の仕事は，地域の人々の生活と密接な関わりをもって行われていることを理解すること。

　　(ｲ)　販売の仕事は，消費者の多様な願いを踏まえ売り上げを高めるよう，工夫して行われていることを理解すること。

　　(ｳ)　見学・調査したり地図などの資料で調べたりして，白地図などにまとめること。

　イ　次のような思考力，判断力，表現力等を身に付けること。

　　(ｱ)　仕事の種類や産地の分布，仕事の工程などに着目して，生産に携わっている人々の仕事の様子を捉え，地域の人々の生活との関連を考え，表現すること。

　　(ｲ)　消費者の願い，販売の仕方，他地域や外国との関わりなどに着目して，販売に携わっている人々の仕事の様子を捉え，それらの仕事に見られる工夫を考え，表現すること。

(3)　地域の安全を守る働きについて，学習の問題を追究・解決す

小学校学習指導要領〔抜粋〕

る活動を通して，次の事項を身に付けることができるよう指導する。
ア　次のような知識及び技能を身に付けること。
(ｱ)　消防署や警察署などの関係機関は，地域の安全を守るために，相互に連携して緊急時に対処する体制をとっていることや，関係機関が地域の人々と協力して火災や事故などの防止に努めていることを理解すること。
(ｲ)　見学・調査したり地図などの資料で調べたりして，まとめること。
イ　次のような思考力，判断力，表現力等を身に付けること。
(ｱ)　施設・設備などの配置，緊急時への備えや対応などに着目して，関係機関や地域の人々の諸活動を捉え，相互の関連や従事する人々の働きを考え，表現すること。
(4)　市の様子の移り変わりについて，学習の問題を追究・解決する活動を通して，次の事項を身に付けることができるよう指導する。
ア　次のような知識及び技能を身に付けること。
(ｱ)　市や人々の生活の様子は，時間の経過に伴い，移り変わってきたことを理解すること。
(ｲ)　聞き取り調査をしたり地図などの資料で調べたりして，年表などにまとめること。
イ　次のような思考力，判断力，表現力等を身に付けること。
(ｱ)　交通や公共施設，土地利用や人口，生活の道具などの時期による違いに着目して，市や人々の生活の様子を捉え，それらの変化を考え，表現すること。

3　内容の取扱い
(1)　内容の(1)については，次のとおり取り扱うものとする。
ア　学年の導入で扱うこととし，アの(ｱ)については，「自分たちの市」に重点を置くよう配慮すること。
イ　アの(ｲ)については，「白地図などにまとめる」際に，教科用図書「地図」（以下第2章第2節において「地図帳」という。）を参照し，方位や主な地図記号について扱うこと。
(2)　内容の(2)については，次のとおり取り扱うものとする。
ア　アの(ｱ)及びイの(ｱ)については，事例として農家，工場などの中から選択して取り上げるようにすること。
イ　アの(ｲ)及びイの(ｲ)について

資 料

は，商店を取り上げ，「他地域や外国との関わり」を扱う際には，地図帳などを使用して都道府県や国の名称と位置などを調べるようにすること。

ウ　イの(イ)については，我が国や外国には国旗があることを理解し，それを尊重する態度を養うよう配慮すること。

(3) 内容の(3)については，次のとおり取り扱うものとする。

ア　アの(ア)の「緊急時に対処する体制をとっていること」と「防止に努めていること」については，火災と事故はいずれも取り上げること。その際，どちらかに重点を置くなど効果的な指導を工夫をすること。

イ　イの(ア)については，社会生活を営む上で大切な法やきまりについて扱うとともに，地域や自分自身の安全を守るために自分たちにできることなどを考えたり選択・判断したりできるよう配慮すること。

(4) 内容の(4)については，次のとおり取り扱うものとする。

ア　アの(イ)の「年表などにまとめる」際には，時期の区分について，昭和，平成など元号を用いた言い表し方などがあることを取り上げること。

イ　イの(ア)の「公共施設」については，市が公共施設の整備を進めてきたことを取り上げること。その際，租税の役割に触れること。

ウ　イの(ア)の「人口」を取り上げる際には，少子高齢化，国際化などに触れ，これからの市の発展について考えることができるよう配慮すること。

〔第4学年〕

1　目　標

社会的事象の見方・考え方を働かせ，学習の問題を追究・解決する活動を通して，次のとおり資質・能力を育成することを目指す。

(1) 自分たちの都道府県の地理的環境の特色，地域の人々の健康と生活環境を支える働きや自然災害から地域の安全を守るための諸活動，地域の伝統と文化や地域の発展に尽くした先人の働きなどについて，人々の生活との関連を踏まえて理解するとともに，調査活動，地図帳や各種の具体的資料を通して，必要な情報を調べまとめる技能を身に付けるようにする。

(2) 社会的事象の特色や相互の関連，意味を考える力，社会に見られる課題を把握して，その解決に向けて社会への関わり方を選択・判断する力，考えたことや選択・判断したことを表現する力を養う。

(3) 社会的事象について，主体的

に学習の問題を解決しようとする態度や，よりよい社会を考え学習したことを社会生活に生かそうとする態度を養うとともに，思考や理解を通して，地域社会に対する誇りと愛情，地域社会の一員としての自覚を養う。

2　内　容

(1) 都道府県（以下第2章第2節において「県」という。）の様子について，学習の問題を追究・解決する活動を通して，次の事項を身に付けることができるよう指導する。

　ア　次のような知識及び技能を身に付けること。
　　(ｱ) 自分たちの県の地理的環境の概要を理解すること。また，47都道府県の名称と位置を理解すること。
　　(ｲ) 地図帳や各種の資料で調べ，白地図などにまとめること。
　イ　次のような思考力，判断力，表現力等を身に付けること。
　　(ｱ) 我が国における自分たちの県の位置，県全体の地形や主な産業の分布，交通網や主な都市の位置などに着目して，県の様子を捉え，地理的環境の特色を考え，表現すること。

(2) 人々の健康や生活環境を支える事業について，学習の問題を追究・解決する活動を通して，次の事項を身に付けることができるよう指導する。

　ア　次のような知識及び技能を身に付けること。
　　(ｱ) 飲料水，電気，ガスを供給する事業は，安全で安定的に供給できるよう進められていることや，地域の人々の健康な生活の維持と向上に役立っていることを理解すること。
　　(ｲ) 廃棄物を処理する事業は，衛生的な処理や資源の有効利用ができるよう進められていることや，生活環境の維持と向上に役立っていることを理解すること。
　　(ｳ) 見学・調査したり地図などの資料で調べたりして，まとめること。
　イ　次のような思考力，判断力，表現力等を身に付けること。
　　(ｱ) 供給の仕組みや経路，県内外の人々の協力などに着目して，飲料水，電気，ガスの供給のための事業の様子を捉え，それらの事業が果たす役割を考え，表現すること。
　　(ｲ) 処理の仕組みや再利用，県内外の人々の協力などに着目して，廃棄物の処理のための事業の様子を捉え，その事業が果たす役割を考

え，表現すること。
(3) 自然災害から人々を守る活動について，学習の問題を追究・解決する活動を通して，次の事項を身に付けることができるよう指導する。
　ア　次のような知識及び技能を身に付けること。
　　(ｱ)　地域の関係機関や人々は，自然災害に対し，様々な協力をして対処してきたことや，今後想定される災害に対し，様々な備えをしていることを理解すること。
　　(ｲ)　聞き取り調査をしたり地図や年表などの資料で調べたりして，まとめること。
　イ　次のような思考力，判断力，表現力等を身に付けること。
　　(ｱ)　過去に発生した地域の自然災害，関係機関の協力などに着目して，災害から人々を守る活動を捉え，その働きを考え，表現すること。
(4) 県内の伝統や文化，先人の働きについて，学習の問題を追究・解決する活動を通して，次の事項を身に付けることができるよう指導する。
　ア　次のような知識及び技能を身に付けること。
　　(ｱ)　県内の文化財や年中行事は，地域の人々が受け継いできたことや，それらには地域の発展など人々の様々な願いが込められていることを理解すること。
　　(ｲ)　地域の発展に尽くした先人は，様々な苦心や努力により当時の生活の向上に貢献したことを理解すること。
　　(ｳ)　見学・調査したり地図などの資料で調べたりして，年表などにまとめること。
　イ　次のような思考力，判断力，表現力等を身に付けること。
　　(ｱ)　歴史的背景や現在に至る経過，保存や継承のための取組などに着目して，県内の文化財や年中行事の様子を捉え，人々の願いや努力を考え，表現すること。
　　(ｲ)　当時の世の中の課題や人々の願いなどに着目して，地域の発展に尽くした先人の具体的事例を捉え，先人の働きを考え，表現すること。
(5) 県内の特色ある地域の様子について，学習の問題を追究・解決する活動を通して，次の事項を身に付けることができるよう指導する。
　ア　次のような知識及び技能を身に付けること。
　　(ｱ)　県内の特色ある地域では，人々が協力し，特色あ

　　　　るまちづくりや観光などの産業の発展に努めていることを理解すること。
　　　(イ)　地図帳や各種の資料で調べ，白地図などにまとめること。
　　イ　次のような思考力，判断力，表現力等を身に付けること。
　　　(ア)　特色ある地域の位置や自然環境，人々の活動や産業の歴史的背景，人々の協力関係などに着目して，地域の様子を捉え，それらの特色を考え，表現すること。

3　内容の取扱い
　(1)　内容の(2)については，次のとおり取り扱うものとする。
　　ア　アの(ア)及び(イ)については，現在に至るまでに仕組みが計画的に改善され公衆衛生が向上してきたことに触れること。
　　イ　アの(ア)及びイの(ア)については，飲料水，電気，ガスの中から選択して取り上げること。
　　ウ　アの(イ)及びイの(イ)については，ごみ，下水のいずれかを選択して取り上げること。
　　エ　イの(ア)については，節水や節電など自分たちにできることを考えたり選択・判断したりできるよう配慮すること。
　　オ　イの(イ)については，社会生活を営む上で大切な法やきまりについて扱うとともに，ごみの減量や水を汚さない工夫など，自分たちにできることを考えたり選択・判断したりできるよう配慮すること。
　(2)　内容の(3)については，次のとおり取り扱うものとする。
　　ア　アの(ア)については，地震災害，津波災害，風水害，火山災害，雪害などの中から，過去に県内で発生したものを選択して取り上げること。
　　イ　アの(ア)及びイの(ア)の「関係機関」については，県庁や市役所の働きなどを中心に取り上げ，防災情報の発信，避難体制の確保などの働き，自衛隊など国の機関との関わりを取り上げること。
　　ウ　イの(ア)については，地域で起こり得る災害を想定し，日頃から必要な備えをするなど，自分たちにできることなどを考えたり選択・判断したりできるよう配慮すること。
　(3)　内容の(4)については，次のとおり取り扱うものとする。
　　ア　アの(ア)については，県内の主な文化財や年中行事が大まかに分かるようにするとともに，イの(ア)については，それらの中から具体的事例を取り上げること。
　　イ　アの(イ)及びイの(イ)については，開発，教育，医療，文化，産業などの地域の発展に

尽くした先人の中から選択して取り上げること。
　　ウ　イの(ｱ)については，地域の伝統や文化の保存や継承に関わって，自分たちにできることなどを考えたり選択・判断したりできるよう配慮すること。
　(4)　内容の(5)については，次のとおり取り扱うものとする。
　　ア　県内の特色ある地域が大まかに分かるようにするとともに，伝統的な技術を生かした地場産業が盛んな地域，国際交流に取り組んでいる地域及び地域の資源を保護・活用している地域を取り上げること。その際，地域の資源を保護・活用している地域については，自然環境，伝統的な文化のいずれかを選択して取り上げること。
　　イ　国際交流に取り組んでいる地域を取り上げる際には，我が国や外国には国旗があることを理解し，それを尊重する態度を養うよう配慮すること。

〔第５学年〕
１　目　標
　　社会的事象の見方・考え方を働かせ，学習の問題を追究・解決する活動を通して，次のとおり資質・能力を育成することを目指す。

(1)　我が国の国土の地理的環境の特色や産業の現状，社会の情報化と産業の関わりについて，国民生活との関連を踏まえて理解するとともに，地図帳や地球儀，統計などの各種の基礎的資料を通して，情報を適切に調べまとめる技能を身に付けるようにする。
(2)　社会的事象の特色や相互の関連，意味を多角的に考える力，社会に見られる課題を把握して，その解決に向けて社会への関わり方を選択・判断する力，考えたことや選択・判断したことを説明したり，それらを基に議論したりする力を養う。
(3)　社会的事象について，主体的に学習の問題を解決しようとする態度や，よりよい社会を考え学習したことを社会生活に生かそうとする態度を養うとともに，多角的な思考や理解を通して，我が国の国土に対する愛情，我が国の産業の発展を願い我が国の将来を担う国民としての自覚を養う。

２　内　容
(1)　我が国の国土の様子と国民生活について，学習の問題を追究・解決する活動を通して，次の事項を身に付けることができるよう指導する。
　　ア　次のような知識及び技能を身に付けること。
　　　(ｱ)　世界における我が国の国

小学校学習指導要領〔抜粋〕

　　　　土の位置，国土の構成，領土の範囲などを大まかに理解すること。
　　　(イ)　我が国の国土の地形や気候の概要を理解するとともに，人々は自然環境に適応して生活していることを理解すること。
　　　(ウ)　地図帳や地球儀，各種の資料で調べ，まとめること。
　　イ　次のような思考力，判断力，表現力等を身に付けること。
　　　(ア)　世界の大陸と主な海洋，主な国の位置，海洋に囲まれ多数の島からなる国土の構成などに着目して，我が国の国土の様子を捉え，その特色を考え，表現すること。
　　　(イ)　地形や気候などに着目して，国土の自然などの様子や自然条件から見て特色ある地域の人々の生活を捉え，国土の自然環境の特色やそれらと国民生活との関連を考え，表現すること。
(2)　我が国の農業や水産業における食料生産について，学習の問題を追究・解決する活動を通して，次の事項を身に付けることができるよう指導する。
　　ア　次のような知識及び技能を身に付けること。
　　　(ア)　我が国の食料生産は，自然条件を生かして営まれていることや，国民の食料を確保する重要な役割を果たしていることを理解すること。
　　　(イ)　食料生産に関わる人々は，生産性や品質を高めるよう努力したり輸送方法や販売方法を工夫したりして，良質な食料を消費地に届けるなど，食料生産を支えていることを理解すること。
　　　(ウ)　地図帳や地球儀，各種の資料で調べ，まとめること。
　　イ　次のような思考力，判断力，表現力等を身に付けること。
　　　(ア)　生産物の種類や分布，生産量の変化，輸入など外国との関わりなどに着目して，食料生産の概要を捉え，食料生産が国民生活に果たす役割を考え，表現すること。
　　　(イ)　生産の工程，人々の協力関係，技術の向上，輸送，価格や費用などに着目して，食料生産に関わる人々の工夫や努力を捉え，その働きを考え，表現すること。
(3)　我が国の工業生産について，学習の問題を追究・解決する活動を通して，次の事項を身に付

239

資　料

けることができるよう指導する。
ア　次のような知識及び技能を身に付けること。
(ｱ)　我が国では様々な工業生産が行われていることや，国土には工業の盛んな地域が広がっていること及び工業製品は国民生活の向上に重要な役割を果たしていることを理解すること。
(ｲ)　工業生産に関わる人々は，消費者の需要や社会の変化に対応し，優れた製品を生産するよう様々な工夫や努力をして，工業生産を支えていることを理解すること。
(ｳ)　貿易や運輸は，原材料の確保や製品の販売などにおいて，工業生産を支える重要な役割を果たしていることを理解すること。
(ｴ)　地図帳や地球儀，各種の資料で調べ，まとめること。
イ　次のような思考力，判断力，表現力等を身に付けること。
(ｱ)　工業の種類，工業の盛んな地域の分布，工業製品の改良などに着目して，工業生産の概要を捉え，工業生産が国民生活に果たす役割を考え，表現すること。
(ｲ)　製造の工程，工場相互の協力関係，優れた技術などに着目して，工業生産に関わる人々の工夫や努力を捉え，その働きを考え，表現すること。
(ｳ)　交通網の広がり，外国との関わりなどに着目して，貿易や運輸の様子を捉え，それらの役割を考え，表現すること。
(4)　我が国の産業と情報との関わりについて，学習の問題を追究・解決する活動を通して，次の事項を身に付けることができるよう指導する。
ア　次のような知識及び技能を身に付けること。
(ｱ)　放送，新聞などの産業は，国民生活に大きな影響を及ぼしていることを理解すること。
(ｲ)　大量の情報や情報通信技術の活用は，様々な産業を発展させ，国民生活を向上させていることを理解すること。
(ｳ)　聞き取り調査をしたり映像や新聞などの各種資料で調べたりして，まとめること。
イ　次のような思考力，判断力，表現力等を身に付けること。
(ｱ)　情報を集め発信するまでの工夫や努力などに着目して，放送，新聞などの産業

の様子を捉え，それらの産業が国民生活に果たす役割を考え，表現すること。
　(イ)　情報の種類，情報の活用の仕方などに着目して，産業における情報活用の現状を捉え，情報を生かして発展する産業が国民生活に果たす役割を考え，表現すること。
(5)　我が国の国土の自然環境と国民生活との関連について，学習の問題を追究・解決する活動を通して，次の事項を身に付けることができるよう指導する。
　ア　次のような知識及び技能を身に付けること。
　　(ア)　自然災害は国土の自然条件などと関連して発生していることや，自然災害から国土を保全し国民生活を守るために国や県などが様々な対策や事業を進めていることを理解すること。
　　(イ)　森林は，その育成や保護に従事している人々の様々な工夫と努力により国土の保全など重要な役割を果たしていることを理解すること。
　　(ウ)　関係機関や地域の人々の様々な努力により公害の防止や生活環境の改善が図られてきたことを理解するとともに，公害から国土の環境や国民の健康な生活を守ることの大切さを理解すること。
　　(エ)　地図帳や各種の資料で調べ，まとめること。
　イ　次のような思考力，判断力，表現力等を身に付けること。
　　(ア)　災害の種類や発生の位置や時期，防災対策などに着目して，国土の自然災害の状況を捉え，自然条件との関連を考え，表現すること。
　　(イ)　森林資源の分布や働きなどに着目して，国土の環境を捉え，森林資源が果たす役割を考え，表現すること。
　　(ウ)　公害の発生時期や経過，人々の協力や努力などに着目して，公害防止の取組を捉え，その働きを考え，表現すること。

3　内容の取扱い

(1)　内容の(1)については，次のとおり取り扱うものとする。
　ア　アの(ア)の「領土の範囲」については，竹島や北方領土，尖閣諸島が我が国の固有の領土であることに触れること。
　イ　アの(ウ)については，地図帳や地球儀を用いて，方位，緯度や経度などによる位置の表し方について取り扱うこと。
　ウ　イの(ア)の「主な国」については，名称についても扱うよ

うにし，近隣の諸国を含めて取り上げること。その際，我が国や諸外国には国旗があることを理解し，それを尊重する態度を養うよう配慮すること。
　　エ　イの(イ)の「自然条件から見て特色ある地域」については，地形条件や気候条件から見て特色ある地域を取り上げること。
　(2)　内容の(2)については，次のとおり取り扱うものとする。
　　ア　アの(イ)及びイの(イ)については，食料生産の盛んな地域の具体的事例を通して調べることとし，稲作のほか，野菜，果物，畜産物，水産物などの中から一つを取り上げること。
　　イ　イのア及び(イ)については，消費者や生産者の立場などから多角的に考えて，これからの農業などの発展について，自分の考えをまとめることができるよう配慮すること。
　(3)　内容の(3)については，次のとおり取り扱うものとする。
　　ア　アの(イ)及びイの(イ)については，工業の盛んな地域の具体的事例を通して調べることとし，金属工業，機械工業，化学工業，食料品工業などの中から一つを取り上げること。
　　イ　イのア及び(イ)については，消費者や生産者の立場から多角的に考えて，これからの工業の発展について，自分の考えをまとめることができるよう配慮すること。
　(4)　内容の(4)については，次のとおり取り扱うものとする。
　　ア　アの(ア)の「放送，新聞などの産業」については，それらの中から選択して取り上げること。その際，情報を有効に活用することについて，情報の送り手と受け手の立場から多角的に考え，受け手として正しく判断することや送り手として責任をもつことが大切であることに気付くようにすること。
　　イ　アの(イ)及びイの(イ)については，情報や情報技術を活用して発展している販売，運輸，観光，医療，福祉などに関わる産業の中から選択して取り上げること。その際，産業と国民の立場から多角的に考えて，情報化の進展に伴う産業の発展や国民生活の向上について，自分の考えをまとめることができるよう配慮すること。
　(5)　内容の(5)については，次のとおり取り扱うものとする。
　　ア　アの(ア)については，地震災害，津波災害，風水害，火山災害，雪害などを取り上げること。
　　イ　アの(ウ)及びイの(ウ)について

は，大気の汚染，水質の汚濁などの中から具体的事例を選択して取り上げること。
ウ　イの(イ)及び(ウ)については，国土の環境保全について，自分たちにできることなどを考えたり選択・判断したりできるよう配慮すること。

〔第6学年〕
1　目標
　社会的事象の見方・考え方を働かせ，学習の問題を追究・解決する活動を通して，次のとおり資質・能力を育成することを目指す。
(1)　我が国の政治の考え方と仕組みや働き，国家及び社会の発展に大きな働きをした先人の業績や優れた文化遺産，我が国と関係の深い国の生活やグローバル化する国際社会における我が国の役割について理解するとともに，地図帳や地球儀，統計や年表などの各種の基礎的資料を通して，情報を適切に調べまとめる技能を身に付けるようにする。
(2)　社会的事象の特色や相互の関連，意味を多角的に考える力，社会に見られる課題を把握して，その解決に向けて社会への関わり方を選択・判断する力，考えたことや選択・判断したことを説明したり，それらを基に議論したりする力を養う。
(3)　社会的事象について，主体的に学習の問題を解決しようとする態度や，よりよい社会を考え学習したことを社会生活に生かそうとする態度を養うとともに，多角的な思考や理解を通して，我が国の歴史や伝統を大切にして国を愛する心情，我が国の将来を担う国民としての自覚や平和を願う日本人として世界の国々の人々と共に生きることの大切さについての自覚を養う。

2　内容
(1)　我が国の政治の働きについて，学習の問題を追究・解決する活動を通して，次の事項を身に付けることができるよう指導する。
ア　次のような知識及び技能を身に付けること。
(ア)　日本国憲法は国家の理想，天皇の地位，国民としての権利及び義務など国家や国民生活の基本を定めていることや，現在の我が国の民主政治は日本国憲法の基本的な考え方に基づいていることを理解するとともに，立法，行政，司法の三権がそれぞれの役割を果たしていることを理解すること。
(イ)　国や地方公共団体の政治は，国民主権の考え方の下，国民生活の安定と向上

　　　　を図る大切な働きをしていることを理解すること。
　　(ウ)　見学・調査したり各種の資料で調べたりして，まとめること。
　イ　次のような思考力，判断力，表現力等を身に付けること。
　　(ア)　日本国憲法の基本的な考え方に着目して，我が国の民主政治を捉え，日本国憲法が国民生活に果たす役割や，国会，内閣，裁判所と国民との関わりを考え，表現すること。
　　(イ)　政策の内容や計画から実施までの過程，法令や予算との関わりなどに着目して，国や地方公共団体の政治の取組を捉え，国民生活における政治の働きを考え，表現すること。
(2)　我が国の歴史上の主な事象について，学習の問題を追究・解決する活動を通して，次の事項を身に付けることができるよう指導する。
　ア　次のような知識及び技能を身に付けること。その際，我が国の歴史上の主な事象を手掛かりに，大まかな歴史を理解するとともに，関連する先人の業績，優れた文化遺産を理解すること。
　　(ア)　狩猟・採集や農耕の生活，古墳，大和朝廷（大和政権）による統一の様子を手掛かりに，むらからくにへと変化したことを理解すること。その際，神話・伝承を手掛かりに，国の形成に関する考え方などに関心をもつこと。
　　(イ)　大陸文化の摂取，大化の改新，大仏造営の様子を手掛かりに，天皇を中心とした政治が確立されたことを理解すること。
　　(ウ)　貴族の生活や文化を手掛かりに，日本風の文化が生まれたことを理解すること。
　　(エ)　源平の戦い，鎌倉幕府の始まり，元との戦いを手掛かりに，武士による政治が始まったことを理解すること。
　　(オ)　京都の室町に幕府が置かれた頃の代表的な建造物や絵画を手掛かりに，今日の生活文化につながる室町文化が生まれたことを理解すること。
　　(カ)　キリスト教の伝来，織田・豊臣の天下統一を手掛かりに，戦国の世が統一されたことを理解すること。
　　(キ)　江戸幕府の始まり，参勤交代や鎖国などの幕府の政策，身分制を手掛かりに，武士による政治が安定した

ことを理解すること。
- (ク) 歌舞伎や浮世絵，国学や蘭学(らんがく)を手掛かりに，町人の文化が栄え新しい学問がおこったことを理解すること。
- (ケ) 黒船の来航，廃藩置県や四民平等などの改革，文明開化などを手掛かりに，我が国が明治維新を機に欧米の文化を取り入れつつ近代化を進めたことを理解すること。
- (コ) 大日本帝国憲法の発布，日清(にっしん)・日露の戦争，条約改正，科学の発展などを手掛かりに，我が国の国力が充実し国際的地位が向上したことを理解すること。
- (サ) 日中戦争や我が国に関わる第二次世界大戦，日本国憲法の制定，オリンピック・パラリンピックの開催などを手掛かりに，戦後我が国は民主的な国家として出発し，国民生活が向上し，国際社会の中で重要な役割を果たしてきたことを理解すること。
- (シ) 遺跡や文化財，地図や年表などの資料で調べ，まとめること。

イ 次のような思考力，判断力，表現力等を身に付けること。
- (ア) 世の中の様子，人物の働きや代表的な文化遺産などに着目して，我が国の歴史上の主な事象を捉え，我が国の歴史の展開を考えるとともに，歴史を学ぶ意味を考え，表現すること。

(3) グローバル化する世界と日本の役割について，学習の問題を追究・解決する活動を通して，次の事項を身に付けることができるよう指導する。

ア 次のような知識及び技能を身に付けること。
- (ア) 我が国と経済や文化などの面でつながりが深い国の人々の生活は，多様であることを理解するとともに，スポーツや文化などを通して他国と交流し，異なる文化や習慣を尊重し合うことが大切であることを理解すること。
- (イ) 我が国は，平和な世界の実現のために国際連合の一員として重要な役割を果たしたり，諸外国の発展のために援助や協力を行ったりしていることを理解すること。
- (ウ) 地図帳や地球儀，各種の資料で調べ，まとめること。

イ 次のような思考力，判断力，表現力等を身に付けること。
- (ア) 外国の人々の生活の様子

資　料

　　　　などに着目して，日本の文化や習慣との違いを捉え，国際交流の果たす役割を考え，表現すること。
　　(イ)　地球規模で発生している課題の解決に向けた連携・協力などに着目して，国際連合の働きや我が国の国際協力の様子を捉え，国際社会において我が国が果たしている役割を考え，表現すること。
　3　内容の取扱い
　(1)　内容の(1)については，次のとおり取り扱うものとする。
　　ア　アの(ア)については，国会などの議会政治や選挙の意味，国会と内閣と裁判所の三権相互の関連，裁判員制度や租税の役割などについて扱うこと。その際，イの(ア)に関わって，国民としての政治への関わり方について多角的に考えて，自分の考えをまとめることができるよう配慮すること。
　　イ　アの(ア)の「天皇の地位」については，日本国憲法に定める天皇の国事に関する行為など児童に理解しやすい事項を取り上げ，歴史に関する学習との関連も図りながら，天皇についての理解と敬愛の念を深めるようにすること。また，「国民としての権利及び義務」については，参政権，納税の義務などを取り上げること。
　　ウ　アの(イ)の「国や地方公共団体の政治」については，社会保障，自然災害からの復旧や復興，地域の開発や活性化などの取組の中から選択して取り上げること。
　　エ　イの(ア)の「国会」について，国民との関わりを指導する際には，各々の国民の祝日に関心をもち，我が国の社会や文化における意義を考えることができるよう配慮すること。
　(2)　内容の(2)については，次のとおり取り扱うものとする。
　　ア　アの(ア)から(サ)までについては，児童の興味・関心を重視し，取り上げる人物や文化遺産の重点の置き方に工夫を加えるなど，精選して具体的に理解できるようにすること。その際，アの(サ)の指導に当たっては，児童の発達の段階を考慮すること。
　　イ　アの(ア)から(サ)までについては，例えば，国宝，重要文化財に指定されているものや，世界文化遺産に登録されているものなどを取り上げ，我が国の代表的な文化遺産を通して学習できるように配慮すること。
　　ウ　アの(ア)から(コ)までについては，例えば，次に掲げる人物

を取り上げ，人物の働きを通して学習できるよう指導すること。
卑弥呼（ひみこ），聖徳太子（しょうとくたいし），小野妹子（おののいもこ），中大兄皇子（なかのおおえのおうじ），中臣鎌足（なかとみのかまたり），聖武天皇（しょうむてんのう），行基（ぎょうき），鑑真（がんじん），藤原道長（ふじわらのみちなが），紫式部（むらさきしきぶ），清少納言（せいしょうなごん），平清盛（たいらのきよもり），源頼朝（みなもとのよりとも），源義経（みなもとのよしつね），北条時宗（ほうじょうときむね），足利義満（あしかがよしみつ），足利義政（あしかがよしまさ），雪舟（せっしゅう），ザビエル，織田信長（おだのぶなが），豊臣秀吉（とよとみひでよし），徳川家康（とくがわいえやす），徳川家光（とくがわいえみつ），近松門左衛門（ちかまつもんざえもん），歌川広重（うたがわひろしげ），本居宣長（もとおりのりなが），杉田玄白（すぎたげんぱく），伊能忠敬（いのうただたか），ペリー，勝海舟（かつかいしゅう），西郷隆盛（さいごうたかもり），大久保利通（おおくぼとしみち），木戸孝允（きどたかよし），明治天皇（めいじてんのう），福沢諭吉（ふくざわゆきち），大隈重信（おおくましげのぶ），板垣退助（いたがきたいすけ），伊藤博文（いとうひろぶみ），陸奥宗光（むつむねみつ），東郷平八郎（とうごうへいはちろう），小村寿太郎（こむらじゅたろう），野口英世（のぐちひでよ）

エ　アの(ア)の「神話・伝承」については，古事記，日本書紀，風土記などの中から適切なものを取り上げること。

オ　アの(イ)から(サ)までについては，当時の世界との関わりにも目を向け，我が国の歴史を広い視野から捉えられるよう配慮すること。

カ　アの(シ)については，年表や絵画など資料の特性に留意した読み取り方についても指導すること。

キ　イの(ア)については，歴史学習全体を通して，我が国は長い歴史をもち伝統や文化を育んできたこと，我が国の歴史は政治の中心地や世の中の様子などによって幾つかの時期に分けられることに気付くようにするとともに，現在の自分たちの生活と過去の出来事との関わりを考えたり，過去の出来事を基に現在及び将来の発展を考えたりするなど，歴史を学ぶ意味を考えるようにすること。

(3)　内容の(3)については，次のとおり取り扱うものとする。

ア　アについては，我が国の国旗と国歌の意義を理解し，これを尊重する態度を養うとともに，諸外国の国旗と国歌も同様に尊重する態度を養うよう配慮すること。

イ　アの(ア)については，我が国とつながりが深い国から数か国を取り上げること。その際，児童が1か国を選択して調べるよう配慮すること。

ウ　アの(ア)については，我が国や諸外国の伝統や文化を尊重しようとする態度を養うよう配慮すること。

エ　イについては，世界の人々と共に生きていくために大切なことや，今後，我が国が国際社会において果たすべき役割などを多角的に考えたり選択・判断したりできるよう配慮すること。

オ　イの(イ)については，網羅

的,抽象的な扱いを避けるため,「国際連合の働き」については,ユニセフやユネスコの身近な活動を取り上げること。また,「我が国の国際協力の様子」については,教育,医療,農業などの分野で世界に貢献している事例の中から選択して取り上げること。

第3 指導計画の作成と内容の取扱い

1 指導計画の作成に当たっては,次の事項に配慮するものとする。
  (1) 単元など内容や時間のまとまりを見通して,その中で育む資質・能力の育成に向けて,児童の主体的・対話的で深い学びの実現を図るようにすること。その際,問題解決への見通しをもつこと,社会的事象の見方・考え方を働かせ,事象の特色や意味などを考え概念などに関する知識を獲得すること,学習の過程や成果を振り返り学んだことを活用することなど,学習の問題を追究・解決する活動の充実を図ること。
  (2) 各学年の目標や内容を踏まえて,事例の取り上げ方を工夫して,内容の配列や授業時数の配分などに留意して効果的な年間指導計画を作成すること。
  (3) 我が国の47都道府県の名称と位置,世界の大陸と主な海洋の名称と位置については,学習内容と関連付けながら,その都度,地図帳や地球儀などを使って確認するなどして,小学校卒業までに身に付け活用できるように工夫して指導すること。
  (4) 障害のある児童などについては,学習活動を行う場合に生じる困難さに応じた指導内容や指導方法の工夫を計画的,組織的に行うこと。
  (5) 第1章総則の第1の2の(2)に示す道徳教育の目標に基づき,道徳科などとの関連を考慮しながら,第3章特別の教科道徳の第2に示す内容について,社会科の特質に応じて適切な指導をすること。

2 第2の内容の取扱いについては,次の事項に配慮するものとする。
  (1) 各学校においては,地域の実態を生かし,児童が興味・関心をもって学習に取り組めるようにするとともに,観察や見学,聞き取りなどの調査活動を含む具体的な体験を伴う学習やそれに基づく表現活動の一層の充実を図ること。また,社会的事象の特色や意味,社会に見られる課題などについて,多角的に考えたことや選択・判断したことを論理的に説明したり,立場や根拠を明確にして議論したりするなど言語活動に関わる学習を一層重視すること。
  (2) 学校図書館や公共図書館,コ

ンピュータなどを活用して，情報の収集やまとめなどを行うようにすること。また，全ての学年において，地図帳を活用すること。
(3) 博物館や資料館などの施設の活用を図るとともに，身近な地域及び国土の遺跡や文化財などについての調査活動を取り入れるようにすること。また，内容に関わる専門家や関係者，関係の諸機関との連携を図るようにすること。
(4) 児童の発達の段階を考慮し，社会的事象については，児童の考えが深まるよう様々な見解を提示するよう配慮し，多様な見解のある事柄，未確定な事柄を取り上げる場合には，有益適切な教材に基づいて指導するとともに，特定の事柄を強調し過ぎたり，一面的な見解を十分な配慮なく取り上げたりするなどの偏った取扱いにより，児童が多角的に考えたり，事実を客観的に捉え，公正に判断したりすることを妨げることのないよう留意すること。

編者・執筆者一覧

●編　者
北　俊夫（国士舘大学教授）

●編集協力者
矢島弘一（埼玉大学教育学部附属小学校教諭）
坂本正彦（東京都世田谷区立烏山小学校校長）
德留祐悟（京都府京都市立深草小学校教頭）
月岡正明（東京都世田谷区立等々力小学校校長）

●執筆者
北　俊夫（上掲）　　　　　　1章，2章，3章，4章各節各内容の(1)，5章
矢島弘一（上掲）　　　　　　　　　　4章1節〈3年〉1(2)，3(2)(3)
笹岡智聡（埼玉県東松山市立松山第二小学校主幹教諭）
　　　　　　　　　　　　　　　　　　　　4章1節〈3年〉1(3)
岩田信之（埼玉大学教育学部附属小学校教諭）　4章1節〈3年〉2(2)
堀　祥子（埼玉県川口市立新郷南小学校教諭）　4章1節〈3年〉2(3)
北川智之（埼玉県川口市立鳩ヶ谷小学校主幹教諭）4章1節〈3年〉2(4)
吉井大輔（埼玉県鶴ヶ島市立新町小学校教諭）　4章1節〈3年〉4(2)(3)
須川美奈子（東京都目黒区立八雲小学校主任教諭）
　　　　　　　　　　　　　　　　　　　　4章2節〈4年〉1(2)(3)
樋口のぞみ（東京都北区立王子小学校主任教諭）
　　　　　　　　　　　　　　　　　　　　4章2節〈4年〉2(2)〜(4)
小澤靖子（東京都多摩市立貝取小学校主任教諭）4章2節〈4年〉3(2)(3)
桑島孝博（東京都板橋区立下赤塚小学校主任教諭）
　　　　　　　　　　　　　　　　　　　　4章2節〈4年〉3(4)(5)
水村考良（東京都目黒区立下目黒小学校主任教諭）
　　　　　　　　　　　　　　　　　　　　4章2節〈4年〉4(2)〜(4)
平田孝一郎（東京都目黒区立東山小学校主任教諭）
　　　　　　　　　　　　　　　　　　　　4章2節〈4年〉5(2)〜(4)
吉岡泰志（東京都世田谷区立経堂小学校主任教諭）
　　　　　　　4章2節〈4年〉5(5)〜(7)，4章4節〈6年〉2(6)
德留祐悟（上掲）　　　　　　　　　　4章3節〈5年〉1(2)〜(5)

笹岡法道（京都府京都市立伏見板橋小学校教頭）
　　　　　　　　　　　　　　　　　4章3節〈5年〉1(6)〜(8)
鈴木宏紀（京都府京都市立岩倉南小学校教頭）
　　　　　　　　　　　　　　　　　4章3節〈5年〉2(2)〜(6)
上原　誠（京都府京都市立京北第二小学校教頭）　4章3節〈5年〉3(2)(3)
牧　紀彦（京都府京都市立岩倉北小学校教頭）　4章3節〈5年〉3(4)〜(6)
佐藤智彦（東京都世田谷区立経堂小学校主任教諭）
　　　　　　　　　　　　　　　　　4章3節〈5年〉4(2)〜(4)
内井利樹（東京都渋谷区立加計塚小学校副校長）
　　　　　　　　　　　　　　　　　4章3節〈5年〉4(5)〜(7)
森元　光（京都府京都市立下鳥羽小学校教諭）　4章3節〈5年〉5(2)〜(4)
小甲圭吾（東京都世田谷区立等々力小学校主任教諭）
　　　　　　　　　　　　　　　　　4章4節〈6年〉1(2)〜(4)
根市貢広（東京都世田谷区立千歳台小学校主任教諭）
　　　　　　　　　　　　　　　　　4章4節〈6年〉2(2)(3)
中楯浩太（東京都世田谷区立等々力小学校主任教諭）
　　　　　　　　　　　　　　　　　4章4節〈6年〉2(4)(8)
村田祐基（東京都世田谷区立松丘小学校主任教諭）
　　　　　　　　　　　　　　　　　4章4節〈6年〉2(5)(7)
月岡正明（上掲）　　　　　　　　4章4節〈6年〉2(9)(12)〜(14)
豊嶋勝也（東京都江戸川区立葛西小学校主任教諭）
　　　　　　　　　　　　　　　　　4章4節〈6年〉2(10)(11)
松村隆寛（東京都狛江市立狛江第三小学校主任教諭）
　　　　　　　　　　　　　　　　　4章4節〈6年〉3(2)(3)

［掲載順／職名は執筆時現在］

●編著者プロフィール

北　俊夫（きた・としお）
国士舘大学教授

東京都公立小学校教員，東京都教育委員会指導主事，文部省（現文部科学省）初等中等教育局教科調査官，岐阜大学教授を経て，現在国士舘大学教授。近著に『新社会科討論の授業づくり－思考・理解が深まるテーマ１００選』（学芸みらい社），『「思考力・判断力・表現力」を鍛える新社会科の指導と評価』（明治図書），『なぜ子どもに社会科を学ばせるのか』（文溪堂）など。

平成29年改訂
小学校教育課程実践講座
社　会

2018年3月20日　第1刷発行

編　著　　北　俊夫
発　行　　株式会社ぎょうせい

〒136-8575　東京都江東区新木場1-18-11
電　話　編集　03-6892-6508
　　　　営業　03-6892-6666
フリーコール　0120-953-431
URL：https://gyosei.jp

〈検印省略〉

印刷　ぎょうせいデジタル株式会社
乱丁・落丁本は，送料小社負担にてお取り替えいたします。
©2018　Printed in Japan　禁無断転載・複製
ISBN978-4-324-10304-3（3100534-01-003）[略号：29小課程（社）]

平成29年改訂
小学校教育課程実践講座
全14巻

☑ 豊富な先行授業事例・指導案
☑ Q&Aで知りたい疑問を即解決！
☑ 信頼と充実の執筆陣

⇒学校現場の ❓ に即アプローチ！
明日からの授業づくりに直結!!

A5判・本文2色刷り・各巻220〜240頁程度
セット定価(本体 **25,200**円+税) 各巻定価(本体 **1,800**円+税)
セット送料サービス　　　　　　　　　　各巻送料300円

巻構成　編者一覧

- ●**総則**　天笠　茂（千葉大学特任教授）
- ●**国語**　樺山敏郎（大妻女子大学准教授）
- ●**社会**　北　俊夫（国士舘大学教授）
- ●**算数**　齊藤一弥（高知県教育委員会学力向上総括専門官）
- ●**理科**　日置光久（東京大学特任教授）
　　　　　田村正弘（東京都足立区立千寿小学校校長）
　　　　　川上真哉（東京大学特任研究員）
- ●**生活**　朝倉　淳（広島大学教授）
- ●**音楽**　宮下俊也（奈良教育大学教授・副学長・理事）
- ●**図画工作**　奥村高明（聖徳大学教授）
- ●**家庭**　岡　陽子（佐賀大学大学院教授）
　　　　　鈴木明子（広島大学大学院教授）
- ●**体育**　岡出美則（日本体育大学教授）
- ●**外国語活動・外国語**　菅　正隆（大阪樟蔭女子大学教授）
- ●**特別の教科 道徳**　押谷由夫（武庫川女子大学教授）
- ●**総合的な学習の時間**　田村　学（國學院大學教授）
- ●**特別活動**　有村久春（東京聖栄大学教授）

株式会社　ぎょうせい
フリーコール　TEL:0120-953-431 [平日9〜17時]　FAX:0120-953-495
〒136-8575　東京都江東区新木場1-18-11
https://shop.gyosei.jp　ぎょうせいオンライン 検索

平成29年改訂
中学校教育課程実践講座
全13巻

☑ **豊富な先行授業事例・指導案**
☑ **Q&Aで知りたい疑問を即解決！**
☑ **信頼と充実の執筆陣**

⇒ **学校現場の ❓ に即アプローチ！**
   明日からの授業づくりに直結‼

A5判・本文2色刷り・各巻220～240頁程度
セット定価（本体**23,400**円＋税）　各巻定価（本体**1,800**円＋税）
　　　　　セット送料サービス　　　　　　　　　　　　各巻送料300円

巻構成　編者一覧

- **総則** 天笠　茂（千葉大学特任教授）
- **国語** 髙木展郎（横浜国立大学名誉教授）
- **社会** 工藤文三（大阪体育大学教授）
- **数学** 永田潤一郎（文教大学准教授）
- **理科** 小林辰至（上越教育大学大学院教授）
- **音楽** 宮下俊也
  （奈良教育大学教授・副学長・理事）
- **美術** 永関和雄（武蔵野美術大学非常勤講師）
  　　　　安藤聖子（明星大学非常勤講師）
- **保健体育** 今関豊一（日本体育大学大学院教授）

- **技術・家庭**
  〈技術分野〉古川　稔（福岡教育大学特命教授）
  〈家庭分野〉杉山久仁子（横浜国立大学教授）
- **外国語** 菅　正隆（大阪樟蔭女子大学教授）
- **特別の教科 道徳** 押谷由夫
  　　　　　　　　　（武庫川女子大学教授）
- **総合的な学習の時間** 田村　学
  　　　　　　　　　　（國學院大學教授）
- **特別活動** 城戸　茂（愛媛大学教授）
  　　　　　　島田光美（日本体育大学非常勤講師）
  　　　　　　美谷島正義（東京女子体育大学教授）
  　　　　　　三好仁司（日本体育大学教授）

株式会社 **ぎょうせい**
フリーコール TEL：**0120-953-431**［平日9～17時］ FAX：**0120-953-495**
〒136-8575 東京都江東区新木場1-18-11
https://shop.gyosei.jp　ぎょうせいオンライン 検索

「特別支援教育」の考え方・進め方が**事例でわかるシリーズ！**

共生社会の時代の特別支援教育 全3巻

編集代表　**柘植雅義**（筑波大学教授）

A5判・セット定価（本体**7,500**円＋税）送料サービス
各巻定価（本体**2,500**円＋税）送料300円　［電子版］各巻定価（本体**2,500**円＋税）
※送料は平成29年11月現時点の料金です。　　※電子版はぎょうせいオンライン（https://shop.gyosei.jp）からご注文ください。

「特別支援教育」の今を知り、目の前の子供たちに向き合っていく。
その確かな手がかりがここに。

巻構成

第1巻　新しい特別支援教育 インクルーシブ教育の今とこれから

特別支援教育の現状と課題をコンパクトにまとめ、学校種ごとの実践のポイントについて事例を通して紹介いたします。

編集代表　**柘植雅義**（筑波大学教授）　編著　**石橋由紀子**（兵庫教育大学大学院准教授）
　　　　　　　　　　　　　　　　　　　　　　伊藤由美（国立特別支援教育総合研究所主任研究員）
　　　　　　　　　　　　　　　　　　　　　　吉利宗久（岡山大学大学院准教授）

第2巻　学びを保障する指導と支援 すべての子供に配慮した学習指導

障害のある子供への指導・支援、すべての子供が共に学び合う環境づくり、授業における合理的配慮の実際など、日々の実践に直結した事例が満載です。

編集代表　**柘植雅義**（筑波大学教授）　編著　**熊谷恵子**（筑波大学教授）
　　　　　　　　　　　　　　　　　　　　　　日野久美子（佐賀大学大学院教授）
　　　　　　　　　　　　　　　　　　　　　　藤本裕人（帝京平成大学教授）

第3巻　連携とコンサルテーション 多様な子供を多様な人材で支援する

学校内外の人材をどう生かし子供の学びと育ちを支えていくか。生徒指導や教育相談の在り方は、保護者の関わりは、様々な連携策を事例で示します。

編集代表　**柘植雅義**（筑波大学教授）　編著　**大石幸二**（立教大学教授）
　　　　　　　　　　　　　　　　　　　　　　鎌塚優子（静岡大学教授）
　　　　　　　　　　　　　　　　　　　　　　滝川国芳（東洋大学教授）

株式会社**ぎょうせい**
〒136-8575　東京都江東区新木場1-18-11
フリーコール　**TEL：0120-953-431**［平日9〜17時］**FAX：0120-953-495**
https://shop.gyosei.jp　　ぎょうせいオンライン　検索